Z – 252a

→ Deu·A·IX·6

→ RC – I

→ VD

WIPPEL • Ökologische Agrarwirtschaft in Baden-Württemberg

SÜDWESTDEUTSCHE SCHRIFTEN

Herausgeber: W. v. Hippel, Ch. Jentsch, K. Schönhoven, P. Spieß

23

Schriftleitung: S. Lentz

PETER WIPPEL

Ökologische Agrarwirtschaft in Baden-Württemberg

Institut für Landeskunde und Regionalforschung der Universität Mannheim

1997

Die vorliegende Arbeit wurde als Dissertation von der Fakultät für Geschichte und Geographie der Universität Mannheim angenommen.

Tag der mündlichen Prüfung: 24. Januar 1996
Referent: Prof. Dr. Christoph Jentsch
Korreferent: Prof. Dr. Ingrid Dörrer

Peter Wippel:
Ökologische Agrarwirtschaft in Baden-Württemberg. Südwestdeutsche Schriften Heft 23, Mannheim 1997.
ISBN 3-923750-67-6

Umschlaggestaltung: Marianne Mitlehner
Layout und Satz: Anita Kreis
Herstellung nach Satz: Druckerei M. Gräbner, D - 96146 Altendorf b. Bamberg

© Institut für Landeskunde und Regionalforschung der Universität Mannheim

Bestellungen an:

SÜDWESTDEUTSCHE SCHRIFTEN
Institut für Landeskunde und Regionalforschung
der Universität Mannheim
68131 MANNHEIM

VORWORT

Obwohl der ökologische Landbau bereits Mitte der zwanziger Jahre entstanden ist, wird ihm doch erst in jüngster Zeit, getragen vom allgemein wachsenden Umweltbewußtsein der Gesellschaft der Bundesrepublik Deutschland, zunehmend Beachtung geschenkt.

Durch diese erst in der jüngsten Vergangenheit erkannte Bedeutung ist agrargeographische Literatur zu dieser Form der Landwirtschaft nur in beschränktem Umfang vorhanden.

Sick beschrieb z.b. erst 1985 diese Wirtschaftsweise als agrargeographische Innovation. Wesentlich umfangreicher als die vorhandene Literatur ist dagegen das Maß der Erwartungen bei Landwirten, Verbrauchern, Wissenschaftlern und Politikern. Diese Erwartungshaltung auf wissenschaftlichem Wege zu untersuchen, ist Gegenstand dieser Arbeit.

Danken möchte ich vor allem Herrn Prof. Dr. Christoph Jentsch, meinem Doktorvater, für die Überlassung des Themas, seine motivierende Unterstützung und insbesondere für die Freiräume, die er mir bei der Bearbeitung ließ.

Danken möchte ich ebenfalls der Stiftung Ökologie und Landbau in Bad Dürkheim für die Nutzung des dortigen Archivs und das Verständnis, das meinen permanenten Störungen des laufenden Geschäftsbetriebs entgegengebracht wurde. In besonderen Maß gilt mein Dank Frau Martina Mast von BIOLAND Baden-Württemberg und Herrn Walter Glunk von DEMETER Baden-Württemberg. Ohne Mithilfe dieser beiden Verbände wäre die Beschaffung der notwendigen Daten zur Untersuchung der Diffusion des ökologischen Landbaus im Abgrenzungsgebiet dieser Arbeit wohl kaum möglich gewesen. Auch dürfen an dieser Stelle die beteiligten Betriebsleiter nicht unerwähnt bleiben, die mir für Interviews und Exkursionen Zeit opferten.

Frau Dipl.Kffr. Ursula Metz danke ich für die unermüdliche kritische Durchsicht des Manuskripts.

Schwetzingen, im Januar 1997   Peter Wippel

V

INHALTSVERZEICHNIS

VII

ABBILDUNGSVERZEICHNIS

TABELLENVERZEICHNIS

ANHANGSVERZEICHNIS

KARTENVERZEICHNIS

ABKÜRZUNGSVERZEICHNIS

AGIL	Arbeitsgemeinschaft integrierter Landbau
AGÖL	Arbeitsgemeinschaft ökologischer Landbau
AID	Auswertungs- und Informationsdienst für Ernährung, Landwirtschaft und Forsten e.V.
AK	Arbeitskräfte
ANOG	Arbeitsgemeinschaft für naturnahen Obst-, Gemüse- und Feldfrucht-Anbau, e.V.
BewG	Bewertungsgesetz
BGH	Bundesgerichtshof
BML	Bundesministerium für Ernährung, Landwirtschaft und Forsten
BMU	Bundesministerium für Umwelt, Naturschutz und Reaktorsicherheit
BÖW	Bundesverband Ökologischer Weinbau
BUND	Bund für Umwelt und Naturschutz in Deutschland e.V.
BW	Baden-Württemberg
BW-Min ELU	Ministerium für Ernährung, Landwirtschaft und Umwelt in BW
CMA	Centrale Marketinggesellschaft der deutschen Agrarwirtschaft mbH.
DBV	Deutscher Bauernverband e.V.
Ders.	Derselbe
dt	Dezitonne = 1/10 Tonne = 100 kg
EG	Europäische Gemeinschaft
EK	Eigenkapital
EMZ	Ertragsmeßzahl
EStG	Einkommensteuergesetz
et al.	et alii
EZG	Erzeugergemeinschaft
FAL	Bundesforschungsanstalt für Landwirtschaft, Braunschweig - Völkenrode
FAK	Familienarbeitskraft

FAZBW	Frankfurter Allgemeine Zeitung - Blick durch die Wirtschaft -
FK	Fremdkapital
FUL	Förderprogramm umweltschonende Landbewirtschaftung
GÄA	Arbeitsgemeinschaft für ökologischen Landbau in den neuen Bundesländern
GATT	General agreement on tarifs and trade
GR	Geographische Rundschau
GVE	Großvieheinheit
ha	Hektar
HE	Haupterwerbsbetrieb
HMLFN	Hessisches Ministerium für Landwirtschaft, Forsten und Naturschutz
IFOAM	International Federation of Organic Agriculture Movements
KULAP	Kulturlandschaftsprogramm
LF	Landwirtschaftliche Nutzungsfläche
LPG	Landwirtschaftliche Produktionsgenossenschaft
mg/l	Milligramm pro Liter
MEKA	Marktentlastungs- und Kulturlandschaftsausgleichsprogramm
NE	Nebenerwerbsbetrieb
N-P-K	Stickstoff-Phosphat-Kali-Dünger
NRW	Nordrhein-Westfalen
ÖB	Verlag der ökologischen Briefe
PLANAK	Planungsausschuß für Agrarstruktur und Küstenschutz
SÖL	Stiftung ökologischer Landbau
StDB	Standarddeckungsbeitrag
SVG	Selbstversorgungsgrad
ÜBG	Übergangsgebiet
ZFWG	Zeitschrift für Wirtschaftsgeographie

1. Ökologische Agrarwirtschaft

1.1 Einführung in die Themenstellung

Die gesellschaftlichen Normen der Bevölkerung der Bundesrepublik unterliegen einem permanenten Wandel. Ein gegenwärtiger Haupttrend ist hierbei das wachsende Umweltbewußtsein.[1] Die Erkenntnis der Bedeutung eines intakten ökologischen Systems macht auch vor den politischen Parteien nicht halt. Nicht nur die sog. "Grünen", auch die Parteien auf der anderen Seite des politischen Spektrums finden ökologische Ansätze und Betätigungsfelder.[2]

In der betriebswirtschaftlichen Lehre zeigen neuere Forschungen, daß ein Konsens zwischen Ökologie und Ökonomie nicht nur möglich, sondern auch dringend erforderlich ist. Angesichts der gegenwärtigen Umweltdiskussion in Europa werden Ziele definiert und Strategien zur Zielerreichung aufgezeigt. Immer wieder wird dabei auf das Primat betriebswirtschaftlich optimierter Lösungen vor staatlichem Umweltdirigismus hingewiesen.[3] Durch die Hochwasserkatastrophen zu Beginn des Jahres 1995 und ihre betriebs- und volkswirtschaftlichen Folgen wird diese Diskussion zusätzlich an Bedeutung gewinnen.

Daß ein solches Umdenken in Politik, Wirtschaft und Bevölkerung Auswirkungen auf die moderne Agrarwirtschaft der Bundesrepublik Deutschland haben wird, scheint naheliegend. Dennoch ist ökologische Agrarwirtschaft keine Modeerscheinung einer schnellebigen Zeit. Eine erste Organisation der ökologischen Agrarwirtschaft entstand bereits 1924[4], lange also vor der Gründung der EG und lange vor der Existenz von Überschüssen aus subventionierter Produktion.

Subventionen und Agrarmarktordnungen der EG förderten seit dem zweiten Weltkrieg die Spezialisierung und die sektorale Konzentration der deutschen Landwirtschaft. Auf einer absolut sinkenden landwirtschaftlichen Nutzungsfläche (LF) bewirtschaften immer weniger Landwirte immer größer werdende Betriebe. Der Hinweis auf die negativen Folgen der intensivierten Landwirtschaft auf das Ökosystem Natur und die von der Landwirtschaft geprägte Kulturlandschaft erscheint daher nur folgerichtig.[5]

Trotz dieser negativen externen Effekte der Landwirtschaft auf ihr Umland wird der Landwirt, der als Produzent im primären Sektor verbleiben will, gezwungen, selbst weiter zu intensivieren und flächenmäßig zu wachsen. Die ökologische Agrarwirtschaft versucht, hierzu eine Alternative zu geben, indem

---

[1] Vgl. anonym (1993), S. 7.
[2] Vgl. anonym (1994), S. 7-9.
[3] Vgl. WICKE, L. et al. (1991), S. 9-17 und S. 92-184.
[4] Gründung des DEMETER-Landbaus durch R. STEINER.
[5] Vgl. BURR, W. (1992), S. 1.

sie mit innovativen Anbauprozessen stark differenzierte Marktsegmente hoher Zahlungsbereitschaft erschließt bzw. ausbaut.

Diese ökologische Form der Landwirtschaft gewinnt seit ca. 40 Jahren zunehmend an Bedeutung. Wichtigste Innovationszentren in Europa sind hierbei die Schweiz und die Bundesrepublik. Doch auch die Nachbarstaaten Niederlande und Frankreich im Westen und Österreich im Osten verfügen bereits über etablierte Strukturen ökologischer Agrarwirtschaft. Ebenso ist in Übersee, z.B. in den USA und in Australien und Neuseeland, der Wachstumstrend des ökologischen Landbaus stabil.[6]

1.2 Abgrenzung der Arbeit und Gang der Untersuchung

Die vorliegende Arbeit beschäftigt sich mit dem ökologischen Landbau in Baden-Württemberg. Ökologisch i.S. dieser Arbeit bedeutet dabei ein Anbauverfahren innerhalb der Rahmenrichtlinien der AGÖL bzw. deren Umsetzung in die z.T. voneinander abweichenden Richtlinien der einzelnen Anbauverbände. Diese Definition ist somit weniger streng als die von HAMM gewählte Abgrenzung. HAMM faßt nur die von einem der in der AGÖL zusammengeschlossenen Anbauverbände kontrollierten Landwirte unter diesem Begriff zusammen,[7] nicht jedoch solche, die nur die AGÖL-Rahmenrichtlinien einhalten, ohne aber Mitglied in einem Anbauverband innerhalb der AGÖL zu sein (z.B. extensive Schafhaltung ohne Anerkennungsvertrag mit einem AGÖL-Anbauverband, aber unter Einhaltung der Rahmenrichtlinien). HAMM unterstreicht somit den Wert des Namens des Anbauverbandes als Markenzeichen, was aus seiner - durch das landwirtschaftliche Marketing geprägten - Sicht nur allzu verständlich ist. Als weiterer Vorteil dieser strengen Abgrenzung erhält man eine sehr einfach zu fassende statistische Grundgesamtheit. Ökologische Landwirte sind diejenigen, die Vertragslandwirte der AGÖL-Verbände sind, was den Zugriff auf bereits erhobene Verbandsdaten ermöglicht. Alle übrigen Landwirte sind nach HAMM konventionell wirtschaftende. Aus der verfahrenstechnischen Sicht des Anbaus und aus der volkswirtschaftlichen Betrachtung externer Effekte ist eine so enge Definition jedoch nicht notwendig. Die umweltpolitische Wirkung wird mit oder ohne Anbaukontrolle durch die AGÖL-Verbände als gleichwertig anerkannt.

Die Abgrenzung des ökologischen Landbaus zur alternativen Agrarproduktion ergibt sich daraus, daß alternativ i.S. dieser Arbeit als umfassenderer Begriff jegliche nicht konventionelle Bewirtschaftung, also sowohl ökologischen als auch integrierten Anbau und ebenso sog. Pseudo-Bio-Anbau beschreibt. Der integrierte Landbau unterscheidet sich dadurch vom ökologischen, daß er Pe-

---

[6] Vgl. AID (1992), S. 3-14.
[7] Vgl. HAMM, U. (1987), S. 255-260.

stizide erst bei Erreichen einer ökonomisch vertretbaren Schadensschwelle erlaubt und auch den Einsatz synthetischer Dünger begrenzt. Diese Produktionshilfen sind nach den Rahmenrichtlinien der AGÖL im ökologischen Landbau verboten. Somit handelt es sich beim integrierten Anbau letztlich um ein betriebswirtschaftlich auf Ebene des Einzelbetriebs optimiertes Modell, Produktionshilfen werden erst eingesetzt, wenn die Grenzkosten des Einsatzes geringer sind als die Grenzkosten des erwarteten Schadens bei Einsatzverzicht. Als Hauptproblem für den ökologischen Anbau erweist sich die Tatsache, daß gerade der kostengünstiger produzierende integrierte Anbau sich als Hauptkonkurrent im Lebensmittel-Hochpreissegment darstellt.

Zur Produktion bzw. Verarbeitung von sog. Vollwertprodukten und zu sog. Pseudo-Bio-Produkten, die unter Beachtung bestimmter, i.d.R. vom Produzenten selbst formulierten Auflagen angebaut bzw. veredelt werden, ergibt sich folgendes Abgrenzungsmerkmal: Das Adjektiv "vollwertig" ist ein ernährungstechnisch definierter Begriff und beschreibt eine besondere Verarbeitung und Zubereitung der Agrarprodukte und damit verbunden einen bestimmten Ernährungswert. Ein Rückschluß auf die Erzeugung der Rohstoffe ist nicht zulässig. Hierzu zwei Beispiele: Obstbrände aus BIOLAND-Obst sind ökologisch, nicht aber vollwertig; Getreidebratlinge sind vollwertig, auch wenn das Getreide konventionell angebaut wurde.

Rohstoffe für Pseudo-Bio-Produkte werden nicht nach den Rahmenrichtlinien der AGÖL bzw. der IFOAM bzw. den Vorgaben der EG-Bioverordnung produziert. In der Regel handelt es sich hierbei um Vollwertprodukte. Um ihre Gesundheitsanmutung kommunikationspolitisch zu unterstützen, tragen sie Markenbezeichnungen, Testate oder sonstige Prädikate, die jedoch nur beschränkt aussagekräftig sind.

Wie man also sieht, stellt die Agrarwirtschaft keinen monolithischen Block dar. Sie erweist sich im Gegenteil als sehr vielschichtig mit oftmals unscharfen Abgrenzungen. Das Spektrum des Anbaus reicht von hochspezialisierten Betrieben mit der Urproduktion nachgelagerten weiteren Veredelungsstufen (z.B. bodenunabhängige Veredelung mit nachfolgender Schlachtung und Produktion marktfertiger Fleischerzeugnisse in Südoldenburg) über konventionelle Gemischtbetriebe u.U. als Familienbetrieb geführt, weiter über integriert wirtschaftende Betriebe, über Betriebe, die die EG-Bioverordnung einhalten, nicht aber die AGÖL-Rahmenrichtlinien, **Nulljahresbetriebe** (Betriebe im ersten Jahr der Umstellung auf einen AGÖL-Verband), **Umstellungsbetriebe** (Betriebe ab dem zweiten Jahr der Umstellung auf einen AGÖL-Verband und mit der Möglichkeit ihre Produkte unter Hinweis auf ihren Umstellerstatus unter dem Verbandsnamen zu vermarkten) bis endlich zu den anerkannten ökologischen Betrieben, den sog. **Anerkennungsbetrieben**. Diese Beschreibung der Landwirtschaft als

Kontinuum[8] wird nochmals bei der Darstellung der Technologie-S-Kurve und des Wettbewerbsportfolios der Landwirtschaft benutzt werden.

Das **Untersuchungsgebiet der Arbeit** ist das Land Baden-Württemberg, da der ökologische Landbau in diesem Bundesland hinter dem Freistaat Bayern innerhalb der Bundesrepublik die weiteste Verbreitung zeigt.[9] Innerhalb der in der in der AGÖL organisierten Verbände sind der DEMETER-Verband und der BIOLAND-Verband die mitgliederstärksten. Daher beschränkt sich die Arbeit auf die Landwirte, die in diesen Verbänden organisiert sind sowie auf die Verarbeiter und Handelsbetriebe, die mit diesen Verbänden zusammenarbeiten. Ähnlich des Unterziels der Definition HAMMs eine leicht zu erfassende statistische Grundgesamtheit zu benennen, vereinfacht diese Abgrenzung die Datenerhebung.

1.2.1 Zielsetzung der Arbeit

Der **erste Teil** der Arbeit gibt einen Überblick über die gegenwärtige Situation der bundesdeutschen Agrarwirtschaft und einiger ihrer Hauptproblembereiche. Hierbei wird bereits auf Lösungsansätze dieser Probleme durch die ökologischen Agrarwirtschaft verwiesen. Danach erfolgt eine Abgrenzung der ökologischen von der konventionellen Agrarwirtschaft unter Darstellung der jeweiligen Produktionsmethoden. Eine Untersuchung der räumlichen Verteilung auf Bundesebene sowie eine betriebswirtschaftliche und eine volkswirtschaftlich-agrarpolitische Würdigung der ökologischen Agrarwirtschaft schließen sich an.

Der **zweite Teil** versucht, die Innovationskerne der ökologischen Agrarwirtschaft in Baden-Württemberg und die Diffusion dieser Landbauform darzustellen. Es werden Zusammenhänge mit naturräumlichen und anthropogenen Gegebenheiten gesucht, die diese Ausbreitung fördern bzw. hindern.

Anhand exemplarischer Beispiele werden im **dritten Teil** die Ergebnisse des zweiten Teils illustriert. Eine Verifizierung oder Falsifizierung der Ergebnisse des theoretischen Teils kann durch die geringe Anzahl interviewter Personen nicht erfolgen. Ziel des dritten Teils ist daher ausschließlich, Bezüge zwischen der Theorie des zweiten Teils und praktischen Einzelfällen herzustellen, die durch ihre regionale Abgrenzung einige Teile des Landes im Hinblick auf die dortige ökologische Agrarwirtschaft, d.h. Anbau, Verarbeitung, Handel und Ausbildung genauer beleuchten.

Der **vierte Teil** faßt die Ergebnisse zusammen, zeigt ein Modell der Standortentwicklung ökologischer Betriebe und liefert einen Ausblick auf die Zukunft.

---

[8]   Vgl. die scharfe Abgrenzung HAMMs auf der vorherigen Seite.
[9]   Vgl. Kartensammlung, Anhang 3, Karte A2: "Ökologische Betriebe und ihre LF in den alten Ländern der BRD".

1.2.2 Gang der Untersuchung

Der erste Teil ist im wesentlichen eine literaturorientierte Darstellung, die vor allem im Betriebs- und volkswirtschaftlichen Teil durch eigene Überlegungen und Berechnungen ergänzt wird. Der zweite Teil basiert auf einer selbstentwikkelten Datenbank des ökologischen Landbaus in Baden-Württemberg. Diese Datenbank stützt sich im wesentlichen auf die Mitgliedsdaten der beiden Verbände DEMETER und BIOLAND zum Stand 01.01.1994.

Die DEMETER-Daten markieren mit Postleitzahl (PLZ, fünfstellig) und Ortsnamen anerkannte und umstellende ökologische Landwirte und geben ihr Erstvertragsjahr an. Darüber hinaus zeigen sie, welcher Landwirt direkt vermarktet, welche Produktionsschwerpunkte der einzelne Hof besitzt sowie die Erwerbsform der Höfe, differenziert nach Haupterwerbs- und Nebenerwerbslandwirtschaft. Die Definition der Erwerbsform ist mit der offiziellen Definition der Agrarberichte identisch.[10] Die Einordnung der Betriebe in landwirtschaftliche Betriebsformen[11] ist anhand der Produktionsschwerpunkte nicht möglich.

Die BIOLAND-Daten nennen anerkannte und umstellende Betriebe nach PLZ, Ort und Umstellungsjahr. Da die Daten von BIOLAND keine Angaben zur Direktvermarktung enthalten, wurde die Datenbank mit Hilfe der BIOLAND-Direktvermarkterlisten in diesem Punkt ergänzt. Daten zu Produktionsschwerpunkt und Erwerbsform konnten bei BIOLAND nicht erhoben werden.

Darüber hinaus konnten Großhändler, die mit DEMETER zusammenarbeiten, in die Liste nach PLZ und ORT mit aufgenommen werden.

Verarbeitungsbetriebe, die mit Verbänden Vertragsbeziehungen unterhalten, (die Datenbank unterscheidet Bäckereien, Metzgereien, Getränkeerzeuger, Mühlen, Molkereien und sonstige), wurden unmittelbar aus den DEMETER-Daten bzw. bei BIOLAND mittelbar aus den Direktvermarkterlisten in die Datenbank übernommen.

Damit lassen sich über die Umstellungsjahre, Postleitzahlen und Orte Innovationspunkte und Diffusionsrichtungen bestimmen, Zusammenhänge mit Bodengüte und Klima zeigen und Beziehungen zwischen der Lage der ökologischen Höfe und ihrer bestehenden oder fehlenden Direktvermarktung darlegen und - computergestützt - in Karten umsetzen.

Um den Einfluß von Institutionen wie Landwirtschaftsschulen und Landwirtschaftsämtern zu bestimmen, wurde die Datenbank um die Standorte der zehn Landwirtschaftsschulen und der 52 Landwirtschaftsämter in Baden-Württemberg, sowie um den Standort der Universität Stuttgart-Hohenheim, die bei einem Studiengang zum Agraringenieur den Schwerpunkt "Ökologischer Landbau" zuläßt, ergänzt. Die genaue Datenstruktur zeigt Anhang A1, eine Liste der genannten Institutionen findet sich im Anhang A2.

---

[10] Die Definition der Erwerbsform wird im Rahmen der Kennzahlenanalyse angegeben.
[11] S. Tab. 13.

Der Nachteil dieser Vorgehensweise liegt darin, daß keine Primärdaten von den Höfen direkt erhoben werden. Eine solche Primärdatenerhebung bei einer größeren Zufallsauswahl an Betrieben stößt jedoch auf datenschutzrechtliche Probleme, sie bedarf der Zustimmung des zuständigen Landesministeriums bzw. der nachgelagerten Landwirtschaftsämter[12] und wird darüber hinaus dem Anspruch, die Ausbreitung des ökologischen Landbaus in Baden-Württemberg insgesamt zu kartieren, nicht gerecht.

Der dritte Teil der Arbeit basiert in geringem Umfang auf den angegebenen Literaturquellen. Die Daten wurden in den Jahren 1994 und 1995 im wesentlichen durch Interviews erhoben.

1.3 Problemfelder der jüngeren agrargeographischen Forschung

In der allgemeinen Diskussion um die Landwirtschaft tauchen immer wieder zwei Schlagworte auf, die hier näher betrachtet werden: Umwelteinfluß und Strukturwandel, die massive Änderung der wirtschaftlichen Verhältnisse im primären Sektor. Vor diesem Hintergrund wird der Frage nachgegangen, ob, und wenn ja, wie weit ökologische Bewirtschaftung Lösungsansätze für Probleme des konventionellen Landbaus bietet.

1.3.1 Sektorale Konzentration und Spezialisierung

Seit 1949 unterliegt die Struktur der deutschen Agrarwirtschaft einem permanenten Wandel. Damals dominierten Betriebe unter fünf ha LF.[13] Mechanisierungsgrad und Kapitalausstattung waren gering. Diese Betriebe konnten das agrarpolitische Ziel der Sicherung der nationalen Nahrungsmittelproduktion bei Teilnahme der Landwirtschaft an der Entwicklung des gewerblichen Vergleichslohns und am sozialen Fortschritt nicht erreichen.[14] Gesetze der Regierung Adenauer, insbesondere das Flurbereinigungsgesetz von 1953, sollten diesem Mißstand abhelfen. Bereits Ende der fünfziger Jahre wurde allerdings deutlich, daß die genannten Ziele dennoch nicht zu erreichen waren. Mit der Eingliederung der deutschen Agrarpolitik in den gemeinsamen Agrarmarkt der damaligen EWG wurde die Situation noch verschärft. Wesentliche Aufgabe der Politik war es nun, die Produktivität der Agrarwirtschaft durch technischen Fortschritt und Rationalisierung sowie Optimierung der Faktoreinsätze zu steigern. So sollte den Landwirten eine angemessene Lebenshaltung und der Bevölkerung eine sichere Versorgung zu angemessenen, stabilen Preisen garantiert werden.[15]

---

[12] Vgl. DABBERT, S. und BRAUN, J. (1993), S. 92.
[13] Vgl. EHLERS, E. (1988), S. 30-31.
[14] Vgl. ebenda.
[15] Vgl. ebenda.

Rationalisierung und verstärkte Kapitalisierung ergeben betriebswirtschaftlich jedoch nur dort einen Sinn, wo Maschinen ohne große Stillstandszeiten eingesetzt werden können und wo sich das eingesetzte Kapital in angemessener Zeit über die Jahresüberschüsse amortisiert.

Die Betriebe mußten dazu flächenmäßig wachsen, die Parzellen enger zusammenrücken, die Produktion intensiviert werden. Tatsächlich sank die Zahl der Betriebe von 1.647.000 (Stand 1949) auf 599.000 (Stand 1991), ein Minus von 64 %. Die Zahl der Betriebe unter 15 ha LF sank in dieser Zeit um 1,09 Mio., die der Betriebe über 15 ha LF stieg um 43.000, die der Betriebe über 100 ha LF stieg um 4.932. Die LF sank nur um 12 % von 13,3 Mio. ha (1949) auf 11,7 Mio. ha (1991). Demzufolge stieg die Durchschnitts-LF von 8,1 ha auf 19,6 ha. Ein weiterer Indikator des Wandels ist der Anstieg der sog. Wachstumsschwelle (der Betriebsgrößenklasse, ab der die Zahl der Betriebe zunimmt). In den fünfziger Jahren lag sie bei 10 ha LF, in den achtzigern bei 30 ha LF und 1991 bei 40 ha LF. Der Wert der Wachstumsschwelle für das Land Bayern lag 1991 mit 30 ha LF unter dem Durchschnitt, in Schleswig-Holstein lag er 1991 bei 75 ha LF.[16] Die Ursache dieser Größenunterschiede auf Länderebene liegt im allgemeinen Nord-Süd-Gefälle der Betriebsgrößen, bedingt durch das Anerbensystem im Norden, im Gegensatz zum im Süden und Südwesten vorherrschenden System der Realerbteilung[17] (vgl. auch Standortthesen zur ökologischen Agrarwirtschaft in Kapitel 2).

Zusätzlich zur Vergrößerung der LF erfordert ein optimierter Betriebsmitteleinsatz eine Spezialisierung auf die Agrarprodukte, die sich bei den gegebenen natürlichen Standortfaktoren (z.B. Bodengüte, Klima) bzw. den anthropogenen Standortfaktoren (z.B. Nähe zu Beschaffungs- und Absatzmärkten) gewinnmaximierend erzeugen lassen. Eine Erhöhung der Erzeugerpreise und/oder eine Erhöhung der Absatzmengen sowie eine Senkung der Kosten würde zu diesem Ziel führen. Tatsächlich aber sind die Erzeugerpreise für tierische Produkte und Getreide gegenüber 1980/81 z.T. stark gefallen (Ausnahme sind Sonderkulturen, insbesondere Hopfen).[18] Die Verbrauchsmengen pro Kopf bei Rind- und Schweinefleisch und Eiern sinken seit 1980 ebenfalls, die Mengen bei Milcherzeugnissen stiegen seit 1980 nur leicht.[19]

Da der einzelne Landwirt seine Preise auf einem Polypolmarkt nicht von der allgemeinen Entwicklung abgrenzen kann und die Absatzmengen sinken, stellt somit die Kostenseite das einzig praktikable Instrument der Gewinnmaximierung und des langfristigen Verbleibens am Markt dar.

---

[16] Zu allen angegebenen Zahlen vgl. DBV (1993), S. 82-84.
[17] Vgl. BERGMANN, E. (1992), S. 143.
[18] Vgl. DBV (1993), S. 116.
[19] Vgl. ebenda, S. 111.

"Der Konkurrenzkampf der landwirtschaftlichen Produzenten hat schon begonnen. Und derjenige wird ihn glücklich bestehen, der in der Lage ist, am billigsten zu produzieren", wie H. BARALL von WINDHORST zitiert wird.[20] Und Freiherr VON HEEREMANN sagte zum Bauerntag 1993: "Der Landwirt muß zum Unternehmer werden".

Spezialisierung eröffnet dabei ein besonders bedeutsames Kostendämpfungspotential. Der Anstieg der Betriebsgrößen ermöglicht den Austausch des Faktors Arbeit durch Kapital. Das Kapital, also die Maschinen ermöglichen nicht nur, sondern fordern geradezu eine spezialisierte Produktion, damit niedrige Rüstkosten bzw. geringere Ausfallzeiten durch Stillstand entstehen. Ein weiterer Vorteil der Spezialisierung liegt in der Senkung der variablen Kosten durch den Lernkurven-Effekt. Voraussetzung des Lernkurveneffekts sind aber hohe Produktionsmengen, diese lassen auch erst die hohen Fixkosten über die Fixkostendegression wirtschaftlich werden.[21] Eine Intensivierung der Landwirtschaft in vergrößerten, spezialisierten Betrieben entsteht.

Innerhalb der Spezialisierung nimmt die tierische Veredlung die bedeutendste Stellung ein. Doch auch im Obst- und Gemüsebau, besonders aber im Getreideanbau wird spezialisiert und intensiviert.[22] Mengenbezogene EG-Subventionen verstärkten diesen Trend in der Vergangenheit noch. Diese waren so bemessen, daß Grenzbetriebe noch am Leben gehalten werden konnten. Spezialisierte, kostengünstig wirtschaftende Großbetriebe erzielten dadurch Differentialrenten.[23]

Zusätzlich zum Anstieg der LF pro Betrieb und zum Anstieg der Wachstumsschwelle im Lauf der Jahre sollen hier noch zwei weitere Indikatoren der sektoralen Konzentration und Spezialisierung erwähnt werden. Es handelt sich dabei um den Fremdkapital- und den Arbeitskräfteeinsatz in der Landwirtschaft. Im Jahr 1960 lag der FK-Einsatz der deutschen Landwirtschaft bei 11,98 Mrd. DM. Er stieg bis 1986 um mehr als das vierfache auf 48,7 Mrd. DM und wurde bis 1992 auf 44,8 Mrd. gesenkt. Zudem war auch der Anstieg des Eigenkapitals im primären Sektor zwischen 1983 und 1992 durchweg positiv, so daß die Bedeutung des Faktors Kapital noch verstärkt wurde.[24] Gleichzeitig sank die Zahl der in der Landwirtschaft Beschäftigten. Dies zeigt die nachfolgende Tabelle:

---

[20] Vgl. WINDHORST, H.W. (1974), S. 1-3.
[21] Vgl. Theorie des Lerneffekts von POSNER und ARROW, dargestellt z.B. in PERLITZ, M. (1993), S. 89 ff.
[22] Vgl. WINDHORST, H.W. (1974), S. 1-3.
[23] Vgl. v. SCHILLING, H. (1982), S. 89.
[24] S. BML 1993, S. 34.

Tab. 1: Der Rückgang von Betrieben und Arbeitskräften 1949-1991
(Angaben jeweils in 1000)

Merkmal	1949	1960	1970	1980	1990	1991
AK	3742	2583	1527	987	749	705
FAK	2885	2184	1383	881	657	617
Betriebe	1647	1385	1083	797	630	599

Quelle: DBV (1992): "Argumente, Situationsbericht 1992", Bonn, 1992, S. 16

Für den ohnehin strukturschwachen ländlichen Raum stellt diese Reduzierung des Arbeitsangebots ein ernstes Problem dar. Gerade wenn in konjunkturschwachen Zeiten kaum Möglichkeiten bestehen, trotz Inkaufnahme entsprechender Pendlerströme in den sekundären oder tertiären Sektor zu wechseln, bleibt oft nur die Arbeitslosigkeit.[25] WINDHORST beschreibt beispielhaft das Zusammentreffen von Arbeitslosigkeit und regionaler Konzentration der Intensivlandwirtschaft in Vechta/Südoldenburg.[26] Gelingt es nicht, außerhalb der konventionellen Agrarwirtschaft zusätzliche Arbeitsplätze zu schaffen, könnte die Umstellung auf die ökologische Wirtschaftsweise das Problem zumindest lindern, denn ökologischer Anbau ist z.B. wegen des verstärkten Hackfruchtbaus, der mechanischen Unkrautregulierung und der häufig betriebenen Direktvermarktung arbeits-intensiver, beschäftigt insbesondere mehr Fremdarbeiter, wie die nächste Tabelle zeigt.

Tab. 2: Arbeitskräftebesatz im Vergleich

AK pro Betrieb	1988	1992	1995
AK konventionell	1,59	1,60	1,53
FAK konventionell		1,49	1,45
AK ökologisch	1,97	1,92	1,69
FAK ökologisch	0,00	1,41	1,34

Anm.: (FAK = Familienarbeitskraft, Fremdarbeitskräfte errechnen sich aus der Differenz aller Arbeitskräfte abzüglich der FAK)

Quelle: BML (1988, 1992, 1995): "Agrarbericht der Bundesregierung", Bonn, 1988 - 1995

---

[25] Vgl. GATZWEILER, H.P. (1979), S. 10-11.
[26] Vgl. WINDHORST, H.W. (1986), S. 354-365.

1.3.2 Umweltbelastungen durch Landwirtschaft

Am Beispiel von Wasserbelastung, Luftbelastung, Erosion und Artenrückgang wird in diesem Abschnitt kurz umrissen, welche negative externe Effekte von der Landwirtschaft ausgehen. Negative externe Effekte sind dabei Auswirkungen der Produktion, die nicht zu Kosten im Betrieb führen, sondern Lasten der Allgemeinheit darstellen. Diese Lasten mindern z.T. zunächst nur die Lebensqualität (z.b. Artenrückgang). Teilweise müssen sie aber auch, wenn sie zu einer direkten Gefährdung der Bewohner eines Staates führen, durch entsprechende, mit staatlichen Geldern finanzierte Maßnahmen, korrigiert werden (z.b. Trinkwasserbelastung durch Stickstoffverbindungen oder Pestiziden). Diese staatlichen Eingriffe führen i.d.r. schnell zu einem direkt für den einzelnen Bürger spürbaren Anstieg der Abgabenlast, insbesondere der Steuern.

Es ist ebenfalls Aufgabe dieses Abschnitts, festzustellen, inwieweit ökologischer Landbau anbauspezifische Vorteile vor konventioneller Produktion zeigt, externe Lasten reduziert (bzw. ganz vermeidet) und somit volkswirtschaftlich wünschenswert ist, da das Auftreten externer Lasten für einen Staat nicht wohlfahrtsoptimal ist.[27]

Wasserbelastung: Phosphat- und Stickstoffüberschüsse aus der Landwirtschaft führen zu Eutrophierungs- (Überdüngungs-) Problemen. Zuerst wurde Eutrophierung in den Seen des Alpenvorlandes und in den Gewässern Schleswig-Holsteins beobachtet.[28] Algen vermehrten sich dort explosionsartig und starben ab, durch den sauerstoffzehrenden Verwesungsprozeß kippten die Seen um. Die gleichen Eutrophierungsprobleme zeigt auch das Wattenmeer vor der Küste Hamburgs, Niedersachsens und Schleswig-Holsteins. Rhein und Elbe tragen Nährstoffe, die hauptsächlich aus der Landwirtschaft stammen, in die Nordsee ein. Diese Nährstoffeinträge sind Hauptverursacher der sog. "Schwarzen Flecken", sauerstofflosen Bereichen an der Oberfläche des Watts. Diese Flecken können jeweils mehrere Quadratmeter Fläche erreichen und dann nicht nur das Biotop Wattenmeer, sondern auch den Tourismus an der Nordseeküste stören.[29] Dies zeigt, daß Umweltprobleme i.d.R. nicht lokal begrenzt wirken. Um so wichtiger erscheint eine Neuorientierung der Landwirtschaftspolitik.

Auffällig an dieser Problematik ist der Zusammenhang mit regionalen Schwerpunkten der Tierhaltung: Schleswig-Holstein, Schwaben, Oberbayern und Weser-Ems bei der Rinder-Milchviehhaltung und das Dreieck Oldenburg - Münster - Detmold sowie Weser-Ems bei der bodenunabhängigen Veredlung.[30] In Südoldenburg, einem Symbol regionaler Agrar-Konzentration, stieg das Maximum der Nitratkonzentration im Trinkwasser von 33 mg/l (Stand 1968)

---

[27] Vgl. CONRAD, K. (1989).
[28] Vgl. HAMM, A. et al. (1991), S. 39 ff.
[29] Vgl. SCHMIDT, A., und van DORP (1995), S. 7-8.
[30] S. BERGMANN, E. (1992), S. 143.

auf 73 mg/l (1985). Der EU-Grenzwert liegt derzeit bei 50 mg/l.[31] Somit muß Trinkwasser stellenweise gemischt werden, um diesen Grenzwert einzuhalten, denn hohe Nitratwerte können besonders Kleinkinder gefährden. Wird im Körper Nitrat zu Nitrit reduziert, behindert es den Sauerstofftransport im Blut und bildet evtl. cancerogene Nitrosamine.[32]

Die Kosten dieser Trinkwassermischung können der Landwirtschaft nicht direkt zugerechnet werden, sind aber als externe Kosten volkswirtschaftlich zu beachten. Die Reduzierung der Gewässerbelastung ist damit ökologisch wie volkswirtschaftlich geboten.

An der Stickstoffeinbringung von jährlich 770.000 Tonnen (Stand 1989) in die Oberflächengewässer der Bundesrepublik Deutschland ist die Landwirtschaft mit 45,8 % beteiligt, bei Phosphat lag der Anteil 1989 bei 40,5 % von 74.100 Tonnen.[33] Mais, als Futtermittel oft am Standort intensiver Tierhaltung angebaut, verschärft mit seinem hohen Stickstoffbedarf und seiner kurzen Vegetationszeit die Situation zusätzlich.[34]

Ein Vergleich zwischen der konventionellen und der ökologischen Anbauform auf Basis der Meinungsströme in der Literatur in den Bereichen Wasserbelastung durch Stickstoffverbindungen, Wasserbelastungen durch Pestizide und Luftbelastung durch Methan und Ammoniak zeigt folgendes Ergebnis:

Die Nitrat-Belastung des Grundwassers ist stark von der Nutzungsart und der Konsistenz des untersuchten Bodens abhängig. Durchlässige Böden fördern dabei die Auswaschung ins Grundwasser, so daß sich lt. einer Studie von HERMANOWSKI bei Betrieben ohne Intensivtierhaltung in drei verschiedenen Regionen in Hessen (Wetterau, Vogelsberg und Taunus) kein systembedingter Vorteil für den ökologischen Anbau mit organischer Festmistdüngung und Leguminosenanbau gegenüber einem konventionell mit synthetischem Dünger arbeitenden Betrieb ergibt.[35] Nach HERMANOWSKI ergibt sich auf klimatisch begünstigten Löß-Standorten mit geringer Auswaschung (Wetterau) ein Vorteil für den gezielten Einsatz synthetischer Dünger im konventionellen Anbau. Dagegen ergibt sich im Bereich des Vogelsberges mit leichteren Böden und einer stärkeren Auswaschung im konventionellen Anbau ein stärkerer Zwang zu düngen, der ökologische Anbau zeigt sich dagegen durch Leguminosen und den erhöhten Grünlandanteil im Vorteil.

Bei **Pestiziden** dagegen stellt sich die Situation eindeutig dar. In den ersten 24 Stunden nach der Ausbringung werden Verdunstungsraten von 76 % bis

---

[31] Vgl. LIETH, H. und KRAMER, M. (1991), S. 231 ff.
[32] Vgl. BMU (1992), S. 51.
[33] Vgl. HAMM, A. et al. (1991), S. 41-42.
[34] Als gegensätzliche Meinung S. LIETH, H. und KRAMER, M. (1991), S. 232.
[35] Vgl. HERMANOWSKI, R. (1989), S. 179 ff.

91 % ermittelt.[36] Über Niederschläge kann die Pestizidbelastung der Luft überall das Grund- und Oberflächenwasser belasten. Pestizidfundorte in einigen Bundesländern zeigt die folgende Abbildung (Stand 1980/1981).

Tab. 3: Pestizide im Wasser (Oberflächengewässer und Grundwasser)

	Baden-Württ.	Bayern	Hessen	Nordrhein-Westfalen	Nieder-sachsen	Rhein-land-Pfalz	Schleswig-Holstein
Herbizid							
Atrazin			n				n
Bentazon			n		n		n
Mecoprop		n	n		n		n
Metazachlor	n	n	n		n	n	n
Simazin					n		n
Insektizid							
Dimethoat	n	n	n	n	n		
Lindan	n	n	n		n	n	

Anm.:	
▨	> 0,5 Mikrogramm/l
▨	> 0,1 Mikrogramm/l
n =	nicht nachweisbar

Quelle: THOMAS, F. und VÖGEL, R. (1993), S. 50

Auffällig scheint, daß die Wiederzulassung von Giften wie Lindan und Atrazin in der Bundesrepublik Deutschland im Rahmen der Harmonisierung des EU-Rechts kaum zu verhindern sein wird.[37] Dies zeigt auch die bestehende Diskrepanz zwischen Umweltbewußtsein und Verbraucherschutz auf der einen und konventioneller EU-Agrarpolitik auf der anderen Seite.

Ökologischer Landbau verzichtet bewußt auf den Einsatz von Pestiziden.[38] Dies geht auch aus der Gegenüberstellung der Aufwendungen für Pflanzenschutzmittel im Rahmen des Gliederungspunktes 1.4.4.2 hervor. Das Problem Wasserbelastung durch Pflanzenschutzmittel stellt sich somit im ökologischen Landbau nicht. Ebenso tritt das Problem zunehmender Resistenzen gegen Pflanzenschutzmittel nicht auf. So waren 14 Schädlingsarten im Jahre 1948 gegen in der konventionellen Landwirtschaft gebräuchliche Gifte resistent. Im

---

[36] Vgl. ALDAG, R. (1991), S. 75.
[37] Vgl. die Pestizid-Zulassungsrichtlinie der EU, verabschiedet im Juni 1994 gegen den Widerstand der Bundesrepublik Deutschland und der Niederlande.
[38] Vgl. BIOLAND-Richtlinien Abschnitt 9.2 i.V. Abschnitt 2.7.

Jahre 1976 lag die Zahl bereits bei 364, 1984 waren es dann 447 Arten[39]. Der Zwang, Quantität und Qualität toxischer Substanzen zu steigern, entwickelt eine gefährliche Eigendynamik. Darüber hinaus erfordern Pflanzenschutzmittelinnovationen gesetzlich vorgeschriebene Tierversuche, die sich durch einen allgemeinen Pestizidverzicht vermeiden ließen.

Luftbelastung: Die Karte A1 im Anhang 3 zeigt den Zusammenhang zwischen der Intensität der Tierhaltung und den dadurch bedingten Ammoniakimmissionen in den einzelnen Regierungsbezirken deutlich. Regionen intensiver Tierhaltung (z.B. Südoldenburg oder Schwaben) fallen sofort auf. Ökologischer Landbau zeigt sich durch einen geringen Tierbesatz von ca. 1 GVE/ha und durch verstärkten stickstoffzehrenden Zwischenfruchtanbau, verringertem Maisanbau und den Einsatz von Festmistdüngung bei der Luftbelastung überlegen.

Aus diesem Grund empfiehlt auch die Enquete-Kommission "Schutz der Erdatmosphäre" der Bundesregierung, Maßnahmen zur Veränderung der Agrarwirtschaft zu ergreifen. Im einzelnen fordert dieses Gremium:[40]

- Reduktion des Methan- (CH_4) Ausstoßes durch eine optimierte Fütterung auf betriebseigener Futtergrundlage.
- Reduktion des Distickoxid- (N_2O) Ausstoßes durch Begrenzung der Verwendung mineralischer Stickstoffdünger. Die EG-Nitratrichtlinie soll den Austausch von synthetischem durch natürlichen, im Betrieb selbst produzierten Dünger fördern.
- Reduktion des Ammoniak- (NH_3) Ausstoßes durch eine Bindung der Tierhaltung an die Fläche und des Ersatzes von Gülle- durch Festmistdüngung.

Zur Begründung dieser Forderungen wird auf den anthropogenen Weltklimaeffekt verwiesen. Kohlendioxid ist mit absolut 52 % das wichtigste Treibhausgas. Davon stammen absolut 11 % aus der Landwirtschaft und 41 % demnach aus nicht landwirtschaftlichen Quellen. An zweiter Stelle stehen mit absolut 24 % halogenisierte Kohlenwasserstoffe. Die Landwirtschaft trägt hierzu nichts bei. An dritter Stelle rangiert Methan mit 21 %. Hier stammen absolut 12 % aus der Landwirtschaft und nur 9 % aus sonstigen Quellen. Ebenso verhält es sich mit den Stickoxiden. Hier verursacht die Landwirtschaft 2 % von absolut 3 % der Emmisionen.

Erosion: Erosion bezeichnet als Oberbegriff sowohl den natürlichen, wie auch den anthropogenen Abtrag von Boden durch den Einfluß von Wasser und Wind. Da sich dieser Abschnitt mit Umwelteinflüssen der Landwirtschaft beschäftigt, wird hier nur die anthropogene Komponente unter Erosion verstanden. Der Erosionsbegriff folgt damit der Definition RICHTERs, als "... vom

---

[39] Vgl. THOMAS, F., und VÖGEL, R. (1993), S. 47-57.
[40] Vgl. Deutscher Bundestag (1994), Drucksache 12/8350.

Menschen ausgelöst und von Wasser, Wind und Schwerkraft bewirkt."[41] Die Intensivlandwirtschaft fördert sowohl Wind- wie auch Wassererosion des Bodens. Flurbereinigungsprogramme schaffen maschinengerechte Anbauflächen seit 1872 (preußisches Zusammenlegungsgesetz).[42] Erosionshemmer wie Hekken, Gräben und Terrassen werden dabei möglichst beseitigt. Grünland wird auch in Hanglagen in Äcker verwandelt.[43] Ebenso nimmt der Mais- und Zuckerrübenanbau in der BRD zu. Die Anbaufläche für Silomais hat sich im konventionellen Landbau innerhalb der letzten zwanzig Jahre mehr als verzwölffacht. Beide Kulturen führen wegen der kurzen Vegetationszeit, in der sie den Boden schützen, zu starker Erosion.

Tab. 4: Erosion in t/ha und Jahr bei verschiedenen Kulturen
(Hanglänge 160 m, 8 % Gefälle, Lößboden)

Rotklee	1
Getreide	6
Zuckerrüben	20
Silomais	35

Quelle: THOMAS, F. und VÖGEL, R. (1993), S. 54

Dabei stellt Erosion aus folgenden Gründen ein ernstes Problem dar:

- die Bodenqualität sinkt, was direkt zu negativen ökonomischen Folgen führt
- das Bild der Kulturlandschaft wird nachhaltig verändert
- sie wird oft erst langfristig erkennbar
- sie führt zu Belastungen der Gewässer (Düngemittel, Pestizidreste, Schwermetalle werden u.U. in Oberflächengewässer eingeschwemmt)
- sie gewinnt zunehmende Bedeutung in einer intensivierenden Agrarlandschaft.[44]

Ökologischer Landbau kann sich dagegen positiv auf die Erosionsgefährdung einer Region auswirken, da er statt Kunstdünger oder Gülle Festmist verwendet und Ernterückstände auf den Feldern beläßt.[45] Der Boden wird geschützt, Humus kann sich neu bilden. Darüber hinaus sind im ökologischen Anbau 25 % - 40 % der Felder mit Gras bzw. Leguminosen (stickstoffspeichernden

---

[41] Vgl. RICHTER, G. (1978), S. 98-111.
[42] Vgl. STICHMANN, W. (1986), S. 297.
[43] Vgl. THOMAS, F. und VÖGEL, R. (1993), S. 55.
[44] Vgl. DIEZ, T. (1985), S. 833-840.
[45] Stichwort "Flächenkompostierung", vgl. hierzu die Unterschiede DEMETERS und BIOLANDS.

Pflanzen) längerfristig bewachsen. Durch vielfältige Fruchtfolgen wird die Erosion zusätzlich reduziert. Studien von HERMANOWSKI[46] zeigen die z.T. deutlichen Erosionsvorteile ökologischer Agrarwirtschaft in drei Untersuchungsgebieten in Hessen. Die Ergebnisse zeigt die folgende Abbildung:

Abb. 1: Bodenabtrag in t/ha und Jahr

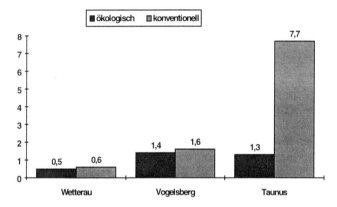

Quelle: HERMANOWSKI, R. (1989), S. 207

Artenrückgang:
Produktionshilfen der konventionellen Agrarwirtschaft wie synthetische Dünger und Pestizide aber auch Landschaftsumgestaltungen im Zuge der Flurbereinigungsmaßnahmen und die Abnahme des Grünlandanteils zugunsten des Ackerlandes wirken direkt auf die Lebensgrundlagen von Flora und Fauna in der agrarwirtschaftlich geprägten Kulturlandschaft ein.
Die chemische Vernichtung von Wildgräsern und Insekten entzieht Nützlingen, Vögeln und Wildtieren wie z.B. Feldhasen Teile ihrer Nahrungsbasis.[47] Doch nicht nur wildlebende Arten gehen in ihrem Bestand zurück. Auch alte Kulturarten wie z.B. Dinkel werden durch ertragreichere Neuzüchtungen verdrängt. Hierdurch entsteht das Problem der Generosion. Eigenschaften der älteren Formen heutiger Kulturen wie z.B. Schädlingsresistenz oder Frosthärte gehen verloren, wenn sie nicht in die Neuzüchtung mit eingebracht werden können. Abhilfe können dann nur noch sog. Genbanken schaffen, die die Erbinformationen von Pflanzen gezielt erhalten. Die folgende Abbildung zeigt das von

---

[46]   Vgl. HERMANOWSKI, R. (1989), S. 185-211.
[47]   Vgl. STICHMANN, W. (1986), S. 297.

STICHMANN beschriebene Ausmaß des durch die Landwirtschaft verursachten Artenrückgangs nochmals deutlich:

Tab. 5: Ursachen und Ausmaß des Artenrückgangs[48]

Symbol	Verursacher	gefährdete Arten absolut	in %
A	Landwirtschaft gesamt	397	68,3
A1	Flurbereinigung	339	58,3
A2	Intensivierung des Ackerbaus	73	12,6
A3	Intensivierung der Grünlandbewirtschaftung	139	23,9
B	Tourismus/Erholung	112	19,3
C	Rohstoffgewinnung	106	18,2
D	Kommunale/industrielle Nutzung	99	17,0
E	Wasserwirtschaft	92	15,8
F	Forstwirtschaft/Jagd	84	14,5
G	Abfall-/Abwasserbeseitigung	67	11,5

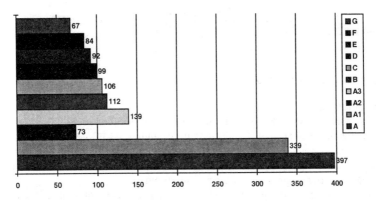

Quelle: STICHMANN, W. (1986), S. 300

Bedingt durch den Pestizidverzicht sind ökologisch bewirtschaftete Felder deutlich artenreicher. Dies zeigen Gespräche mit Landwirten[49] bzw. Artenbestimmungen auf den Schlägen. Die Studie von BRAUNEWELL von 1986 untersuchte die Artenvielfalt der Flora auf je 23 ökologischen und konventionellen Betrieben. Dabei fanden sich durchschnittlich 130 Arten auf ökologischen ge-

---

[48] Die Summe der Prozentwerte liegt über 100, da eine Landnutzung mehr als nur eine Art gefährden kann.

[49] Vgl. das Beispiel des Weinguts Schambachhof in Bötzingen.

genüber ca. 60 Arten auf konventionellen Schlägen. Insbesondere Wildkräuter und Gräser waren auf den ökologischen Schlägen deutlich stärker vertreten.[50]

1.4 Ökologischer Landbau in der Bundesrepublik Deutschland

1.4.1 Ökologischer Landbau als Gegenstand bisheriger agrargeographischer Forschung

Im Rahmen des gestiegenen Umweltbewußtseins der Bevölkerung erreicht auch die Umweltwissenschaft einen höheren Stellenwert. STADELBAUER[51] betont den Einfluß der Umweltwissenschaft auf die Geographie. In agrargeographischen Lehrbüchern (z.B. SICK (1983)[52] und SPIELMANN (1989)[53]) und Aufsätzen (z.B. FAHN (1985)[54]) findet dieser Einfluß seinen Niederschlag. FAHN beschreibt dabei den Stellenwert des 'alternativen Landbaus' für die geographische Forschung und geht auch auf Produktionsmethoden, Verbreitung und wirtschaftlichen Erfolg ein. Er vergleicht ökologische mit konventionellen Betrieben hinsichtlich Erträgen und Umweltverträglichkeit.

SICK[55] beschreibt 1985 den 'alternativ-biologischen Landbau' als agrargeographische Innovation am Beispiel des südlichen Oberrheingebiets. Er nennt die Nähe zur Schweiz, des wichtigsten europäischen Innovationszentrums des ökologischen Landbaus und die günstigen Klima- und Bodenbedingungen sowie die Betriebsstruktur mittelgroßer Gemischtbetriebe als Gründe für die Vorrangstellung Baden-Württembergs innerhalb der ökologischen Agrarwirtschaft der Bundesrepublik Deutschland. Speziell geht er auf politische Situation, Bildung, Marktgröße, Klima und Bodenwert im Regierungsbezirk Freiburg/Breisgau ein.

Einen wichtigen Beitrag zur Innovations- und Diffusionsforschung des ökologischen Landbaus in Mittelfranken leistete z.B. auch HOTZELT (1984).[56] WILLER (1992) untersucht die Ausbreitung einer Innovation (nämlich des ökologischen Landbaus, Anmerk. des Verf.) im europäischen Peripherraum der Republik Irland.[57] Weitere regionale Studien finden sich in diversen Heften der Zeitschriften 'bio-land' und 'Ökologie und Landbau'. Eine erste bundesweite Studie zu Bodennutzung, Betriebsgrößen, Vermarktung und wirtschaftlichem Erfolg stammt von MEIMBERG und LÖSCH[58] aus dem Jahre 1986.

---

[50] Vgl. BRAUNEWELL, R. et al. (1986).
[51] Vgl. z.B. STADELBAUER (1986).
[52] Vgl. SICK, W.D. (1983), S. 143.
[53] Vgl. SPIELMANN, H. (1989).
[54] Vgl. FAHN, H.J. (1985), S. 6-39.
[55] S. SICK, W.D (1985), S. 255-266.
[56] Vgl. HOTZELT, A. (1984).
[57] Vgl. WILLER, H. (1992).
[58] Vgl. LÖSCH/MEIMBERG (1986).

1.4.2 Geschichte und Entwicklung

Die Organisation ökologisch wirtschaftender Betriebe in der AGÖL und ihre historische und regionale Entwicklung wird an dieser Stelle näher beleuchtet. Die zur AGÖL gehörenden Produzentenverbände in den alten Ländern und ihre Markenzeichen zeigt die folgende Abbildung.

Es sind dies :   DEMETER   BIOLAND   NATURLAND
                 ANOG   BIOKREIS   BÖW

Abb. 2: Die Produzentenverbände in der AGÖL

Quelle: AGÖL

Weiteres Mitglied war bis 1994 der Mitinitiator der AGÖL-Gründung, die SÖL in Bad Dürkheim. Nachdem sie ihre Aufgaben als Gründungsmitglied erfüllt sah, schied sie in diesem Jahr aus der Arbeitsgemeinschaft AGÖL aus. Die SÖL ist kein Anbauverband. Die SÖL fördert Projekte im ökologischen Landbau, stellt Informationen zusammen und verbreitet Schriften zur ökologischen Agrarwirtschaft.

In den neuen Ländern wurde 1989 die GÄA in Dresden gegründet, die jetzt Vollmitglied der AGÖL ist.[59]

Aufgabe der AGÖL ist die Schaffung eines gemeinsamen Rahmens für die einzelnen Verbände. Dieser Rahmen besitzt keine direkte Gültigkeit für den Biobauern, der den Richtlinien seines Anbauverbandes folgen muß. Der Landwirt kann selbst auch nicht AGÖL-Mitglied werden. Die Einhaltung dieses Produktionsrahmens durch die Verbände wird von der AGÖL stichprobenartig kontrolliert, und erst nach erfolgter und später wiederholter Prüfung erhalten die Verbände das AGÖL-Prüfsiegel, dessen Gebrauch sie ihren Landwirten, **zusätzlich** zum eigenen Verbandszeichen, gestatten dürfen.[60]

---

[59]   Vgl. LÜNZER, I. (1992), S. 319 ff.
[60]   S. AGÖL (1990), S. 1-2.

Die Erzeugerverbände werden im einzelnen nachfolgend näher dargestellt. Der Schwerpunkt liegt dabei gemäß der Abgrenzung dieser Arbeit bei DEME-TER und BIOLAND.

D E M E T E R : Die biologisch-dynamische Wirtschaftsweise unter der Bezeichnung DEMETER ist die älteste der ökologischen Anbauformen. Sie entstand bereits 1924, aufbauend auf dem "landwirtschaftlichen Kurs" des Anthroposophen RUDOLF STEINER (1861-1925) auf dem Gut Koberwitz bei Breslau in Schlesien. Grundlage ist eine erweiterte Natur- und Menschenerkenntnis. Teilnehmende Chemiker, Veterinäre und Landwirte stellten sich bereits vor 70 Jahren Problemen der Salpetersäurebildung durch Mineraldünger im Boden, der Tierhygiene und der zukünftigen sozialen Situation der Landwirte in der Gesellschaft. Bereits ein Jahr früher, 1923, begannen in der Schweiz und bei Göttingen erste Versuche mit biologisch-dynamischen Präparaten. Nach Gründung des "Versuchsrings der anthroposophischen Gesellschaft" im Jahre 1924 breitete sich der DEMETER-Anbau in Mitteldeutschland und den alten Ostgebieten des ehemaligen Kaiserreiches sowie in der Schweiz und in den Niederlanden in den dreißiger Jahren aus. Er wurde schließlich 1941 in Deutschland verboten, biologisch-dynamischer Anbau und Anthroposophie standen nicht im Einklang mit der nationalsozialistischen Ideologie und der Nahrungsmittelnachfrage einer Kriegswirtschaft. Dennoch gelang es einzelnen Höfen, anthroposophisch weiter zu wirtschaften.

1946 wurde der "Forschungsring für Biologisch-Dynamische Wirtschaftsweise, e.V." gegründet, 1954 entstand der DEMETER-Bund zum Schutz des Warenzeichens. Dieser Neuaufbau gelang allerdings nur in Westdeutschland, insbesondere in Baden-Württemberg. Kommunistische Strukturen in der ehemaligen DDR ließen DEMETER-Anbau nur in minimalem Umfang zu.[61]

Der Anbau im DEMETER-System erfolgt im weitgehend geschlossenen Kreislauf Boden-Pflanze-Tier-Mensch. Düngungsmaßnahmen erhalten und erhöhen die Bodengüte. Kunstdünger (N-P-K) sind verboten. Erlaubt sind in bestimmten Mengen organische Handelsdünger, wie z.B. Knochen- oder Blutmehl oder getrockneter Hühnerkot. Gesteinsmehle aus Granit, Basalt, Kalk oder Phosphaterde dürfen je nach örtlichem Bedarf verwendet werden. Die Fruchtfolge ist artenreich, Leguminosen und Untersaaten sind besonders wichtig. Hierdurch werden Schädlinge, Krankheiten und Unkräuter ferngehalten, so daß auf den ohnehin verbotenen Pestizideinsatz verzichtet werden kann. Eine Bekämpfung des Unkrauts erfolgt gegebenenfalls mechanisch, gegen Schädlinge und Pilze werden Wirkstoffe pflanzlicher Basis gespritzt.

Einzigartig am DEMETER-Anbau ist die Beachtung kosmischer Konstellationen und die Verwendung sog. Präparate, wodurch diese Anbaurichtung zur aufwendigsten des ökologischen Landbaus wird. So soll der siderische Mon-

---

[61] Vgl. KLETT, M. (1994), S. 335-344.

dumlauf im Tierkreis mit jeweils drei Sternbildern einen Einfluß auf Wurzeln, Blüten, Frucht und Stengel/Blätter der angebauten Frucht besitzen. Diese kosmischen Kräfte werden durch die Wahl der Aussaat und Pflegezeiten genutzt. Hochverdünnte Spritzpräparate aus Hornmehl oder Kuhmist sowie Hornkieselpräparate aus Bergkristall oder Quarz sollen sich zusätzlich günstig auf den Boden auswirken. Diese Anbauform stützt sich seit 40 Jahren auf die Ergebnisse eines eigenen Forschungsinstituts[62], des DEMETER-Forschungsrings. DEMETER ist zum Stand 01.01.1993 mit bundesweit 1.234 Betrieben der nach BIOLAND zweitgrößte Verband.[63]

BIOLAND: Der 1971 gegründete, mit bundesweit 2.146 Betrieben größte Verband[64] hat seinen Ursprung in der Schweiz. Begründer ist HANS MÜLLER. MÜLLER promovierte 1921 mit einer Arbeit zur Landwirtschaftsökologie an der Universität Bern. 1923 gründete er einen ökologischen Bauernverein und ab 1946 erzeugte und vermarktete er mit dreißig Freunden ökologische Produkte. Im Jahr 1968 erschien das Buch "Praktische Anleitung zum organisch-biologischen Gartenbau" von MARIA MÜLLER, seiner Ehefrau. HANS PETER RUSCH (1906 - 1977) wurde in Ostpreußen geboren. Ob er dort Kontakte zur Antroposophie hatte, konnte im Rahmen dieser Arbeit leider nicht geklärt werden. RUSCH studierte bis 1932 in Gießen Medizin. Im Jahr 1951 war das erste Zusammentreffen mit HANS MÜLLER, der ihn um Rat zu Fragen des ökologischen Landbaus konsultierte. Im Jahr 1968 erscheint sein Buch "Bodenfruchtbarkeit", das die theoretische Grundlage des organisch-biologischen Landbaus bis heute darstellt.[65] RUSCH entwickelte den nach ihm benannten "RUSCH-Test", eine mikrobiologische Bodenuntersuchung, die als Kontrollinstrument Fehler der Bewirtschaftung aufzeigen kann.

Als Ziel des Verfahrens des organisch-biologischen Landbaus in der Schweiz wurden direkt Kostensenkung der Produktion und Qualitätssicherung der Produkte zur Sicherung der Existenz kleinbäuerlicher Betriebe genannt. Heute sollen satisfiszierende Erträge im ökologischen Kreislauf erwirtschaftet werden. Eine gut durchdachte weitreichende Fruchtfolge mit Leguminosen, Untersaaten und Zwischenfrüchten sowie eine schonende, erosionsmindernde Bodenbearbeitung ("flach wenden - tief lockern") sowie die Verwendung von Gesteinsmehl, organischen Handelsdüngern und Stallmist sind Mittel der Zielerreichung. Künstliche Mineraldünger und Pestizide sind verboten. Die Unkraut-, Krankheits- und Schädlingsbekämpfung erfolgt wie im DEMETER-Anbau.

---

[62] Zu den DEMETER-Ausführungen der letzten bzw. dieser Seite vgl. AID (1990), S. 10-13.
[63] S. Lebendige Erde H. 5, 1994, S. 390.
[64] S. AGÖL (1993), S. 23, Stand 01.01.1993.
[65] Vgl. bioland (1991), S. 5.

21

Anthroposophisches Gedankengut und kosmische Einflüsse von Mond und Sternen werden nicht beachtet, ebenso fehlen die im DEMETER-Anbau typischen Präparate. Ein weiterer Unterschied liegt darin, daß BIOLAND, anders als DEMETER, Großviehhaltung in Landwirtschaftsbetrieben nicht als obligatorisch voraussetzt.[66] Ebenso unterscheiden sich die beiden Verbände in der Herstellung des der Bodenverbesserung dienenden Kompostes. Der organisch-biologische Landbau nach MÜLLER/RUSCH setzt auf Flächenkompostierung. Das Kompostgut wird aerob, direkt auf dem Feld zu Kompost umgesetzt. Das biologisch-dynamische Kompostgut wird dagegen zu Komposthäufen zusammengetragen, unter Präparateeinsatz umgesetzt und später als fertiger Kompost wieder auf die Felder ausgebracht. Hierdurch sind zusätzliche Arbeitsgänge nötig. Zudem können sich im Komposthaufen anaerobe Faulzonen bilden, sich negativ auf das Bodenleben auswirken können. Der BIOLAND-Anbau ist somit technisch einfacher und naturwissenschaftlich, ökologisch und wirtschaftlich leichter erfaßbar.[67]

N A T U R L A N D : Der mit 544 (Stand 01.01.1993) Betrieben drittgrößte Verband wurde 1982 von Praktikern und Wissenschaftlern gegründet. Die Entwicklung und Verbreitung naturgemäßer Verfahren der Tierhaltung und des Sonderkulturanbaus von Hopfen, Obst, Kräutern und Heilpflanzen sind Hauptziele des Verbandes. Da der NATURLAND-Verband nicht Gegenstand der Untersuchung ist, wird er hier nur der Vollständigkeit wegen erwähnt.[68]

B I O K R E I S   O S T B A Y E R N : Dieser Verband umfaßt bundesweit 141 Betriebe. Er entstand 1979 als Initiative von Verbrauchern und Landwirten in Ostbayern. Die überregionale Bedeutung ist gering. Charakteristisch für den BIOKREIS ist die enge Kooperation zwischen Erzeugern und Konsumenten, mit eigenen Verbraucherortsgruppen und Erzeuger-Verbraucher-Gruppen. Auch hier findet die Erwähnung nur aus Gründen der Vollständigkeit statt, gleiches gilt für die nachfolgenden Verbände.[69]

A N O G : Gegründet 1962 von LEO FÜRST, wirtschafteten zum 01.01. 1993 bundesweit 74 Betriebe nach den Richtlinien dieses Verbandes. Mitbegründer war der DEMETER-eigene Forschungsring für Biologisch-Dynamische Wirtschaftsweise. Der Verband ist speziell auf die Besonderheiten des Obst-, Gemüse- und Feldfruchtbaus ausgerichtet, für die die DEMETER-Methoden allein sich als zu streng und aufwendig erweisen (Präparate, Schutzspritzungen).[70]

---

[66] Vgl. DEMETER-Richtlinien vom Oktober 1992, S. 9, demnach bedürfen Ausnahmen von der eigenen Rinder-/Schaf- oder Ziegenhaltung der Genehmigung des Landesverbandes. Der minimale Besatz liegt bei 0,2 GVE/ha.
[67] Zu BIOLAND vgl. AID (1990), S. 13-15.
[68] Vgl. LÜNZER, I. (1992), S. 319 ff.
[69] Vgl. ebenda.
[70] Vgl. ebenda.

B Ö W : Der als Dachverband der ökologisch erzeugenden Winzer 1985 gegründete Verein umfaßte 1993 bundesweit 162 Produzenten. Da Wein einem besonderen Wein- und Lebensmittelrecht unterliegt, vertritt ein spezialisierter Verband die Interessen der Winzer besser als ein allgemeiner Ökoanbauverband. Dennoch existieren auch Winzer in anderen Verbänden.[71]

Die regionale Entwicklung der ökologischen Landwirtschaft und ihrer Anbauverbände : In der Agrarlandschaft der BRD nimmt der ökologische Anbau nur eine geringe Rolle ein. In der AGÖL waren zum 01.01.1994[72] 4.941 Betriebe mit 161.726 ha LF organisiert (alte und neue Länder). Dies entspricht ca. 1 % aller Betriebe und ca. 1 % der LF der Bundesrepublik.[73] Was den Ökolandbau jedoch so interessant macht, ist seine Stellung in der öffentlichen Diskussion und die hohen Zuwachsraten[74], die er aufweist. Der ökologische Landbau belebt dabei insbesondere die Auseinandersetzung über das Für und Wider einer extensiven gegenüber einer intensiven Agrarwirtschaft auf politischer und wissenschaftlicher Ebene. Auch der Anbau älterer, evtl. im konventionellen Anbau unrentabel gewordener Kulturen (z.B. des Dinkels, der Urform des Weizens) bzw. der Haltung entsprechender Tiersorten, verdient hier ebenso Beachtung wie die betriebswirtschaftlichen Aspekte einer verstärkten Direktvermarktung von Urprodukt und veredelter Ware in der ökologischen Landwirtschaft. Die folgende Abbildung zeigt den Flächen- und Betriebszahlenanstieg graphisch.

Untersucht man die Verteilung auf die einzelnen Bundesländer, so stellt man fest, daß das Saarland sowohl bezüglich des Anteils ökologischer LF an der gesamten LF wie auch bezüglich der Anteils der Betriebe die Spitze einnimmt. Diese Aussage der Statistik (vgl. Tab. 7, Seite 26) ist jedoch bei nur 33 Höfen stark zu relativieren. Das Hinzutreten oder das Verschwinden einzelner Betriebe löst bei einer so kleinen Grundgesamtheit erhebliche Verschiebungen aus. Sicher feststellbar ist die Dominanz Bayerns (nach der absoluten Zahl der Betriebe und der Fläche) bzw. Baden-Württembergs[75] in der Relativzahl der Betriebe und Flächen. Wie die folgende Abbildung zeigt, ist der Ökologische Landbau in Baden-Württemberg und Bayern besonders stark. Dort wirtschaften ca. 62 % der Betriebe mit ca. 52 % der LF. In den neuen Ländern existieren derzeit 256 Unternehmen. Charakteristisch für die neuen Länder ist die Größe der LF, die aus der ehemaligen LPG-Struktur herrührt.

---

[71] Vgl. ebenda.
[72] = Agrarberichtsjahr 1995.
[73] S. BML (1995), S. 34.
[74] Vgl. BML (1994), S. 34 ff. bzw. BML (1995), S. 34 ff. insbesondere in den neuen Ländern: 1994 147 Betriebe mit 19.500 ha, 1995 256 Betriebe mit 36.500 ha LF.
[75] Vgl. Karte A2 im Anhang 3.

Abb. 3: Das Wachstum der Öko-Betriebe und Flächen seit 1983

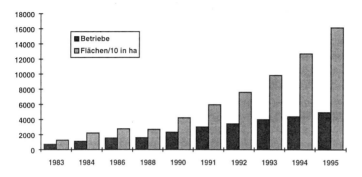

Quelle: BML (1983 - 1995) Agrarbericht der Bundesregierung Bonn, 1983-1995

Tab. 6: Das Wachstum der Öko-Betriebe und Flächen seit 1983

Stand	Agrarbericht	Betriebe	Fläche (ha)
01/82	1983	700	12.500
01/83	1984	1.100	22.200
01/85	1986	1.562	27.700
01/87	1988	1.600	27.000
01/89	1990	2.330	42.400
01/90	1991	3.028	59.730
01/91	1992	3.444	76.130
01/92	1993	4.003	98.620
01/93	1994	4.385	127.240
01/94	1995	4.941	161.726

Quelle: BML (1983 - 1995) Agrarbericht der Bundesregierung Bonn, 1983-1995

    Als Grund der Konzentration im Süden der Republik wurde häufig die Nähe zur Schweiz, des wichtigsten Innovationszentrums des Öko-Landbaus ge-nannt.[76] So lag in Freiburg der Anteil der BIOLAND-Betriebe an allen ökologi-schen Betrieben im Jahre 1980 bei 55 %, während im übrigen Baden-Württem-berg DEMETER mit 63 % als ältere Landbaurichtung vorherrschte.[77] Obwohl diese Zahlen heute bereits sehr veraltet sind, so scheinen sie die Innovations-

---

[76] Vgl. SICK, W.D. (1985), S. 257.
[77] Vgl. ebenda, S. 260.

wirkung der Schweiz im nahen Freiburg zu belegen. Und es ist ja gerade das Anliegen dieser Arbeit, hierfür nähere Hinweise zu finden.

Bei DEMETER liegt das Innovationszentrum zwar in Schlesien, nach Verbot (1941) der Verbandstätigkeit und Westverlagerung der polnischen Grenze konnte von dort jedoch keine Diffusionswirkung mehr ausgehen. Neugegründet, sitzt der DEMETER-Verband jetzt in Darmstadt.

Das Verhältnis dieser Verbände zueinander zeigt heute in Baden-Württemberg den Vorrang BIOLANDS (452 DEMETER-, 510 BIOLAND-Betriebe zum 01.01.1994). Ein weiterer Punkt, der für die Schwerpunktbildung in Baden-Württemberg spricht, liegt nach SICK in den klima- und bodengünstigen Gäugebieten, während in den Gebieten extensiver Grünlandwirtschaft (z.B. Schwarzwald, Schwäbische Alb) ökologische Betriebe seiner Ansicht nach eine eher untergeordnete Rolle spielten (Stand 1980). Betrachtet man die Betriebssysteme Baden-Württembergs, so stellt man fest, daß in den Gäugebieten landwirtschaftliche Gemischtbetriebe vorherrschen.[78] Diesen Betrieben aber sollte eine Umstellung auf eine ökologische Bewirtschaftung mit ihren weitreichenden Fruchtfolgen und dem geringen Tierbesatz (Sollbestand ca. 1-2 GVE/ha LF) besonders leicht fallen.

Die im Ökolandbau besonders starke Direktvermarktung lebt natürlich von großen Marktvolumina. Die Verdichtungsräume Rhein-Neckar (mit Mannheim-Heidelberg), Karlsruhe, Stuttgart, Ulm und Freiburg in BW sowie Würzburg, Nürnberg, Augsburg und München in Bayern schaffen jeweils eine attraktive Marktgröße und scheinen ebenfalls ein weiterer Faktor, der die süddeutsche Vorrangstellung im Ökolandbau ermöglicht.

Darüber hinaus sollte auch der gerade in Baden-Württemberg traditionell starke Naturschutzgedanke nicht vergessen werden. Bereits 1925 wurde eine Schriftenreihe zu diesem Thema aufgelegt, die heute unter dem Titel "Veröffentlichungen für Naturschutz und Landschaftspflege" erscheint. Außerdem wurde bereits 1971 der erste Naturschutzbericht einer Landesregierung[79] veröffentlicht.

Neben BIOLAND (Sitz Baden-Württemberg) und DEMETER (Hessen) finden sich der BIOKREIS mit Sitz in Passau und NATURLAND in Gräfelfing bei München in Bayern. In Ottersheim bei Kirchheimbolanden ist weiterhin der BÖW ansässig, nur die ANOG in Bonn liegt damit nicht in Süd- bzw. Südwest-Deutschland. ANOG-Schwerpunkte liegen z.B. auf der Linie Bonn-Hennef-Köln sowie im Obstbau bei Koblenz und Detmold, zu beachten ist dabei die Lage und Distanz zum Innovationszentrum Bonn. NATURLAND, ein ursprünglich südbayrischer Verband, beginnt sich langsam nach Norden und Westen auszudehnen. Er wird zunehmend in Nordrhein-Westfalen und Niedersach-

---

[78] Vgl. DIERCKE WELTATLAS (1977), S. 33 Karte 1.
[79] Vgl. KÜHL, U. (1992), S. 281-288.

sen stärker, da dortige Landwirte abnehmende Bereitschaft zeigen, mit BIO-LAND und DEMETER zusammenzuarbeiten und auch die dortige nachgelagerte Verarbeitungswirtschaft Präferenzen für NATURLAND zeigt. Der Grund liegt in den niedrigeren Lizenzgebühren und Mitgliedsbeiträgen dieses Verbands.

Dennoch überwiegt auch im Norden Deutschlands BIOLAND, der größte Verband. Die Verdichtungsräume in Nordrhein-Westfalen sind im Nordwesten natürlich ein guter Markt für ökologisch erzeugte Sonderkulturen.[80]

Tabelle 7 zeigt die Unterschiede in der durchschnittlichen LF der Öko-Betriebe, abhängig vom einzelnen Bundesland, wobei Schleswig-Holstein, Saarland und Niedersachsen dominieren. Die Entwicklung der LF des ökologischen Anbaus entspricht somit der der konventionellen Agrarwirtschaft.

Interessant ist, daß Öko-Bauern häufig über eine durchschnittlich größere LF verfügen als ihre konventionellen Kollegen. Ein Grund liegt im, nach AGÖL-Richtlinien restriktiven, Viehbesatz. Dieser liegt bei Futterzukauf bei max. 1,4 Dungeinheiten pro ha LF, was ca. 1,5 GVE/ha LF entspricht.[81] Wer vor der Umstellung einen dichteren Besatz besaß, mußte entweder bei der Umstellung Tiere verkaufen oder seine LF, evtl. durch Zupacht, erweitern.

Ein weiterer Grund liegt in der extensiveren Wirtschaftsweise des Ökobauern. Seine i.d.R. höheren Erzeugerpreise führen nur dann zu einem gleichbleibenden oder erhöhten Einkommen, wenn die absetzbaren erzeugten Mengen nicht zu stark abfallen. Bei der extensiven Wirtschaftsweise der Öko-Bauern ist die Produktionsmenge in dt pro ha LF aber gerade geringer als im konventionellen Vergleichsbetrieb, wie die Agrarberichte der letzten Jahre zeigen. Die Vergrößerung der LF kann also auch aus ökonomischen Zwängen heraus erfolgen. Und letztlich noch scheinen eher jüngere Betriebsleiter sich dem Risiko der Umstellung zu stellen. Diese bewirtschaften aber i.d.R. größere Flächen als ältere.[82]

1.4.3 Die Besonderheiten des ökologischen Anbaus

Die dargestellten Beispiele zu Erosion, Artenrückgang und Luft- und Wasserbelastung zeigten Probleme konventioneller Agrarproduktion. Sie zeigten auch, daß eine ökologische Bewirtschaftung in vielen Punkten diese Probleme eher löst, bzw. gar nicht auftreten läßt. Nachfolgend wird dargestellt, wie die ökologischen Betriebe arbeiten und wie sie sich von konventionellen unterscheiden.

---

[80] Vgl. WENDT, H. (1989), S. 46-50.
[81] Vgl. AGÖL (1990), S. 25 i.V. S. 34.
[82] Vgl. hierzu Fragenkreis 2 im Gliederungspunkt 2.1.2.

Tab. 7: Ökologische Betriebe in den einzelnen Bundesländern[83]
(Stand 01.06.1993)

Land	Ökohöfe	Öko-LF in ha	Schnitt Öko-LF in ha	Höfe gesamt	Gesamt- LF in ha	Schnitt LF in ha	Anteil Höfe	Anteil LF
BW	1105	23474	21,24	97504	1458200	14,96	1,13	1,61
Bayern	1563	34876	22,31	205184	3356100	16,39	0,76	1,04
RP	256	4918	19,21	42566	706200	16,59	0,6	0,7
Saarland	33	1238	37,52	2696	70300	26,08	1,22	1,76
Hessen	259	7487	28,91	43990	772200	17,55	0,59	0,97
NRW	417	11747	28,17	75315	1566100	20,79	0,55	0,75
Nis	361	12245	33,92	87908	2707400	30,8	0,41	0,45
SH	235	11599	49,36	26249	1069600	40,75	0,9	1,08
Stadtstaaten	9	147	16,33	1556	27100	17,42	0,58	0,54
alte Länder	4238	107731	25,42	582968	11733200	20,13	0,73	0,92
MV	16	2334	145,88					
Brandenburg	64	11001	171,89					
SaA	22	1699	77,23					
Thüringen	7	2033	290,43					
Sachsen	38	2442	64,26					
neue Länder	147	19509	132,71					
Bund	4385	127240	29,02					

Anm.: BW = Baden-Württemberg, RP = Rheinland-Pfalz, NRW = Nordrhein-Westfalen, SH = Schleswig-Holstein, Nis = Niedersachsen, MV = Mecklenburg-Vorpommern, SaA = Sachsen-Anhalt

Quelle: schriftliche Mitteilung der AGÖL (1994)

Die konventionelle Landwirtschaft folgt der Forderung BARALLS[84] nach kurzfristiger Gewinnmaximierung. Dazu werden produktionssteigernde Mittel von außen in den Erzeugungsprozeß eingebracht (z.B. Dünger, Pestizide, Halmverkürzungsmittel, Kraftfutter, Hormone). Dagegen ist zunächst nichts einzuwenden, das Grundrecht auf Eigentum nach Artikel 14 des Grundgesetzes erlaubt die Verfolgung dieses Ziels, das in allen Wirtschaftszweigen die soziale Marktwirtschaft erst ermöglicht. Die Grenzen liegen aber in den negativen ex-

---

[83] Lt. schriftlicher Mitteilung der AGÖL, Datenstand 01.06.1993.
[84] Vgl. WINDHORST, H.W. (1974), S. 1-3.

ternen Effekten der Produktion.[85] An die in Punkt 1.3 genannten Probleme sei nochmals erinnert.

Im Gegensatz zu diesem Produktionsprozeß steht der ökologische Anbau. Ziel des allen AGÖL-Verbänden gemeinsamen Produktionsablaufs ist eine langfristig stabile Produktion unter Erhaltung bzw. Verbesserung der natürlichen Produktionsfaktoren und einem für den Landwirt angemessenen Einkommen.[86] Mittel der Zielerreichung sind:[87]

- Die auf einer ganzheitlichen Betrachtung beruhende Ausrichtung der Produktion. Die Nahrungskette Boden - Pflanze - Tier - Mensch soll stabil, gesund und intakt gehalten werden. Wechselwirkungen des Betriebs und seines Umfelds werden hierbei beachtet und möglichst positiv gestaltet.

- Die Ausrichtung der Fruchtfolge, der Pflanzenarten, der Bodenbearbeitung, der Düngung, des Planzenschutzes und der Tierhaltung erfolgt nach dieser ganzhcitlichen Betrachtung.

- Die Gestaltung des Anbaus soll einen Produktionskreislauf schaffen, der zusätzliche Inputs (Dünger, Pestizide) von außen möglichst unnötig macht und nach außen keine negative externe Effekte verursacht. Pflanzenreste und Mist verrotten auf den Feldern zu Humus. Auf schnellösliche Kunstdünger wird verzichtet. Flüssiggülle wird erst nach intensiver Belüftung verwandt. Tierexkremente, in Intensivhaltungen ein ernstes Problem, sind Rohstoffe und verbleiben im Kreislauf. Da Festmist weniger löslich ist als Kunstdünger, wird die Gewässerbelastung reduziert. Die zur Erzeugung des Mists benötigten Tiere sollen artgerecht[88] (z.B. sind Vollspaltenböden oder reine Geflügelkäfighaltungen ohne Auslauf untersagt) gehalten und möglichst nur mit selbsterzeugtem Futter versorgt werden. Die Futterzukaufsmöglichkeiten sind sehr restriktiv.[89] Eine prophylaktische Medikamentengabe an die Tiere ist ebenfalls unzulässig.[90]

- Weite Fruchtfolgen mit vielen Zwischenkulturen und Unterpflanzen, insbesondere Leguminosen zur natürlichen Stickstoffversorgung, erweisen sich als positiv gegenüber Unkräutern, Krankheiten und Schädlingen. Durch intensivierte Pflanzenhygiene wird versucht, diese zusätzlich fernzuhalten. Typische Fruchtfolgen existieren jedoch nicht, denn Standort, Arbeitskräftebesatz, Marktverhältnisse, Ausbildung und Erfahrung des Betriebsleiters sind zu starke Einflußfaktoren. Unkräuter werden gegebenenfalls mechanisch z.B. durch Abflammgeräte oder Hackstriegel entfernt.

---

[85] Vgl. BGH-Urteil III. ZR. 60/92 zu Eigentum und Naturschutz.
[86] Vgl. LÜNZER/PADEL/VOGTMANN (1991), S. 3.
[87] Vgl. AID (1990), S. 16.
[88] Vgl. BIOLAND-Richtlinien in der Fassung vom 06/07. Dezember 1993, Abschnitt 3 Tierhaltung.
[89] Vgl. ebenda, Abschnitt 3.4.
[90] Vgl. ebenda, Abschnitt 3.6.1 und Abschnitt 3.6.2.

28

Kurz gefaßt ergeben sich als allgemeine Hauptmerkmale:[91]
- möglichst geschlossene Stoffkreisläufe in der Produktion
- vollständiger Pestizidverzicht
- schonende Bodenpflege
- organische Düngung mit Festmist/Pflanzenresten
- Schutz von Gewässern und Luft und ergänzend zu STAUB:
- weite Fruchtfolgen mit Getreideanteil i.d.R <50 %, wobei zusätzlich Roggen vor intensiver zu bewirtschaftendem Weizen rangiert
- starke Beachtung natürlicher Standortfaktoren bei Fruchtfolge und /Bodenpflege
- artgerechte Tierhaltung mit geringem Flächenbesatz
- langfristig substanzerhaltende Bewirtschaftung bei satisfiszierenden unter Berücksichtigung externer also volkswirtschaftlicher) Effekte.

Dagegen könnte eine konventionelle Bewirtschaftung durch folgende Eigenschaften charakterisiert werden:
- offener Produktionsablauf
- Pestizideinsatz
- erosions- und verdichtungsfördernde Bodenbearbeitung
- organische Düngung mit Flüssiggülle und Mineraldüngung
- Gewässer- und Luftbelastung
- intensiv bewirtschaftete Monokulturen oder enge Fruchtfolgen
- teilweise ethisch fragwürdige, ausschließlich technisch optimierte Intensivtierhaltungen
- natürliche Standortfaktoren spielen durch Einsatzmöglichkeiten von chemischen Produktionshilfen eine geringere Rolle
- kurzfristige, rein betriebswirtschaftliche Gewinnoptimierung ohne Einbezug externer Folgen

Der Produktionsablauf im ökologischen und im konventionellen Anbau im Modell:

Abb. 4: Die Gegenüberstellung der Produktionsweisen

<u>Die ökologische Agrarproduktion</u>   <u>Die konventionelle Agrarproduktion</u>

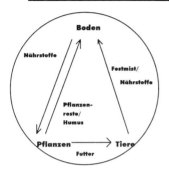 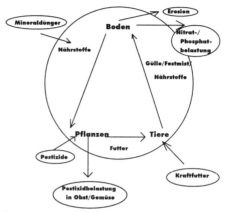

Durch die starken Restriktionen der AGÖL werden kaum Stoffe von außen der Produktion zugeführt. Im Idealfall entsteht ein Kreislauf, der nichts außer seinen Marktprodukten nach außen abgibt.

Durch die Einbringung von Produktionshilfen von außen und die Abgabe negativer externer Effekte ist der Kreislauf verletzt.

Im Idealfall schließt sich an den ökologischen Produktionskreislauf ein ebenso ökologischer Verarbeitungs- und Vermarktungskreislauf an. Ökologische Produktion ist nur dann wirtschaftlich, wenn die Erzeugnisse außerhalb des konventionellen Lebensmittelmarktsegments angeboten werden können. Und ökologische Produktion ist nur dann absolut vorteilhaft, wenn auch die Verarbeitung (z.B. in Molkereien/Metzgereien) hofnah, d.h. ohne lange Transportwege bei relativ geringen Transportmengen erfolgen kann.

Quelle: eigene Graphik

1.4.4 Betriebswirtschaftliche Analyse des ökologischen Landbaus

Nachdem im vorangegangenen Abschnitt auf die Besonderheiten des ökologischen Anbaus eingegangen wurde, soll nachfolgend, zuerst anhand theoretischer Konzepte, später anhand einer Kennzahlenanalyse aus den Daten der Agrarberichte von 1992 bis 1995 die betriebswirtschaftliche Stellung des ökologischen Landbaus in der gesamten Landwirtschaft untersucht werden. Da der Schwerpunkt der Arbeit auf der Innovations- und Diffusionsforschung liegt, wird auch dieser Teil der Einleitung bewußt kurz gehalten. Er gibt lediglich einen Überblick, wie gut sich auch landwirtschaftliche Problemfelder mit gängigen betriebswirtschaftlichen Instrumentarien bearbeiten lassen.

1.4.4.1 Theoretische Konzepte

Innerhalb dieser Einführung werden die Technologie-S-Kurve[92] und das Wettbewerbsportfolio von ALBACH[93] benutzt, um zu zeigen, daß ökologischer Landbau nicht nur 'alternativ' ist, sondern auch wirtschaftlich eine Alternative darstellen kann.

1.4.4.1.1 Die Technologie-S-Kurve der Agrarwirtschaft

Als erstes soll nun mit dem betriebswirtschaftlichen Instrument der Technologie-S-Kurve die Wettbewerbsfähigkeit des ökologischen Landbaus untersucht werden. Dieses Konzept besagt, daß eine Technologie in ihrer Einführungsphase nur geringe Nutzenzuwächse zeigt. Im Zeitablauf steigt der betriebliche Nutzen durch Investitionen und Erfahrung mit der Technologie steil an, erreicht aber nach einer bestimmten Zeit eine Phase, in der auch massive Investitionen den einzelbetrieblichen Nutzen nur noch gering steigern können. In dieser Phase ist es notwendig, durch einen Paradigmenwechsel auf eine neue Technologie zu wechseln, um auch längerfristig im Markt zu verbleiben.

Die Bewertung des Nutzens ist eines der schwierigsten Probleme der volkswirtschaftlichen Mikroökonomik. Daher soll an dieser Stelle auch nicht der Versuch unternommen werden, diesen abstrakten Begriff in eine wertmäßige Funktion in Abhängigkeit des investierten Kapitals als Maß landwirtschaftlicher Intensität zu bringen. Lediglich schematisch soll der Zusammenhang hier verdeutlicht werden. Dabei sei die Höhe des Nutzens zum einen abhängig von der primären Zielerfüllung der Landwirtschaft, also der Ernährung der Menschen, zum anderen von den externen Effekten der Landwirtschaft.

Für den konventionellen Anbau ergibt sich somit die folgende, nicht maßstabsgerechte Kurve (vgl. Abb. 5):

Phase A gibt hierbei die personalintensive Wirtschaftsweise bis Kriegsende an. Durch Spezialisierung und Mechanisierung, finanziert durch einen wachsenden Anteil an Fremdkapital im primären Sektor, konnte die Produktivität der Landwirte drastisch gesteigert werden (Phase B), vgl. auch Abbildung 6.

Phase C beschreibt den sinkenden Grenznutzen weiterer Investitionen in der konventionellen Landwirtschaft. In der Regel sind es schwache Signale,[94] die auf das Erreichen der Phase C hindeuten. Nachfolgend sollen einige schwache Signale genannt werden.

---

[92] Vgl. PERLITZ, M. (1993).
[93] Vgl. ALBACH, H. (1989), S. 1339 ff.
[94] Zur Theorie der schwachen Signale vgl. PERLITZ, M. (1993).

Abb. 5: Die Technologie-S-Kurve der konventionellen Landwirtschaft

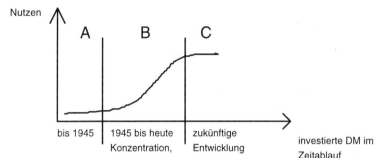

| bis 1945 | 1945 bis heute Konzentration, Investition, Spezialisierung | zukünftige Entwicklung | investierte DM im Zeitablauf |

Quelle: eigene Graphik

Abb. 6: Zahl der ernährten Personen pro Landwirt

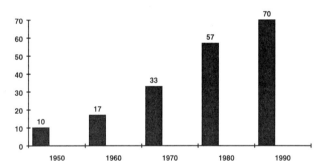

Quelle: DBV (1992): „Argumente, Situationsbericht 1992", Bonn, 1992, S. 15

Die Gründe des sinkenden Grenznutzens liegen zum einen in der Umweltproblematik konventioneller Agrarproduktion. Da bis heute die sog. Landwirtschaftsklausel des § 8 Abs. 7 Bundesnaturschutzgesetz einen Eingriff des Landwirts in die Natur verneint, scheint diese Problematik konventioneller Produktion ohne betriebswirtschaftliche Auswirkung. Eine Würdigung in der Technologie-S-Kurve auf Ebene des einzelnen Hofs scheint somit nur ein wissenschaftlicher Zeitvertreib. Gerade in diesem Bereich gibt es aber seit 1994 schwache Signale von Bundesdienststellen, die zu einer Internalisierung des externen Effekts des Umweltverbrauchs in absehbarer Zukunft führen könnten. "Die heute praktizierte Landwirtschaft führt mit ihrem überhöhten Einsatz von

Dünge- und Pflanzenschutzmitteln zu unverantwortlichen Belastungen der Meere und der Binnengewässer", wie Heinrich von Lersner, Präsident des Umweltbundesamtes, warnt und zugleich eine umweltgerechte Umgestaltung der europäischen Landwirtschaft sowie eine massive Förderung des ökologischen Landbaus fordert.[95]

Zum anderen liegen sie aber auch in der sich verschlechternden Energie-Input-Output-Relation der intensiven Landwirtschaft. Hierauf wies bereits LÜNZER in seiner Studie von 1979 hin. Das Ergebnis dieser Studie läßt sich zusammenfassen in der Aussage: Je extensiver Landwirtschaft betrieben wird, desto besser ist die Input-Output-Relation der eingesetzten Energie, wobei Tierhaltung deutlich schlechter abschneidet als Pflanzenproduktion. Grund der besseren Energienutzung extensiver Produktion ist u. A. der Verzicht auf, aus Erdöl in aufwendigen Verfahren gewonnenen, synthetischen Düngemitteln.[96]

Weitere Indizien des sinkenden Grenznutzens liegen in dem sich ändernden Ernährungsverhalten der Bevölkerung - dem seit Jahren sinkenden Konsum von Fleischprodukten und dem nur geringfügig steigenden Konsum von Milchprodukten pro Kopf und Jahr[97] und zudem wächst gerade in 1994 die Verunsicherung der Verbraucher durch Tierseuchen wie Schweinepest und Rinderwahnsinn. Die herrschende Meinung in der Veterinärmedizin nennt die Verfütterung von Tiermehl, gewonnen aus den Körpern infizierter Schafe, eingesetzt zur Ertragssteigerung der Milch- und Fleischproduktion der Rinderhaltung als den Hauptverbreitungsgrund. Diese im konventionellen Landbau zulässige Futterergänzung ist in der Tierhaltung der ökologischen Landwirtschaft entsprechend der AGÖL-Rahmenrichtlinien oder der Richtlinien der Einzelverbände[98] verboten.

Weiterhin fallen die Erzeugerpreise für wichtige Agrarprodukte kontinuierlich und EG-Agrarmarkt-Ordnungen werden zunehmend unbezahlbar.

In dieser Situation, die Phase C darstellt, sollte ein Landwirt aus unternehmensstrategischer Sicht auf ein neues Produktionsverfahren wechseln, das Zukunftschancen verspricht, auch wenn gerade in den ersten Jahren der Umstellung der einzelbetriebliche Nutzen häufig sinkt und es zu drastischen Ertragseinbrüchen kommen kann (vgl. Abb. 7).[99]

---

[95] Vgl. anonym (1994a), S. 7.
[96] Vgl. LÜNZER, I. (1992), S. 292.
[97] Vgl. die Materialbände der Agrarberichte der Bundesregierung seit 1986.
[98] Vgl. BIOLAND-Richtlinien in der Fassung von 04/1989 letzte Ergänzung 12/1993 Abschnitt 3 Tierhaltung.
[99] Vgl. BENECKE/KIESEWETTER/URBAUER (1988).

Abb. 7: Paradigmenwechsel der Technologie

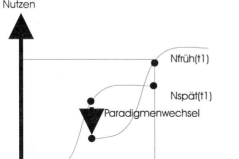

Nutzen

Nfrüh(t1)

Nspät(t1)

Paradigmenwechsel

t0   t1   Zeitverlauf

Quelle: eigene Graphik

Wer frühzeitig von der alten Technologie, also dem konventionellen Landbau, auf die neue Technologie des ökologischen umsteigt, also einen Paradigmenwechsel durchführt, wird im Zeitpunkt t1 bereits wieder einen Technolo-
gienutzen erreicht haben, der über dem eines erst später umgestiegenen Konkurrenten liegt, da diesem die Probleme der Umstellungsphase noch bevorstehen.
Die Graphik zeigt, daß Nfrüh(t1)>Nspät(t1).

Frühzeitig bedeutet aber auch, noch nicht zu weit auf der Technologiekurve
der konventionellen Bewirtschaftung nach rechts gewandert zu sein, also im
kontinuierlichen Spektrum der Landwirtschaft (vgl. Abgrenzung der Arbeit)
eben nicht zu den hochspezialisierten Betrieben zu gehören. Der Ertragseinbruch des Paradigmenwechsels (also der Umstellung) wäre bei einer solchen
Spezialisierung wirtschaftlich unvertretbar. Die Umstellung wird dagegen um
so leichter, je näher der Betrieb beim Paradigmenwechsel bereits der ökologischen Seite des landwirtschaftlichen Produktionsspektrums steht.

Damit kann auf Ebene des Einzelbetriebs die Umstellung auf ökologischen
Landbau aus unternehmensstrategischer Sicht die richtige, zukunftssichernde
Entscheidung sein.

1.4.4.1.2   Das Wettbewerbsfähigkeitsportfolio der Landwirtschaft

In seinem Portfolio stellt HORST ALBACH das Zusammenwirken der Komponenten Preis und Qualität der von einer Unternehmung erzeugten Produkte dar.
Die Darstellung auf der übernächsten Seite wurde gegenüber dem Originalport-
folio ALBACHs modifiziert, worauf später noch eingegangen wird. Wie bei al-

len Portfolios, die lediglich auf einer 2·2-Felder oder wie hier auf einer 3·3-Felder-Matrix aufbauen, kann man die starke Idealisierung der Wirklichkeit kritisieren. Dabei vergißt man aber die strategische, also langfristige Ausrichtung einer solchen Darstellung, deren Aufgabe im operationalen Bereich liegt.

In der Entwicklung der deutschen Landwirtschaft wurde dem Faktor Produktpreis und damit, bei Anwendung einer retrograden Kalkulation, den einzelbetrieblichen Kosten der landwirtschaftlichen Produktion überstarke Beachtung geschenkt. Der Produktnutzen sank. In seiner umfangreichen empirischen Studie von 1991 aber stellt PORTER fest, daß Kostenvorteile lediglich "flüchtige Wettbewerbsvorteile" sind.[100] Zwar gilt dieser Satz zunächst nur für den relativ wenig regulierten Bereich des sekundären und tertiären Sektors einer Marktwirtschaft, doch wird seine Bedeutung in Zeiten nur geringer Geldentwertung im historischen Vergleich und des Fehlens einer Bedrohung der Kaufkraft der heimischen Währung von innen (z.b. inflationsbedingte Währungsreform) oder außen (z.b. durch Kriege) und damit einer wachsenden Kaufkraft der Bevölkerung auch für den stark regulierten primären Sektor steigen. Dies gilt gerade auch dann, wenn die Abgabenlast des Steuerbürgers aus politischen Gründen gesenkt werden muß, indem die Landwirtschaft dereguliert wird. In dieser Kosten-Nutzen-Analyse bringt der ökologische Landbau tatsächlich die teureren Produkte auf den Markt, wie z.b. die Studie von BROMBACHER zeigt. Preise für ausgewählte Erzeugnisse zeigt die folgende Tabelle:

Tab. 8: Preisvergleich zwischen ausgewählten Produkten des konventionellen und des ökologischen Landbaus[101]

Produkt	Preis ökologisch in DM pro kg	Preis konventionell in DM pro kg	Öko-Aufschlag in %
Rindfleisch	24,15	19,77	22,4
Schweinefleisch	20,97	14,97	36,4
Milch, pasteurisiert	2,07	1,31	58
Käse, div. Sorten	ohne Einzelpreis		32,6
Weizenmehl	3,46	1,51	129,1
Brot, div. Sorten	ohne Einzelpreis		19,2

Quelle: BROMBACHER, J. (1992), S. 79 (verkürzte Darstellung)

Mit einem durchschnittlichen Öko-Aufschlag von 45,9 % sind diese Produkte dem höherpreisigen Segment im Kosten-Nutzen-Portfolio zuzurechnen.

---

[100] Vgl. PORTER, M. E. (1991), S. 35.
[101] Vgl. BROMBACHER, J. (1992), S. 79-90.

Wesentlich schwieriger als die Preisbeurteilung erscheint die Schätzung des Produktnutzens. Den Nutzen von Agrarprodukten beschreibt MEIER-PLOEGER als Kombination von **Gebrauchsnutzen** (Kocheigenschaften, Lager- und Transportfähigkeit, Eignung zur industriellen Verarbeitung), **Ernährungsnutzen** (Gehalt an Fett, Protein, Kohlenhydrate, Vitamine aber auch an unerwünschten Belastungen [Pestizide, Nitrat]) und **Marktnutzen** (Größe, Farbe, Geruch, Geschmack).[102] Ökologisch erzeugte Produkte besitzen nach ihrer Studie Vorteile in den Bereichen:

- Gebrauchsnutzen (geringerer Wassergehalt im Biofleisch, längere Lagerfähigkeit ökologisch erzeugter Produkte) und

- Ernährungsnutzen (geringere Pestizid-/Nitrat-/Phosphatbelastungen).

Beim Marktnutzen kann dagegen keine eindeutige Aussage getroffen werden. Durch den Verzicht auf chemische Zusätze wirken Biofleischwaren ungewohnt grau, Gemüse erfüllt nicht immer die normierten Größen der Handelsklassen der EU, besitzt aber vielleicht einen intensiveren Geschmack. Eine Bewertung des Marktnutzens muß daher dem Verbraucher überlassen werden. Die nächste Abbildung zeigt die Einordnung der Agrarprodukte grafisch und stellt ebenfalls dar, welche Strategien ein Landwirt wählen muß, um im primären Sektor dauerhaft zu verbleiben.

Abb. 8: Das Wettbewerbsportfolio der Landwirtschaft

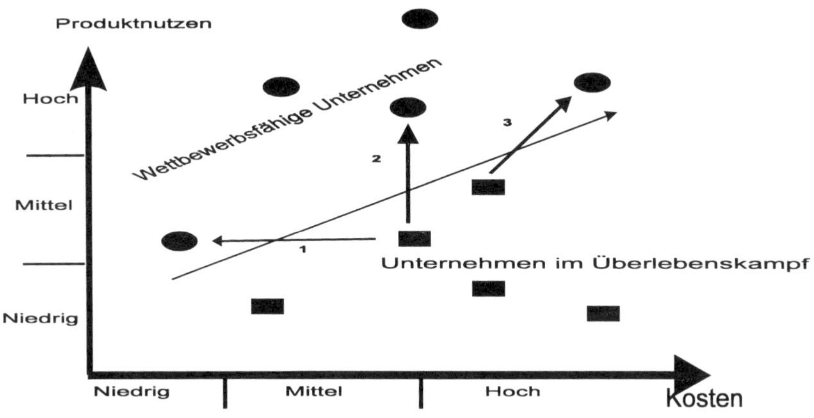

Quelle: eigene Graphik

---

[102] Vgl. MEIER-PLOEGER, A. (1991), S. 7.

Die Diagonale trennt wettbewerbsfähige Agrarunternehmen von gefährdeten. Diesen verbleiben grundsätzlich drei Strategien, um wieder wettbewerbsfähig zu werden.

1) **die reine Prozeßinnovationsstrategie:** typischerweise wird die Erzeugung derselben Produkte mechanisiert und intensiviert, um bei gleichem Produktnutzen für den Verbraucher die Erzeugerpreise zu senken.

2) **die reine Produktinnovationsstrategie:** die Produktionsprozesse und damit die Kosten bleiben im wesentlichen gleich. Angebaut werden jedoch neue Produkte, die dem Verbraucher einen gesteigerten Nutzen bieten und so höhere Erzeugerpreise ermöglichen.

3) **die gemischte Strategie**[103] ist die typische Strategie des Umstellers auf ökologischen Landbau. Mit gesteigerten Kosten pro Outputeinheit werden Produkte von hohem Kundennutzen erzeugt. Der Kostennachteil wird vom Erzeugerpreisvorteil überkompensiert.

In allen Fällen zeigt sich aber, daß es dem Agrarunternehmen um so leichter fällt, wieder wettbewerbsfähig zu werden, je näher es noch an der Trennlinie liegt. Die Strategie der Umstellung bleibt selbstverständlich auch einem bereits vorher wettbewerbsfähigen Unternehmen, indem es sich in diesem Portfolio nach rechts oben bewegt. Der erwartete Nutzen muß in diesem Fall jedoch das Risiko der Umstellung rechtfertigen. Und dieses Risiko sinkt wiederum, wenn der Betrieb im kontinuierlichen landwirtschaftlichen Produktionsspektrum der ökologischen Seite näher steht als der agrarindustriellen.

1.4.4.2 *Vergleichende Kennzahlenanalyse des konventionellen und des ökologischen Landbaus*

Die nachfolgende Analyse basiert auf den Daten der Agrarberichte 1992 bis 1995. Ältere Angaben werden nicht berücksichtigt.[104]

Erstens ist die Zahl der ausgewerteten ökologischen Betriebe in den älteren Berichten zu gering; im Agrarbericht 1988 werden die Ergebnisse von nur 40 ökologischen mit denen von 839 konventionellen Betrieben verglichen. Im Jahre 1990 dagegen sind bereits 81 ökologische Betriebe in den Vergleich mit 217 konventionellen einbezogen. Den Daten von 1993 liegen 100 Öko-Betriebe zugrunde und der Agrarbericht 1995 verarbeitet die Daten von 139 Höfen, die Aussagefähigkeit der Ergebnisse ist daher leicht verbessert. Dennoch wäre eine breitere Datenbasis wünschenswert.

Zweitens können wegen einer Änderung in der Datenerhebungsform ab Agrarbericht 1991 ältere Daten nicht unverändert mit einfließen. Verglichen

---

[103] Bei ALBACH senkt die gemischte Strategie auch die Kosten, hierin liegt die Abweichung zum Original-ALBACH-Portfolio.

[104] S. Agrarberichte, Materialbände (1992), S. 244-246; (1993), S. 264-266; (1994), S. 238-240; (1995), S. 240-242.

werden die ökologischen Haupterwerbs (HE) - Betriebe mit ihrer konventionellen Vergleichsgruppe, die ebenfalls nur aus HE-Betrieben besteht.
Nach der Definition der Agrarberichte sind HE-Betriebe "Betriebe, in denen
die betriebliche Arbeitszeit des Betriebsinhabers mindestens 0,5 Arbeitskräfte-
einheiten und das außerbetriebliche Erwerbseinkommen des Betriebsinhaber-
ehepaars weniger als 50 % des Erwerbseinkommens betragen [...]."[105] HE-Betriebe werden unterschieden in Voll- und Zuerwerbsbetriebe. Dabei sind **Voll-
erwerbsbetriebe** Betriebe, in denen der betriebliche Teil des Erwerbseinkommens mindestens 90 % beträgt. HE-Betriebe mit einem Anteil des Betriebs am
Erwerbseinkommen zwischen mindestens 50 und weniger als 90 % werden als
Zuerwerbsbetriebe bezeichnet. **Nebenerwerbsbetriebe** sind Betriebe mit einer betrieblichen Arbeitszeit des Inhabers von weniger als 0,5 Arbeitskräfteein-
heiten oder einem Betriebsanteil am Erwerbseinkommen von weniger als 50 %.
Die Charakteristika der konventionellen Vergleichsgruppe entsprechen in Faktorausstattung, natürlichen Standortfaktoren und Viehbesatz ungefähr denen der
Öko-HE-Betriebe. Diese Gegenüberstellung gibt aber nur wirtschaftliche Unterschiede zwischen Öko-Betrieben und ihrer Vergleichsgruppe an. Sie stellen keinen Vergleich mit der Gesamtheit aller HE-Betriebe auf, deren Erträge und
Gewinne die der Vergleichsgruppe z.T. deutlich übersteigen. In dem kurzen
Analysezeitraum konnte ein erhöhtes Ernterisiko im ökologischen Anbau nicht
beobachtet werden. Hierzu wäre eine langfristige Varianzauswertung erforderlich.[106] Ebenso zeigt sich, daß die Mengenerträge für ausgewählte Agrarprodukte im ökologischen Landbau deutlich niedriger ausfallen. Diesen geringeren
Mengen stehen jedoch deutlich höhere Erzeugerpreise gegenüber, wie die folgende Abbildung zeigt.

Tab. 9: Erzeugerpreise für ausgewählte Produkte im Vergleich

Produkt	Einheit	1992 öko	1992 konv	1993 öko	1993 konv	1994 öko	1994 konv	1995 öko	1995 konv
Weizen	DM/dt	102,6	32,9	87,9	32,8	85,9	26,2	86,2	33,3
Roggen	DM/dt	94,4	31,8	87,6	31,0	74,8	23,8	86,5	30,7
Kartoffeln	DM/dt	59,9	19,2	58,1	19,00	62,6	16,6	55,2	16,5
Milch	DM/100 kg	71,2	65,3	73,1	63,8	68,9	61,9	63,8	63,7

Anm.: öko = ökologischer Anbau, konv = konventioneller Anbau

Quelle: BML (1993a), (1994a), (1995a)

---

[105] S. BML (1993a), S. 187 ff., seitdem keine Änderung der Definition.
[106] Vgl. BML (1993), S. 40.

Für Weizen lagen die Erzeugerpreise 1995 um 159 % über den konventionellen, für Kartoffeln sogar um 235 %. Bei Milch liegt die Differenz bereits 1993 bei nur 15 %, 1995 ist sie nahezu Null. Die Mehrerlöse führen dazu, daß die bewerteten Erträge im Ökolandbau durchschnittlich die des konventionellen um ca. 14.500,00 DM pro Betrieb und Jahr übersteigen. Die DM-Erträge pro ha LF zeigten einheitlich Vorteile für den ökologischen Landbau. Pro Jahr und ha lagen sie durchschnittlich knapp 500,00 DM über den konventionellen Vergleichszahlen. Hauptumsatzträger sind im ökologischen wie im konventionellen Landbau die tierischen Erzeugnisse. Allerdings lag deren Anteil 1995 im ökologischen Anbau bei nur 46 % (2222 DM/ha von 4814 DM/ha), konventionell bei 61 % bzw. 2624 DM/ha von 4271 DM/ha[107] des Gesamt-Hektar-Ertrags.

Tendenziell liegt somit der ökologische Anbau sowohl bezüglich des Hektarertrags wie auch bezüglich des Gesamtunternehmensertrags wegen der deutlich höheren Absatzpreise trotz geringerer Produktionsmengen über der Vergleichsgruppe. Dominierend, wenngleich auf niedrigerem Niveau, ist der Umsatz aus dem Absatz tierischer Erzeugnisse.

Zweiter Schritt der Erfolgsanalyse ist die Aufarbeitung der **Kostenstruktur.** Im ökologischen Landbau liegen die Aufwendungen pro Betrieb in jedem Untersuchungsjahr und im Durchschnitt höher. Auffällig auf der Kostenseite ist die völlig veränderte Kostenstruktur des ökologischen Landbaus. Zwar liegen die Abschreibungen wie im konventionellen Anbau an erster Stelle der Aufwandseinflußfaktoren, doch ergeben sich typische Unterschiede hinsichtlich der Lohnkosten, der Aufwendungen für Düngemittel, Pflanzenschutz und Futterzukauf. Die Zahlen werden in der folgenden Abbildung gegenübergestellt. Arbeitsintensive Fruchtfolgen, Direktvermarktung der Produkte und Verzicht auf anbaufördernde Zusatzstoffe (z.B. Kunstdünger) bedingen die arbeits- und damit lohnintensivere Produktion. Im Durchschnitt liegen die Lohnkosten der Ökobetriebe um ca. 305 % über denen der Vergleichsgruppe. Da die Beschäftigtenzahlen weit geringere Unterschiede zeigen (AK/Betrieb 1995 1,69 (Öko) zu 1,53 (konventionell)), erklärt sich dieses Ergebnis nur aus höheren Löhnen/Gehältern, die z.T. dadurch erforderlich werden, den im ökologischen Landbau höheren Anteil an Fremdarbeitskräften zu bezahlen. Der Anteil fremder Arbeitskräfte beträgt 1995 0,35 AK pro Betrieb des ökologischen Landbaus (s. Punkt 1.3.1 der Gliederung). In der Vergleichsgruppe liegt er bei 0,08 AK pro Betrieb. Hinsichtlich der Lohnkosten stellt sich der ökologische Betrieb somit deutlich schlechter als sein konventionelles Pendant.

Bei den Aufwendungen für Dünger, Pflanzenschutz und Futterzukauf ergibt sich jedoch ein anderes Bild. Bedingt durch die Produktion im ökologischen Kreislauf werden Düngemittelzukäufe drastisch reduziert. Im Durchschnitt betrugen die Aufwendungen der Vergleichsgruppe hierfür das sechsfache der

---

[107] S. BML (1995), S. 36 ff.

Aufwendungen der Ökobetriebe. Bei den Aufwendungen für Pflanzenschutz benötigt die Vergleichsgruppe durchschnittlich das 17-fache. Ähnliches gilt, wenn auch weniger deutlich, für den Futterzukauf. Die extensivere Viehhaltung der Ökobetriebe und das Wirtschaften im Kreislauf erlauben i.v. mit den restriktiven Richtlinien der Anbauverbände, die Aufwendungen für Futtermittel auf durchschnittlich 59 % der Vergleichsgruppe zu beschränken. Ein weiterer Faktor ist hierbei u.U. die bessere Qualität des im ökologischen Betrieb selbst erzeugten Silofutters.[108]

Legt man die Kosten pro Betrieb und Jahr auf die Produkte um, ergeben sich wegen der niedrigeren Naturalerträge natürlich höhere Kosten pro Outputeinheit im ökologischen Landbau, die höhere Erzeugerpreise erzwingen.

Faßt man Erträge und Aufwendungen zum **Gewinn** (nach Steuern, einschließlich neutraler Erfolge und Aufwendungen) zusammen, ergibt sich folgende Situation: Insgesamt und pro ha ist der Gewinn im ökologischen Landbau deutlich höher als in der Vergleichsgruppe, im Durchschnitt ca. 3.900,00 DM / Jahr und Betrieb bzw. durchschnittlich ca. 130,00 DM / Jahr und ha. In Verbindung mit der kleineren Zahl FAK im ökologischen Landbau ergibt sich ein Gewinn pro FAK von durchschnittlich ca. 31.000,00 DM pro Jahr gegenüber ca. 26.500,00 DM in der Vergleichsgruppe und damit ein höheres Einkommen für Betriebsleiter und beschäftigte Familienangehörige. Da auch die Entnahmen zur Lebenshaltung und zur Altersversorgung in jedem Jahr und im Schnitt um 2.870 DM über den Werten des konventionellen Landbaus liegen, ist von einem höheren Lebensstandard in der ökologischen Landwirtschaft auszugehen.

Als **Erfolgskennzahlen** werden hier der Cash-Flow (CF) und die Kapitalrentabilität betrachtet. Der CF stellt derzeit ein besonders wichtiges Analyseinstrument der Betriebswirtschaft dar. Er ist grob (da abhängig vom Analyseziel)[109] definiert als

Jahresüberschuß (JÜ)
+ nicht auszahlungswirksame Aufwendungen (z.B. Abschreibungen)
- nicht einzahlungswirksame Erträge (z.B. Zuschreibungen)

= Cash-Flow

Als reine Einzahlungs-Auszahlungs- (Geldstrom-) Rechnung gibt er ein gutes Maß für die Innenfinanzierungskraft (aus laufenden Gewinnen) des Agrarbetriebs. Für die Gegenüberstellung werden die CF-Daten der Agrarberichte herangezogen. Diese entsprechen - wie auch die Angaben zur Kapitalrentabilität - den Definitionen der Agrarberichte.[110]

---

[108] Vgl. BENECKE, J. (1988), S. 26.
[109] Vgl. WÖHE, G. (1987), S. 329-337.
[110] S. BML (1993a), S. 186 ff., seitdem keine Änderung der Definition.

Hierbei zeigt sich, daß die ökologischen Betriebe einen CF/ha aufweisen, der durchschnittlich mehr als 34 % über dem der Vergleichsgruppe liegt. Die Innenfinanzierungskraft des ökologischen Landbaus und damit die Möglichkeit, ohne Fremdkapitalaufnahme in die betriebliche Produktionszukunft zu investieren bzw. Gewinnrücklagen z.b. für Ersatzbeschaffungen zu bilden, ist somit erheblich höher. Hier sei an die bereits erwähnte Darstellung der Fremdkapital-Entwicklung erinnert. Fremdkapital kann über den Leverage-Effekt die Eigenkapitalrendite anheben und ist deshalb zunächst nicht negativ zu sehen, erstaunlich ist jedoch das Tempo der Fremdkapitalzunahme in der Landwirtschaft.

Wie gezeigt, sind Jahresüberschuß und Abschreibungen die Haupteinflußfaktoren auf den Cash-Flow. Da der Jahresüberschuß und die Abschreibungen im ökologischen Landbau immer über den Größen der Vergleichsgruppe liegen, verwundert der höhere Cash-Flow des Ökolandbaus nicht.

Auch die Entwicklung der **Gesamtkapitalrentabilität (GKR)** ist im ökologische Anbau überlegen. Die GKR, ermittelt aus dem JÜ plus den FK-Zinsen minus einem kalkulatorischen Lohn der FAK, dividiert durch das Bilanzkapital, ergibt die Verzinsung des gesamten im Agrarbetrieb eingesetzten Kapitals (EK+FK). Ist die GKR im Untersuchungszeitraum für die Vergleichsgruppe durchweg negativ, so liegt sie im ökologischen Anbau 1992 noch über Null, 1993 wird aber auch hier die GKR negativ.

Auffällig ist, daß (Stand 1995) die GKR aller[111] Haupterwerbsbetriebe mit -1,00 noch schlechter ist, als die der ökologischen Betriebe (-0,9)[112], d.h. die konventionelle Landwirtschaft zeigt im Ganzen geringfügig schlechtere Renditen als die ökologische. Auf zwei Dinge ist hier hinzuweisen: Zum einen ist die Verzinsung des in der Landwirtschaft - gleich welcher Form - eingesetzten Kapitals weit von der erzielbaren Rendite auf den Kapital- und Geldmärkten entfernt.[113] Wählt man den Diskontsatz der Bundesbank als Anhaltspunkt für die Rendite eines Geldanlegers, so liegt dieser bei 3,5 % (Stand 01.09.1995). Hätte der Landwirt sein im Betrieb gebundenes Eigenkapital als Kredit der Wirtschaft allgemein zur Verfügung stellen können, sein wirtschaftlicher Erfolg wäre ein vielfaches besser gewesen. Zum anderen zeigt die Gewinntrendlinie der ökologischen wie der konventionellen Landwirtschaft im Untersuchungszeitraum kontinuierlich nach unten. Kennzahlen zur ökologischen und zur konventionellen Landwirtschaft zeigt Tabelle 10.

---

[111] Die Charakteristika der konventionellen Vergleichsgruppe entsprechen in Faktorausstattung, natürlichen Standortfaktoren und Viehbesatz ungefähr denen der Öko-HE-Betriebe. Diese folgende Gegenüberstellung gibt aber nur wirtschaftliche Unterschiede zwischen Öko-Betrieben und ihrer Vergleichsgruppe an. Sie stellt keinen Vergleich mit der Gesamtheit aller HE-Betriebe auf, deren Erträge und Gewinne die Vergleichsgruppe z.T. deutlich übersteigen.

[112] Vgl. BML (1995a), S. 242.

[113] Vgl. ebenda.

Tab. 10: Erfolgskennzahlen im Vergleich

Agrarberichte Merkmal	1992 ökol. HE	1992 konv. HE	1993 ökol. HE	1993 konv. HE	1994 ökol. HE	1994 konv. HE	1995 ökol. HE	1995 konv. HE	∅ ökol. HE	∅ konv. HE
Ertrag in DM · 1000	166,2	154,2	164,5	148,9	164,2	152,4	168,4	150,1	165,8	151,4
Ertrag/ha in DM/ha	4728	4162	4728	4258	4694	4369	4814	4271	4741	4265
Aufwand in DM	119813	111487	122160	113635	120718	112262	128784	112029	122869	112353
Aufwand/ha in DM/ha	3408	3010	3510	3249	3452	3219	3681	3187	3513	3166
Dünger in DM/ha	43	236	28	218	37	176	29	151	34	195
Pflanzenschutz in DM/ha	10	96	4	96	3	80	4	70	5	86
Futterzukauf in DM/ha	200	301	194	340	167	327	195	320	189	322
Löhne/Gehälter in DM/ha	283	66	306	79	246	63	249	58	271	67
Abschreibungen in DM/ha	463	412	484	426	457	419	460	436	466	423
Gewinn in DM	46431	42676	42361	35279	43444	40115	39648	38097	42971	39042
Gewinn/ha in DM/ha	1321	1152	1217	1009	1242	1150	1133	1084	1228	1099
Gewinn/-FAK in DM/FAK	32871	28574	30047	24189	31414	27272	29570	26226	30976	26565
Bruttoinvestitionen in DM	36164	32662	39267	26221	33896	26056	45984	27357	38828	28074
in DM/ha	1029	882	1128	750	969	747	1314	778	1110	789
Entnahme Lebenshaltung in DM	28384	26987	28761	27159	32652	27722	30463	28837	30065	27676
Entnahme Alterssicherung in DM	2859	2230	2854	2346	2438	2130	2747	2267	2725	2243
Summe Entnahme in DM	31243	29217	31615	29505	35090	29852	33210	31104	32790	29920
Bilanzsumme in DM	538070	540495	549172	533695	537761	539510	566159	566490	547791	545048
Rentabilität (GKR) in %	0,80	-0,30	-0,20	-1,80	-0,10	-1,20	-0,90	-2,00	-0,10	-1,33
Ha-Cash-Flow in DM/ha	677	455	714	554	705	514	810	639	727	541

Anm.: konv. HE = HE-Betriebe der konventionellen Vergleichsgruppe. Deren Betriebsergebnis ist i.d.R. schlechter, als das aller konv. HE-Betriebe

Quelle: BML (1992a bis 1995a)

1.5 Volkswirtschaftliche und agrarpolitische Analyse des ökologischen Landbaus

Zu den volkswirtschaftlichen Fragestellungen, die hier dargestellt werden, gehören die in Gliederungspunkt 1.3.2 dargestellten Umweltwirkungen der Landwirtschaft sowie die Marktwirkung konventioneller und ökologischer Agrarproduktion.

Die Bewertung negativer externer Effekte in realen Geldeinheiten gehört mit zu den schwierigsten Aufgaben der volkswirtschaftlichen Wohlfahrtstheorie. Theoretisch geeignete Meßmethoden wie z.b. Fragebögen zur Zahlungsbereitschaft (z.b. könnte die Frage lauten: "Wieviel DM pro Jahr wären Sie zu zahlen bereit, um die derzeitige Flora und Fauna der Agrarkulturlandschaft zu erhalten [oder den Nitratgehalt des Grundwassers zu senken] ?") scheitern üblicherweise beim Versuch der Umsetzung in die Praxis. Der Grund hierfür liegt darin, daß "saubere Umwelt" ein öffentliches Gut darstellt. Charakteristisch für öffentliche Güter ist das Nicht-Ausschlußprinzip: ein Ausschluß des einzelnen Bürgers vom Konsum des öffentlichen Gutes ist technisch unmöglich oder zu teuer. Jeder profitiert vom Konsum, auch wenn er sich weigert, die Kosten hierfür mit zu tragen.

Die wohlfahrtsoptimale Allokation des öffentlichen Gutes scheitert also wenn die Zahlungsbereitschaft über- oder untertrieben dargestellt wird. Im Extremfall, CONRAD spricht vom sog. "Trittbrettfahrer", wird für den Konsum der sauberen Umwelt nichts bezahlt.[114] [115]

Eine zweite Möglichkeit, neben der Umlage der Umweltkosten auf die Bürger anhand ihrer Zahlungsbereitschaft, stellt die Internalisierung der externen Kosten dar. Jeder Betrieb müßte demnach die Kosten der von ihm verursachten Verschmutzungen übernehmen. Im primären Sektor scheitert eine solche Überlegung aber aus juristischen Gründen, da Landwirtschaft - de jure - keinen nachhaltigen Eingriff in die Umwelt darstellt (vgl. § 8 Bundesnaturschutzgesetz, sog. "Landwirtschaftsklausel").

Leichter zu erfassen als die Umweltwirkungen sind die Folgen der Agrarproduktion im Wechselspiel von Angebot und Nachfrage auf nationalen und europäischen Märkten. Diese Märkte zu entlasten war auch Hauptanliegen der Extensivierungs- und Stillegungsprogramme Ende der achtziger, Anfang der neunziger Jahre.

Die europäischen Agrarmärkte bestehen aus einem komplizierten System von Preis- und Mengenmechanismen.[116] Für eine Inlandsbetrachtung sind hier vor allem die Interventionspreise interessant, die für alle Interventionsprodukte (z.B. Getreide, Zucker, Rohtabak, Wein, Milch, Rindfleisch) für jede angebo-

---

[114] S. CONRAD, K. (1989), S. 159-176.
[115] Zur Theorie öffentlicher Güter vgl. auch VARIAN, H. (1989), S. 541-565.
[116] Vgl. BML (1993a), S. 127 ff.

tene Menge von den Interventionsstellen zu zahlen sind. Sinn dieses Preissystems ist, die Inlandserzeugerpreise auf oder über Weltmarktniveau zu halten und gleichzeitig dem Verbraucher Lebensmittel günstig anzubieten.

Dieses letzte Ziel wurde erreicht, der Anteil der Ausgaben für Nahrungsmittel an den Gesamtausgaben der Haushalte liegt heute bei ca. 14-21 %.[117] Die Erzeugerpreise sind aber i.d.R. nicht mehr kostendeckend. So wird jede Mark für Lebensmittel, die der Verbraucher ausgibt, mit 1,60 DM subventioniert.[118] Durch die direkte Einkommenshilfe der EG-Agrarreform 1993 werden Bauern produktionsunabhängig Zuschüsse bei unterdurchschnittlichen Gewinnen gezahlt, sie degradieren den Landwirt endgültig zum Almosenempfänger. Im Jahre 1990 steuerte die BRD ihrer Landwirtschaft als direkte Finanzhilfe 4,21 Mrd. DM und als Steuervergünstigung weitere 2,2 Mrd. DM zu. 1992 betrug die Hilfe 16,9 Mrd. DM.[119] Betrugen 1988 die Gesamtausgaben der EG 89 Mrd. DM, so fielen 2/3 davon auf die Landwirtschaft, nämlich 58,6 Mrd. DM. Davon entfielen ganze 2,3 Mrd. DM auf eine gezielte Förderung der Landwirte durch Bergbauernhilfe, Hofabgabenrente und Milchrente. Weitere 5,6 Mrd. DM wurden für Extensivierungsmaßnahmen verwandt. Der Rest wurde als Exportbeihilfe (19,1 Mrd. DM), zur Weiterverarbeitung (16,9 Mrd. DM) und zur Lagerhaltung (12,4 Mrd. DM) benötigt und floß damit den Landwirten nicht zu.[120] Diesen Lagerkosten stand 1992 ein Interventionsbestand an Getreide von 25.260.000 t gegenüber, bei Rindfleisch von 860.000 t, bei Butter von 250.000 t.[121]

Angesichts dieser Ausgangslage stellt sich die Frage, ob ökologische Landwirtschaft diese Situation entschärfen könnte. Der Öko-Landwirt produziert geringere Naturalerträge und erzielt höhere Erzeugerpreise als sein konventioneller Kollege (vgl. vorherige Kennzahlenanalyse). Die Interventionspreise der EG, die jährlich festgesetzt werden und daher eine große Abhängigkeit der Bauern von politischen Strömungen verursachen, sind für ihn kein Produktionsanreiz, da seine Kostenstruktur auf die Erlöse der Direktvermarktung bzw. der Vermarktung über spezielle Absatzmittler (z.B. Biomärkte) angewiesen ist. Der Verkauf an Interventionsstellen zu tendenziell sinkenden Interventionspreisen ist für ihn wirtschaftlich nicht sinnvoll, solange der Markt für ökologische Produkte aufnahmefähig ist. Dies ist z.B. bei Getreide, Sonderkulturen und Milch bzw. Milchprodukten der Fall. Vielleicht wird dies später auch für Biofleisch gelten, wenn die Vermarktung verbessert werden kann. Er wird daher eher in der Lage sein, ein Marktgleichgewicht bei Agrarprodukten zu erzielen. Gelingt

[117] Vgl. BML (1993a), S. 161.
[118] S. THOMAS, F., und VÖGEL, R. (1993), S. 81-85.
[119] S. IDW (1991), Tabelle 44.
[120] Eigene Berechnung, Daten aus: THOMAS, F., und VÖGEL, R. (1993), S. 81-85.
[121] S. BML (1993a), S. 143, Tabelle 124.

es, dem Verbraucher zu erläutern, wie teuer für ihn konventionelle Agrarprodukte wirklich sind (1,60 DM Subvention pro 1 DM Produktpreis), wird das Argument zu hoher Preise gegen den Biomarkt relativiert. Theoretisch ist die ökologische Agrarwirtschaft damit ein guter Ansatz. Diesem Anspruch kann sie in der Praxis aber nicht gerecht werden, zur Begründung sei folgende Alternativenbetrachtung angestellt. Der Selbstversorgungsgrad (SVG) der BRD liegt bei Getreide im Wirtschaftsjahr 1991/92 bei 127 %.[122] Folgende Überschußverwertungsmöglichkeiten bestehen jetzt.

1. **Disparitätenausgleich:** Der Überschuß wird benutzt, Disparitäten innerhalb der EG auszugleichen. Dagegen steht die Tatsache, daß der SVG der EG (12 Mitgliedstaaten) ebenfalls bei 128 % liegt und daher keine Aufnahmemöglichkeiten in der Gemeinschaft bestehen.

2. **Export der Agrarüberschüsse:** Der Agrarüberschuß wird aus den Gebieten der EU exportiert. Für einen traditionell starken Exporteur von Industriegütern wie die BRD kann dies zu nachhaltigen Handelsbilanzüberschüssen führen, die volkswirtschaftlich nicht erwünscht sind und politische Schwierigkeiten hervorrufen.[123]

3. **Einlagerung der Überschüsse:** Die Überschüsse werden eingelagert. Dies verursacht Lagerkosten. Politisch erscheint es nicht vertretbar, Steuern zu erheben, die dem Landwirt als produktivitätsverbessernde Subvention zufließen und gleichzeitig Steuern zu erheben, die die Lagerkosten decken sollen. Darüber hinaus stellt das Marktgleichgewicht auf polipolistischen Märkten das Wohlfahrtsoptimum dar, für Überschüsse ist daher kein Platz.[124] Der SVG ist also auf 100 % zu senken. Dieses Ziel erreichen die Alternativen vier und fünf.

4. **Flächenstillegung:** Der SVG läßt sich leicht senken, indem LF stillgelegt wird. Bei einem SVG von 127 % ergibt sich ein Stillegungsbedarf von 21 % der Getreidefläche (s. Berechnung auf der folgenden Seite). Freiwillige Stillegungen erscheinen aber markttechnisch wenig effizient und umweltpolitisch eher schädlich, wenn schlechte Schläge gegen Prämie stillgelegt, gute dagegen intensiver bewirtschaftet werden. Stillegungsquoten (15 % der Getreidefläche können gegen Ausgleichszahlung ab 15.12.92 aus der Produktion genommen werden) beschleunigen die sektorale Konzentration möglicherweise noch. Wenn der Minderertrag nicht durch die Prämie aufgefangen wird, muß der Einzelbetrieb flächenmäßig wachsen.
Mit der Stillegung geht die Landwirtschaft als prägendes Element der Kulturlandschaft verloren. Und letztlich bleibt die Frage, wie in einer angespannten Konjunkturlage die im primären Sektor frei werdenden Arbeitsplätze im sekundären und tertiären Sektor unterzubringen sind.

[122] S. BML (1993a), S. 139 ff., Tabelle 120.
[123] Erinnert sei nur an die schwierigen GATT-Verhandlungen im Jahr 1993.
[124] Vgl. CONRAD, K. (1989), S. 126-155.

5. Umstellung auf ökologischen Anbau: Wie sieht dagegen die Umstellung auf eine ökologische Landwirtschaft aus? Als Vorteil würde die Agrarwirtschaft erhalten bleiben (s.o.). Hierzu müßten aber 52 % der Getreidefläche der BRD nach AGÖL-Richtlinien bewirtschaftet werden, um einen SVG von 100, also das Marktgleichgewicht, zu erzielen (s. Berechnung auf der folgenden Seite). Da zum 01.01.1994 nur ca. 1 % der LF der BRD ökologisch bewirtschaftet wird, erscheint diese Forderung in der Praxis reichlich utopisch.

Die folgende Seite zeigt ein Rechenbeispiel für Getreide, bei Rind- und Kalbfleisch (SVG=137 %) und Milch (SVG=106 %) ließen sich aber ähnliche Ergebnisse ermitteln.[125] Die ökologische Landwirtschaft ist also mittelfristig nicht in der Lage, die EG-Agrarmärkte wirksam zu entlasten. Dies hat allerdings nicht diese Wirtschaftsform zu vertreten. Der Grund liegt ausschließlich in ihrer geringen Verbreitung. **Anmerkung:** Das folgende Rechenbeispiel berücksichtigt nicht die Konsequenzen, die sich ergeben würden, falls Veredelungsbetriebe zur Mast ihrer Tiere z.B. Importfutter oder andere Mastfuttermittel durch inländisches Nahrungsgetreide ersetzten. Sicherlich würde sich dann, auch bei konventionellem Wirtschaften, der Selbstversorgungsgrad senken lassen, vielleicht sogar unter 100 %. Eine Verfütterung von Nahrungsgetreide in großem Umfang ist jedoch bei der heutigen Marktlage nicht wirtschaftlich und auch ökologisch nicht sinnvoll.

Rechenbeispiel[126] **zur ökologischen Agrarwirtschaft in der EU**
zu Alternative 4. Flächenstillegung:
SVG bei Getreide lt. Agrarbericht 1993 = 127 %
    Getreideproduktionskoeffizient = P = 127
    verbleibende, konventionell zu bewirtschaftende Getreidefläche = X

    Gesamtgetreidefläche = GGF wird normiert zu 1 = 100 %
1) Berechnung von X:
    $P \cdot X \cdot GGF = 100$
    $127 \cdot X \cdot 100 \% = 100$
    $X = 100/127 = 0,79$
    ==>   79 % der Getreidefläche verbleiben in der Produktion. Dies entspricht einem Stillegungsbedarf von 21 %. Hierbei wird aus Vereinfachungsgründen vernachlässigt, daß bereits (Stand 01. Januar 1993) 1 % der LF der BRD ökologisch bewirtschaftet wird.

---

[125] S. BML (1993a), S. 139 ff, Tabelle 120.
[126] Quelle: eigene Berechnung.

zu Alternative 5. Umstellung auf ökologischen Anbau

SVG = 127 % ; P = 127

Getreideproduktionskoeffizient bei ökologischem Anbau = PÖ

verbleibende, konventionell bewirtschaftete Getreidefläche = X

GGF wird normiert zu 1 = 100 %

ökologisch bewirtschaftete Getreidefläche = (1-X)

Erntemenge Ökoweizen = ÖW = 39,2 dt / ha

Erntemenge Ökoroggen = ÖR = 28,6 dt / ha

(ÖW, ÖR, KW, KR lt. Angabe Agrarbericht 1993, S. 41)

Erntemenge konventioneller Weizen = KW = 64,4 dt / ha

Erntemenge konventioneller Roggen = KR = 51,4 dt / ha

1) Ermittlung von PÖ:

$$PÖ = P \cdot (ÖW + ÖR) / (KW + KR)$$
$$PÖ = 127 \cdot (39,2+28,6)/(64,4+51,4)$$
$$PÖ = 75$$

2) Berechnung von X:

$$127 \cdot X+75(1-X) = 100$$
$$X = 0,48$$

==>   48 % verbleibende, konventionell bebaute Getreidefläche und 52 % sind ökologisch zu bebauen.

2. Ökologischer Anbau in Baden-Württemberg

2.1 Theoretische Grundlagen

Die Abkehr von der konventionellen Agrarproduktion stellt eine Innovation dar, die Raumdurchdringung dieser Neuerung, ausgehend von den Innovationskernen, die Diffusion. Um die Entwicklung des ökologischen Anbaus in Baden-Württemberg zeigen zu können, müssen zunächst die Begriffe **Innovation** und **Diffusion** definiert und Grundlagen der Ausbreitungsvorgänge dargestellt werden. Danach wird gezeigt, wo die Innovationskerne liegen und wie sich ökologische Landwirtschaft von dort aus tatsächlich verbreitet hat, welche Faktoren diese Ausbreitung fördern und welche sie hemmen.

2.1.1 Grundlagen der Innovations- und Diffusionsforschung

Eine der wichtigsten Arbeiten, die Innovationen innerhalb der Agrargeographie beschreibt, stammt von BORCHERDT aus dem Jahr 1961.[127] Er stellt die Innovation und die anschließende Ausbreitung des Anbaus von Kartoffeln, Getreide und Feldfutter in Bayern zwischen 1800 und 1950 als agrargeographische Regelerscheinung dar. Dabei definiert BORCHERDT die Innovation, die er zunächst gegen den Innovationsbegriff der Biologie und den der Soziologie abgrenzt, wie folgt:

"[Es ist][128] Innovation ein Ausbreitungsvorgang, der von einem Zentrum aus durch Nachahmung in Verbindung mit einer unterschiedlichen Wertung bei den einzelnen Sozialgruppen flächen- oder linienhaft nach außen vordringt und dabei die Gegenkräfte der Tradition zu überwinden hat." BORCHERDT führt somit keine Trennung durch zwischen der Innovation und der anschließenden Raumdurchdringung, der Diffusion.

In der betriebswirtschaftlichen Lehre wird, aufbauend auf den Arbeiten SCHUMPETERs[129] von 1912 unter Innovation lediglich das Auftreten einer Neuerung, nicht aber deren Verbreitung verstanden.[130] Die Betriebswirtschaft unterscheidet nach zeitlichen Kriterien:

1) **absolute Innovationen** , d.h. das erstmalige weltweite Auftreten von Neuerungen, für die Landwirtschaft z.B. die Erfindung JUSTUS VON LIEBIGs Kunstdünger

2) **relative Innovationen**, d.h. die freiwilligen Nachahmungen von Neuerungen im eigenen Betrieb

Und nach sachlichen Kriterien differenziert sie:

1) die **Prozeßinnovationen**, d.h. die Entwicklung neuer Produktionsverfahren

---

127 S. BORCHERDT, C. (1961), S. 13-50.
128 Einschub des Verfassers.
129 Vgl. SCHUMPETER, J. (1912).
130 Vgl. PERLITZ, M. (1988), S. 47 ff.

2) die **Produktinnovationen**, d.h. die Entwicklung neuer Produkte
3) die **Strategieinnovationen**, d.h. die Veränderungen bestehender Organisationen

Tab. 11: Beispiele für Innovationen in der Landwirtschaft

Sachlich	Zeitlich	
	relativ (betriebsintern)	absolut
Produkt-I.	Umstellung des Getreideanbaus auf ertragreichere Sorten	Züchtung einer neuen Sorte
Prozeß-I.	Verbreitung des Einsatzes von motorisiertem Gerät[131]	moderner ökologischer Landbau[132] [133]
Strategie-I.	Übernahme von Managementkonzepten der Betriebswirtschaft im Einzelbetrieb	weltweit erstmaliger Einbezug weiterer Wertschöpfungsstufen in den Betrieb, wie z.B. Direktvermarktung

Quelle: eigene Darstellung

Die betriebswirtschaftliche Definition wird dem komplexen und vielschichtigen Sachverhalt, der sich hinter dem Begriff Innovation verbirgt, besser gerecht. Sie läßt mehr Raum zur differenzierten Beschreibung von Neuerungen, daher folgt diese Arbeit der betriebswirtschaftlichen Innovationsauffassung. Die für geographische Fragestellungen so wichtige raumprägende Komponente, der Ausbreitungsvorgang einer Neuerung, den BORCHERDT noch in seine Innovationsdefinition mit eingebracht hat, wird im Rahmen dieser Arbeit als Diffusion bezeichnet. Sinn dieser sprachlichen Trennung ist eine bessere Darstellung des Auftretens und der Ausbreitung einer Neuerung.

Obwohl die vorliegende Arbeit BORCHERDTs Definition nicht folgt, beinhaltet diese dennoch viele wichtige Einzelheiten, die hier, im Zusammenhang mit der Innovation und Diffusion der ökologischen Agrarwirtschaft kurz umrissen werden sollen: Nach BORCHERDT stellt die Diffusion (BORCHERDT spricht von Innovation) einen Ausbreitungsvorgang dar, der in einem Zentrum beginnt.

---

[131] Vgl. HÄGERSTRAND, T. (1951) und (1952).

[132] Vor der Industrialisierung und Spezialisierung der Landwirtschaft wurde bereits umweltfreundlich gewirtschaftet. Dies geschah jedoch im Gegensatz zur mechanisierten modernen ökologischen Agrarwirtschaft nicht bewußt. Es fehlten schlicht die Einsatzfaktoren für eine Landwirtschaft, die in starkem Maß externe Lasten abgibt.

[133] Ökologischer Landbau ist dabei durchaus als Innovationsmix anzusehen. Die Bedeutung des Aspekts der veränderten Produktion rechtfertigt jedoch die Einordnung als (primäre) Prozeßinnovation.

Der Begriff "Nachahmung" deutet auf eine freiwillige Übernahme einer Neuerung hin. Die Befolgung von staatlichen Lenkungsmaßnahmen kann zwar zur Diffusion einer Neuerung führen, dennoch kann es sich nicht um eine relative Innovation auf Hofebene handeln. Der Aspekt der Freiwilligkeit würde fehlen.

BORCHERDT verweist in seiner Definition auf die unterschiedliche Wertung der Neuerung durch unterschiedliche Sozialgruppen. Diese Wertungsunterschiede können auch aus den unterschiedlichen Betriebsverhältnissen der Höfe herrühren (z.B. Bodengüte, Faktorausstattung, Betriebsinhaber, Marktverhältnisse).

Umgesetzt in ein Modell heißt dies, daß die Diffusion an unterschiedlichen Punkten des Ausbreitungsraums unterschiedlich schnell voranschreiten kann. Weiterhin besagt seine Definition, daß die Diffusion vom Zentrum aus flächig in diverse Richtungen oder linienhaft, also auf ein Ziel hin verlaufen kann.

Als letztes spricht BORCHERDT davon, daß die Diffusion die Gegenkräfte der Tradition zu überwinden habe. Da Landwirtschaft aber gerade kein progressiver Produktionssektor ist, verwundert es nicht, wenn lt. einer Studie von RANTZAU der Generationenkonflikt auf dem Hof ein großes Hindernis bei der Umstellung darstellt, liegt doch der Schluß, der Altbauer habe mit konventioneller Bewirtschaftung alles falsch gemacht, gefährlich nahe. Auch außerhalb des Hofs, innerhalb der Dorfgemeinschaft, nennt RANTZAU die fehlende Akzeptanz der Umstellung auf ökologische Wirtschaftsweise als großes Hemmnis.[134]

Einen exemplarischen Eindruck von den sozialen Problemen der Umstellung gab auch ein Interview mit dem DEMETER-Landwirt PHILIPP SCHNEIDER in Sinsheim-Adersbach im November 1993.[135]

Somit ergibt sich aus BORCHERDTs Beschreibung der Diffusion ein Modell, das bestimmten Regeln folgt. Anthropogene und natürliche Standortfaktoren sind die Determinanten. Das Gegenteil wäre ein Diffusionsmodell, das auf der statistischen Normalverteilung aufbaut. Demnach hätte das Auftreten eines neuen **Innovationspunktes** (also eines einzelnen innovierenden Hofes {BORCHERDT spricht auch vom Innovationskern}) keinen Bezug zu bereits bestehenden, außer einem rein mathematisch-statistischen, d.h. auf einer gegebenen Fläche wären die Öko-Höfe gleichweit von einander entfernt verteilt, das zeitliche Auftreten der Umstellung und die Verdichtung der Innovationspunkte zu Innovationszentren folgte keinen erkennbaren Regeln.[136] Eine Nearest-

---

[134] Vgl. RANTZAU, R. (1990), Beispiele finden sich bei BENECKE, J., et al. (1988).
[135] Vgl. Betriebsbeispiele: "Der DEMETER-Hof Philipp Schneider".
[136] Sieht man einmal von den Regeln der Theorien der Chaos-Forschung in der Physik und der Meteorologie ab, wie z.B. dem Schmetterlingseffekt.

neighbour-Analyse dieser Diffusion müßte einen R-Wert von eins ermitteln.[137] BORCHERDT deutet ein solches Modell auch bereits in seiner Arbeit an und nennt die Ausbreitung des Weinbaus im Mittelalter als Beispiel.

Betrachtet man aber die Hauptgründe der Umstellung auf ökologische Bewirtschaftung[138], so stellt man rasch fest, daß der Kontakt zu anderen Öko-Landwirten wichtigster Initiator der Umstellung des eigenen Hofes darstellt.

Das Modell BORCHERDTs ist nach 1945 jedoch zu ergänzen: Weit entfernte neue Innovationspunkte können durch eine moderne Kommunikationsinfrastruktur und durch (Auto-) Mobilität zeitgleich mit dem Hauptinnovationskern entstehen. Hierdurch wird die räumliche Abgrenzung der Innovationszentren während der Innovationsphasen unschärfer. Die Entstehungsgeschichte BIOLANDS wird hierfür später als Beispiel dargestellt. Die folgende Abbildung stellt allgemein eine Diffusion in ihren zeitlichen Ablaufphasen nochmals graphisch dar.

Abb. 9: Allgemeines Modell der Diffusion einer Innovation im Zeitablauf

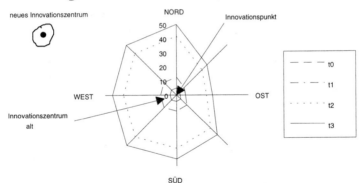

Y-Achse = Anteil des Innovativen Merkmals an der ausgewählten Grundgesamtheit in %

Beispiele:

innovatives Merkmal z.B.	**ausgewählte Grundgesamtheit z.B.**
Einführung des Fließbands	Alle Automobilwerke der USA
Verbreitung der Kartoffel	Alle Landwirte in Bayern

Quelle: eigene Graphik

---

[137] Eine Nearest-neighbour-Analyse wird später durchgeführt, um den Einfluß eines ökologischen Betriebs auf andere ökologische Betriebe zu messen. Dabei wird auch der Begriff R-Wert erläutert.

[138] Vgl. RANTZAU, R. (1990).

1. Innovationsphase: Die Innovation beginnt in einem einzelnen **Innovationspunkt.** Das Modell zeigt, wie sich eine Innovation danach erst langsam ausbreitet (z.B. wegen starken Widerstands konservativer Landwirte).

2. Innovationsphase: Ist die Innovation "ökologischer Landbau" etabliert und erweist sich als erfolgreich, entsteht durch Nachahmung (d.h. der Umstellung weiterer Betriebe am selben Ort oder in Nachbarorten) ein abgrenzbares **Innovationszentrum.** Dieses besteht demnach aus mehreren Innovationspunkten (also Höfen) und evtl. zusätzlich aus Verarbeitern bzw. Handelsmittlern. Die Flächengröße des Innovationszentrums kann unterschiedlich sein, die Flächenstruktur muß jedoch eine gewisse räumliche Abgrenzung nach Außen erkennen lassen (s. Modell bis t0).

3. Innovationsphase: Die Ausbreitung im Raum beginnt. Dabei ist die Verbreitungsgeschwindigkeit vom Innovationszentrum in verschiedene Richtungen (lokaler Aspekt) und im Zeitablauf (temporaler Aspekt) i.d.R. nicht gleich hoch. Der Grund liegt in den unterschiedlichen Betriebsstrukturen, Anbaufaktoren und in sozialgeographischen Faktoren sowie in naturräumlichen Gegebenheiten, z.B. in natürlichen Hindernissen (Flüsse, Mittel- und besonders Hochgebirgszüge). Ein solcher Verlauf zeigt deutliche Parallelen zur Technologie-S-Kurve, allerdings nicht auf einen Produktionssektor, eine Branche oder einen Staat angewandt, sondern mit einer starken regionalen Beschränkung. Zunächst wandert die Zone des stärksten Zuwachses umstellender Betriebe vom Innovationszentrum weg nach außen. Wenn dann im Umland das Marktpotential, also die theoretisch maximale Nachfragemenge, keinen weiteren Bedarf für ökologisch erzeugte Produkte mehr erkennen läßt, wird die Zahl innovierender Betriebe im Innovationszentrum sinken und schließlich gegen Null laufen. Die ökologische Agrarwirtschaft hat an diesem Standort dann ihre höchste Leistungsfähigkeit erreicht (bis t1).

4. Innovationsphase: Während der Phase des stärksten Zuwachses (zwischen t1 und t2) ist zu erwarten, daß die innovative Idee auch Wirkung auf außerhalb des Innovationszentrums gelegene Höfe zeigt. Stellt dort der erste Landwirt um, entsteht ein neuer Innovationspunkt, der sich zu einem neuen (nach BORCHERDT "jungen") Innovationszentrum ausweiten kann. Während im alten Innovationszentrum die Zahl der ökologischen Landwirte nur noch in geringem Umfang oder gar nicht mehr steigt (Zeitraum t2 bis t3), beginnt, ausgehend vom neuen Innovationszentrum, der Diffusionsvorgang i.S. der obigen Abbildung von neuem. Ausbreitungsrichtungen und Geschwindigkeiten werden sich natürlich von denen des alten Zentrums unterscheiden.

5. Innovationsphase: Der Lebenszyklus der Neuerung ist abgelaufen. Weder in alten noch in neuen Innovationszentren wird die Innovation mehr verbreitet. Die Zeit für einen neuerlichen Paradigmenwechsel ist gekommen. Die Phase 5 ist nicht in der vorherigen Graphik dargestellt.

2.1.2   Standortbegriff und Standortvermutungen

Diffusionsvorgänge beginnen nach den Ausführungen der letzten Seiten also in einem Innovationspunkt durch freiwillige unternehmerische Einzelentscheidungen. In einer konkreten Wirklichkeit (also außerhalb eines abstrakten Modellraumes) sind diesen Innovationspunkten Standorte zugeordnet, sie sind also auf eine bestimmte Weise mit der Erdoberfläche verbunden. Sie lassen sich somit lokalisieren.

Die naturräumliche Ausstattung der Standorte, ihre Lage zu Absatzmöglichkeiten, Ausbildungsstätten und ihre Lage in bezug auf landwirtschaftliche Betriebsgrößen und -formen bzw. ihre Lage zu Nachbarn können daher untersucht werden. Bevor diese Untersuchung erfolgt, ist aber der Standortbegriff zu definieren, der für diese Untersuchung gelten soll, und es sind die Untersuchungserwartungen thesenartig zu nennen, damit die Möglichkeit geschaffen wird, diese Thesen schließlich zu prüfen.

Ein **Standort** läßt sich **abstrakt** beschreiben als eine zweckorientiert definierte Menge sachlicher und räumlicher Elemente, die die Verbindung des Beobachtungsobjekts mit der Erdoberfläche charakterisieren. Sicherlich ist diese Definition sehr weit gefaßt. Dies hat aber den Vorteil, daß sie sich je nach Untersuchungsziel - eben zweckorientiert[139] - abgrenzen läßt. Hierzu ein paar Beispiele, bei denen Agrarwirtschaft als Beobachtungsobjekt gewählt wird:

- in der Biologie (sachliche Abgrenzung) kann als Standort der Wuchsort der einzelnen Pflanze definiert sein (kleinste räumliche Abgrenzung)[140]
- in der Wirtschaftsgeographie grenzt z.b. THÜNEN sachlich nach Vermarktungsaspekten und räumlich auf Staatenebene ab[141]
- ebenfalls in der Wirtschaftsgeographie benutzt ANDREAE den Anbau als sachliches Abgrenzungsmerkmal und bezieht sich bei seiner Einteilung Europas in acht Ackerbauzonen[142] räumlich auf einen ganzen Kontinent.

Die räumliche Dimension steigt demnach vom Pflanzenstandort über den Ackerschlag, den Betrieb, den Ortsteil, die Gemeinde, die Wirtschaftsregion, das Bundesland, den Staat, den Kontinent bzw. den Planeten Erde an. Im Rahmen dieser Arbeit ergibt sich **konkret** folgende Abgrenzung:

Der **Standort** ist die Verbindung des Innovationspunktes (also des Umstellers auf ökologischen Landbau) mit der Erdoberfläche auf Gemeindeebene, die sich aus dem Einfluß von anbau- und absatzbezogenen, naturräumlichen wie anthropogenen Faktoren ergibt.

Der räumliche Bezug zur politischen Gemeinde ergibt sich aus der Struktur der erhaltenen Daten. Sowohl die Daten von BIOLAND als auch die von DE-

---

[139] Vgl. SPITZER, H. (1975), S. 45.
[140] Vgl. BOGUSLAWSKI, E. v. (1966), S. 21 ff.
[141] Vgl. THÜNEN, 1875.
[142] Vgl. ANDREAE, B. (1977), S. 50 ff.

METER enthielten als Lagebeschreibung Postleitzahl und Ort.[143] Dabei wird hier vernachlässigt, daß politische Gemeinden sich über mehrere Postleitzahlbereiche erstrecken können. Eine so großräumige Abgrenzung des Standorts des Innovationspunktes ergibt gezwungenermaßen auch relativ weiträumige Innovationszentren. Die spätere Untersuchung wird zeigen, daß Gebiete mit einer erhöhten Konzentration ökologischer Agrarbetriebe sich üblicherweise tatsächlich über die Grenzen mehrerer Gemeinden erstrecken. Für Kartenausschnitte, die das gesamte Land Baden-Württemberg darstellen, erscheint diese Darstellung dennoch hinreichend genau[144].

Nachdem nun der Standortbegriff definiert ist, folgen einige Überlegungen zur Frage, wo sich eine dichtere Konzentration des ökologischen Landbaus gegenüber dem Umland erwarten läßt. Diese Vermutungen basieren auf den Meinungsströmen in der Literatur. Zunächst werden hierzu Standortthesen formuliert, die auf der herrschenden Meinung aufbauen. Danach folgt eine Diskussion der jeweiligen These, in die Gegenströmungen zur Literaturmeinung und gegebenenfalls eigene Ansichten einfließen. Als Folge dieser Diskussion wird jeweils eine Arbeitsthese formuliert, die dann, anhand der aus den erhaltenen Daten gewonnenen Karten, untersucht wird. Da der Standort eines Agrarbetriebs von einer Vielzahl von Faktoren beeinflußt wird, werden folgende Fragenkreise erörtert:

Tab. 12: Fragenkreise der Arbeit

Fragenkreisnummer / Inhalt	Arbeitsthese ab Seite	Analyse ab Seite
1) Die Lage der Standorte des ökologischen Landbaus zu ihren Absatzmärkten	58	87
2) Der Zusammenhang zwischen den Standorten und den regional unterschiedlichen Betriebsgrößen	59	96
3) Der Zusammenhang mit regional vorherrschenden Betriebsformen	60	101
4) Der Zusammenhang mit der Bodengüte	63	81
5) Die Lage zu Verarbeitungsbetrieben und Absatzmittlern	64	113
6) Die Lage zu Landwirtschaftsämtern und Landwirtschaftsschulen	66	109
7) Die Lage zu anderen Innovationspunkten	67	105

Quelle: eigene Darstellung

---

[143] Eine genaue Beschreibung der Struktur der erhaltenen Daten erfolgt bei der Darstellung des Ganges der Untersuchung sowie im Anhang 1.

[144] Zumal wenn berücksichtigt wird, daß in Baden-Württemberg erst 1.61 % der LF (Stand 01.01.1993) ökologisch bewirtschaftet wird, erscheint eine feinere Abgrenzung nicht sachgemäß.

Fragenkreis 1: Die Lage der Standorte des ökologischen Landbaus zu ihren Absatzmärkten
These 1: Ökologischer Landbau tritt verstärkt in der Nähe von Verdichtungsräumen auf, da er in der Direktvermarktung auf große Marktvolumina angewiesen ist.[145]
Diskussion 1: Bereits im Jahre 1826, als eines der ersten Werke, das den Einfluß des Absatzmarktes für die landwirtschaftliche Produktion beschreibt, erstellt THÜNEN sein absatzmarktorientiertes Modell der Landwirtschaft im isolierten Staat, das die folgende Abbildung zeigt.

Abb. 10: Das THÜNEN-Modell: Die Wirtschaftsringe des isolierten Staates

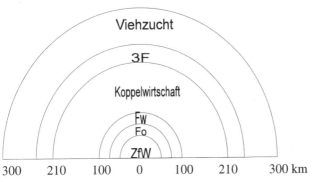

| 300 | 210 | 100 | 0 | 100 | 210 | 300 km |

3F = 3-Felder-Wirtschaft   Fo = Forstwirtschaft
FW = Fruchtwechselwirtschaft   ZfW = Zone der freien Wirtschaft

Quelle: eigene Darstellung

Deutlich erkennbar läßt die Intensität der Landwirtschaft vom Zentrum nach außen hin nach. Je niedriger die Transportkostenempfindlichkeit des produzierten Agrargutes, desto weiter entfernt von der Stadt (also dem Absatzmarkt) wird produziert. Frischprodukte wie Obst, Gemüse und Milch werden somit nahe am Absatzort (sog. Zone der freien Wirtschaft) erzeugt, ganz entfernt findet extensive Viehhaltung statt. THÜNEN selbst beschreibt bereits die Veränderung seines Modells durch die Einführung von Kanälen und Straßen. Die Verkehrsinfrastruktur (Verkehrswege und Verkehrsmittel) hat sich seit 1826 verändert. Die Bedeutung der Absatz- und der Transportkosten sinkt gegenüber den Kosten der Produktion der agrarischen Rohstoffe.
In einem Land, in dem Siedlungs- und Wirtschaftsfläche knapp ist und die Landwirtschaft mit anderen Landnutzungsarten wie Industrie-, Siedlungs- und

---

[145] Div. Literaturstellen als Beleg folgen nach der Darstellung des THÜNEN-Modells.

Erholungsnutzung konkurriert, erscheint ein Opportunitätskostenansatz der Agrarproduktion angebracht. So werden Milch und Milchprodukte in marktfernen Extensivgebieten erzeugt und verarbeitet, um dann mit Kühllastkraftwagen zum Verbraucher zu gelangen. WINDHORST beschreibt beispielhaft die Verkehrsanbindung Südoldenburgs an die Weser-Häfen und das dort bestehende Straßennetz als wichtigsten Standortfaktor, günstiges Kraftfutter aus Übersee für bodenunabhängige Verarbeitungsbetriebe zukaufen zu können.[146]

Desweiteren verliert die Lage zum Absatzmarkt ihre Bedeutung, wenn leistungsfähige Absatzmittler zur Verfügung stehen. Dazu gehören Erzeugergemeinschaften, Großhändler und Einzelhändler. Diese drei Beispiele illustrieren, warum das THÜNEN-Modell in der Bundesrepublik heute im allgemeinen keine Rolle mehr spielt.[147]

Die ökologische Landwirtschaft könnte dagegen diese Rolle wieder etwas aufleben lassen. Der Grund liegt im hohen Anteil[148] direktvermarktender Betriebe dieser Landwirtschaftsform. So liegen nach Studien von MEIMBERG/ LÖSCH (1986) bzw. JAEP (1987) sowie nach Ausführungen von MAIER et al. (1987) ökologische Betriebe verstärkt im Einzugsbereich größerer Städte und weniger im ländlichen Raum.[149] Eine größere Marktnähe erscheint für Öko-Höfe nach Studien von HANF (1980) bzw. WEINSCHENCK und GEBHARD (1985) wegen des bis dato relativ schlecht ausgebauten Systems von Absatzmittlern für Nahrungsmittel aus ökologischem Anbau / Tierhaltung existentiell.[150] Auch SICK begründet die Stärke des süddeutschen Öko-Anbaus mit den dortigen Verdichtungsräumen.[151]

Die These, Öko-Betriebe finden sich in der Hauptsache marktnah, erscheint zunächst plausibel, denn in Städten findet sich insbesondere auch der von BROMBACHER lokalisierte typische Käufer von Nahrungsmitteln aus ökologischem Anbau.[152]

---

[146] Vgl. WINDHORST, H.W. (1986).

[147] Vgl. REISCH, E. und ZEDDIES, J. (1977), S. 18.

[148] Vgl. AID (1990), S. 38, nach dieser Quelle vermarkten 86 % der Betriebe zumindest Teile ihres Sortiments direkt.

[149] Vgl. LÖSCH, R. und MEIMBERG, R. (1986), S. 48 bzw. vgl. JAEP, A. (1986), S. 70 bzw. vgl. MAIER, J. et al. (1987) S. 17.

[150] Vgl. HANF, C. H. (1980), S. 144 bzw. vgl. WEINSCHENCK, G. und GEBHARD, H.J. (1985), S. 95.

[151] Vgl. SICK, W.D. (1985), S. 257-260.

[152] Vgl. BROMBACHER, J. (1992), S. 26-118, demnach ist der typische Konsument durchschnittlich 35 Jahre alt, wobei die Gruppe von 21-40 Jahren dominiert, er/sie besitzt eine weit überdurchschnittliche Bildung (50 % Hochschulabsolventen, 18 % Abiturienten), das Haushaltsnettoeinkommen liegt bei 3536 DM (letzte Angabe: vgl. KESSELER, T. (1994)).

Auch das **Phasenmodell** HAMMs[153] spricht für verdichtungsraumnahe Konzentrationen ökologischer Betriebe: Das ökologische Bewußtsein in weiten Teilen der Bevölkerung war vor 20 Jahren noch nicht ausgeprägt. Einwohnerstarke Räume waren damit nicht mit käuferstarken Räumen gleichzusetzen. Vielmehr waren persönliche Kontakte zu Nachfragern wichtigste Kaufanstöße. Das geringe Angebot der relativ wenigen ökologischen Betriebe konnte mit den kleinen, regional begrenzten Märkten gut leben. Durch den stärkeren Anstieg der Zahl ökologischer Höfe ab etwa 1975 wurde die Erschließung neuer Märkte nötig. Marktnähe wurde zum Wettbewerbsvorteil und erleichterte die stadtnahe Umstellung. Gleichzeitig nahm der Bekanntheitsgrad ökologischer Betriebe zu, das Risiko der Umstellung vormals eher intensiver marktnaher Betriebe sank, da die Zahlungsbereitschaft der Bevölkerung für die "anders" erzeugten Agrarprodukte zunahm.

Nach dem Phasenmodell kaufen bis 1975 vor allem gesundheitsbewußte und/oder anthroposophisch orientierte Menschen ökologische Produkte. Für den Kaufakt nehmen sie weite Fahrtwege auf sich. Diese Phase nennt HAMM **"Pionierphase I"**. Ab 1975 wächst der Ökomarkt schnell (**"Pionierphase II"**). Ab 1980 herrscht bei jährlichen Zuwachsraten der Nachfrage von 20 % ein deutlicher Nachfrageüberhang mit entsprechendem Importsog (**"Ideologiephase"**). Ein Verkäufermarkt ist entstanden. Marktvolumen und Marktpotential sind vor allem in den Verdichtungsgebieten zu finden. Marktnähe ist ein starker, nicht aber der einzige Wettbewerbsvorteil. In die sog. "Chaosphase" fällt das Extensivierungsprogramm, der Markt wird empfindlich gestört und wandelt sich zum Käufermarkt. Das Erschließen neuer Märkte wird überlebenswichtig. Verdichtungsgebiete bieten hierfür gute Chancen. HAMM selbst aber deutet bereits an, daß Verfügbarkeit ökologischer Produkte wichtiger sei als die Nähe der Erzeuger zu den Absatzmärkten. Es gibt allerdings auch gute Argumente, die Forderung nach Marktnähe anzugreifen.

Die Richtigkeit der AID-Aussage "86 % der Ökolandwirte vermarkten direkt" wird dabei nicht in Frage gestellt. Die Bedeutung der Direktvermarktung in Anteilen am Gesamtunternehmensumsatz gemessen, dürfte davon aber deutlich abweichen. Rechtliche Probleme (insbesondere bei der Fleischvermarktung) und Arbeitsbelastung durch die Direktvermarktung stellen hierfür gute Gründe dar.

Dies ergaben u.a. die persönlichen Gespräche mit BIOLAND und DEMETER-Bauern im Rahmen der Arbeit. Gestützt wird diese Vermutung auch durch eine Studie von WIEGAND (1989) im Land Hessen. WIEGAND konnte keine Korrelation zwischen der Konzentration ökologischer Höfe und der regionalen

---

[153] Vgl. HAMM, U. (1991), S. 32 ff.

Einwohnerdichte feststellen und kommt zum Schluß, daß dem Standortfaktor Marktnähe nicht die in der Literatur unterstellte Bedeutung zukommt.[154]

In seiner Verbraucherstudie von 1986 kommt HAMM[155] neben anderen Aussagen zum Ergebnis, daß die Konsumenten ökologischer Agrarprodukte weite Anfahrwege zum Einkauf akzeptieren. Dies bedeutet natürlich nicht, daß die Nachfrager nicht kürzere Wege vorziehen. Auch ökologisch wäre eine Verringerung des Einkaufindividualverkehrs wünschenswert, gerade bei ökologischen Erzeugnissen. Tendenziell spricht dieses Ergebnis aber dafür, daß bis 1986 keine marktnahe Konzentration ökologischer Höfe existierte.

Ebenso sieht HAMM in der Direktvermarktung nur noch eine geringe Zukunftschance vor dem Hintergrund einer - seiner Ansicht nach - stagnierenden Nachfrage im Bereich ökologisch erzeugter Nahrungsmittel. Er fordert statt dessen die verstärkte Bearbeitung des Distributionskanals Supermarkt, was er mit dem Beispiel der positiven Entwicklung des Angebots ökologischer Lebensmittel in Dänemark belegt.[156] Der Supermarkt könnte, evtl. im Shop-im-Shop-System, zur Massen-Distributionsschiene der Zukunft werden, eine Entwicklung, die dann zumindest der weiteren Verbreitung der Direktvermarktung im Wege stehen würde. Zudem erlauben Ökoabonnements[157] auch eine marktferne Direktvermarktung. Gleiches gilt für Marktstände, die von einzelnen Landwirten oder von Erzeugergemeinschaften unterhalten werden.

Als Ergebnis wird dennoch davon ausgegangen, daß heute zwar auch die Umstellung eines marktfernen Betriebs kein zu großes Risiko darstellt, da auf die Vermarktungspartner und das Know-How starker Verbände zurückgegriffen werden kann, daß Marktnähe aber vor dem Hintergrund einer beabsichtigten Direktvermarktung noch immer deutliche Vorteile verspricht.

Eine weitere Überlegung gilt den Pionieren des DEMETER-Landbaus. Betriebe, die Mitte der zwanziger Jahre auf ökologischen Landbau (ohne daß dieser Begriff damals schon existierte) umstellten bzw. ab den fünfziger Jahren in Baden-Württemberg als DEMETER-Betriebe anerkannt wurden, können nur schwer nach absatzorientierten Kriterien, basierend auf der heutigen Agrarmarktlage, beurteilt werden.

Spätere Umsteller, insbesondere des BIOLAND-Verbandes, dürften eher wirtschaftlich orientiert gehandelt haben. Gerade dieser Verband unterstützt massiv die Direktvermarktung durch Schaffung eines corporate designs der Verkaufshilfen und Verpackungen, das den Erkennungswert der Marke BIO-

---

[154] Vgl. WIEGAND, S. (1989).

[155] Vgl. HAMM, U. (1986), S. 74-153.

[156] Vgl. HAMM, U. (1994), S. 30-32.

[157] BIOLAND-Landwirte schließen mit dem Verbraucher Abo-Verträge, Liefertermin und Warenwert und Warengruppe (Obst, Gemüse, Fleisch, Milcherzeugnisse, Getreideerzeugnisse) sind bestimmt, die genaue Zusammensetzung des Abo-Pakets variiert dagegen je nach Produktverfügbarkeit.

LAND erhöht. Für die weitere Untersuchung wird daher folgende Arbeitsthese aufgestellt:

Arbeitsthese 1: Für ökologische Betriebe wird eine Konzentration in Marktnähe erwartet.

Fragenkreis 2: Der Zusammenhang zwischen den Standorten und den regional unterschiedlichen Betriebsgrößen
These 2: Ökologische Betriebe sind vorwiegend in Regionen mit durchschnittlich größeren Höfen zu finden
Diskussion 2: Zu dieser These konnten keine Literaturangaben gefunden werden. Daher wird nur die eigene Ansicht dargestellt. Tabelle 7 zeigt, daß ökologische Betriebe in Baden-Württemberg mit ca. 21 ha LF etwa 50 % mehr Fläche bewirtschaften als konventionelle mit 14 ha LF im Schnitt. Die Gründe für den erhöhten Flächenbedarf sind leicht ersichtlich: geringere Erntemengen pro ha LF, höhere Brachlandanteile, ein Acker-Grünlandverhältnis von ca. 1:1 und ein Tierbesatzsoll von ca. 1 GVE/ha zwingen zum Flächenwachstum, um das Betriebseinkommen trotz höherer Absatzpreise nicht absinken zu lassen.

Eine weitere Vermutung lautet, daß ökologisch wirtschaftende Landwirte ein geringeres Durchschnittsalter aufweisen als ihre konventionellen Kollegen. Und unabhängig von der Wirtschaftsweise verfügen jüngere Betriebsleiter zumeist über Höfe mit einer größeren LF.[158]

Durch ihre geringe absolute Zahl können ökologische Höfe nicht selbst aktiv die durchschnittliche Betriebsgrößenstruktur einer Region beeinflussen. Es ergeben sich somit zwei mögliche Erklärungen für die Größe der ökologischen Betriebe:

Entweder sie treten überall in Baden-Württemberg gleichmäßig verteilt auf, dann müßten benötigte Flächen zugepachtet oder zugekauft werden (der ökologisch wirtschaftende Hof wäre dann deutlich größer als seine benachbarten konventionellen Pendants) oder es läßt sich eine dichtere Konzentration ökologischer Höfe in Gebieten mit allgemein größerer Flächenausstattung der Betriebe zeigen.

Eine größere Flächenausstattung der Betriebe einer Region hängt eng mit den dortigen traditionellen Erbsitten zusammen, auch wenn diese heute keine nennenswerte Rolle für betriebliche Entscheidungen mehr spielen. Bei den Vererbungsgewohnheiten werden unterschieden:

Realerbteilung (oder auch Freiteilbarkeit), d.h., die Höfe wurden nach dem Tod des Erblassers auf die potentiellen Hofnachfolger i.d.R. zu gleichen Teilen verteilt. Rechtlich eigenständige Klein- und Kleinstbetriebe mit kleinparzellier-

---

[158] Mündl. Auskunft BIOLAND-BW, 07/1994, vgl. ebenso Aussage von DABBERT, S., und BRAUN, J. (1993), S. 93; eine Statistik, die einen direkten Bezug Flächenausstattung-Betriebsleiteralter herstellt, existiert jedoch nicht.

ten Fluren entstanden, die wirtschaftlich oft keine Existenz boten (eine Ausnahme gilt für den Anbau von Sonderkulturen). Die Betriebe wurden dann
durch Zukauf, Pacht oder Heirat vergrößert, was zur starken Varianz der Betriebsgröße in Realteilungsgebieten (z.b. Oberrheinisches Tiefland, Nord-
schwarzwald, Kraichgau und Raum Heilbronn) führt. **Anerbenrecht** dagegen
bedeutet, daß der Hof vom Erblasser im Ganzen an einen Nachfolger weiterge-
geben wird. Potentielle weitere Erben wurden vom Hofnachfolger i.d.r. mit
Geld abgefunden. Traditionelle Anerbengebiete waren das Hohenloher Land,
das Gebiet der Keuperwaldberge, östliche und mittlere Alb, weite Teile Ober-
schwabens, sowie der mittlere und der südliche Schwarzwald mit durchschnittlichen Betriebsgrößen zwischen 8 ha und 20 ha LF (Stand 1957).[159]

Eine weitere Überlegung bezieht sich auf den Strukturwandel in den Kreisen
Baden-Württembergs. Ein Umstellungsargument könnte lauten, daß der Landwirt in der Umstellung eine Chance sieht, das Ausscheiden aus der Landwirtschaft zu verhindern, wenn an seinem Standort überdurchschnittlich viele konventionelle Betriebe aufgeben müssen. Gegen diesen Gedanken sprechen aber
die z.b. von RANTZAU[160] angesprochenen Hauptmotive der Umstellung und
die Motive, die Landwirte in den Interviews nannten. Es ergibt sich folgende

**Arbeitsthese 2: Ökologische Betriebe finden sich verstärkt in Gebieten
mit traditionell größerer Flächenausstattung aller Betriebe, also in den An-
erbenteilen Baden-Württembergs. Der Strukturwandel besitzt keinen Einfluß auf die Umstellung.**

**Fragenkreis 3: Der Zusammenhang mit regional vorherrschenden Be-
triebsformen**

These 3: Ökologische Betriebe finden sich verstärkt in Gebieten mit überwiegend Gemischtbetrieben

Diskussion 3: Zur Diskussion dieses Fragenkreises sind zunächst einige
wichtige Betriebsformen gegeneinander abzugrenzen. Diese Abgrenzung entspricht derer der Agrarberichte der Bundesregierung.[161] Demnach werden alle
Betriebe einer bestimmten Betriebsform zugerechnet, wenn der im Betriebszweig der Betriebsform erwirtschaftete Standarddeckungsbeitrag mehr als 50 %
des Gesamtstandarddeckungsbeitrags des Betriebs ausmacht. Der Standarddek-
kungsbeitrag (Stdb) ist hierbei eine statistische Durchschnittsgröße von Brutto-
umsatz abzüglich der variablen Kosten der landwirtschaftlichen Produktion. Er
kann somit erheblich vom realen Deckungsbeitrag des Betriebs abweichen. Beispiele auf der nächsten Seite machen diese Abgrenzung deutlicher.

---

[159] Vgl. RÖHM, H. (1957).
[160] Vgl. RANTZAU, R., et al. (1990).
[161] S. BML (1993a), S. 187.

In der Literatur weist SICK bereits auf die Bedeutung der Gäugebiete Baden-Württembergs für die Innovation und Diffusion des ökologischen Landbaus hin.[162] In den Gäugebieten aber dominieren die landwirtschaftlichen Gemischtbetriebe.[163] Erinnert man sich an die Ausführungen zur Technologie-S-Kurve (hier insbesondere zum Paradigmawechsel) bzw. zum Kontinuum der Landwirtschaft, wird deutlich, daß sich Gemischtbetriebe leichter umstellen lassen als spezialisierte. Diese Ansicht wird auch von RANTZAU vertreten. Demnach fällt Gemischtbetrieben im allgemeinen die Umstellung leichter; spezialisierte Unternehmen mit überdimensionierten Produktionszweigen dagegen lassen sich nur unter Schwierigkeiten bzw. gar nicht umstellen.[164] Somit ergibt sich folgende

Arbeitsthese 3: Ökologische Betriebe finden sich eher in Regionen, in denen landwirtschaftliche Gemischtbetriebe vorherrschen.

Tab. 13: Abgrenzung landwirtschaftlicher Betriebsformen

Betriebsform	Anteil am Standard-Deckungsbeitrag jeweils > 50 %
A) Landwirtschaft	
A1) Marktfruchtbetriebe	Marktfrüchte (z.B. Getreide, Kartoffeln, Zuckerrüben)
A2) Futterbaubetriebe	Futterbau (z.B. Milchkühe, Rindermast, Schafe, Pferde)
A3) Veredelungsbetriebe	Veredelung (z.B. Schweinemast, Legehennen)
A4) Dauerkulturbetrieb	Dauerkultur (z.B. Obst, Wein, Hopfen)
A5) Landwirtschaftliche Gemischtbetriebe	Position A1 - A4 jeweils unter 50 %
B) Gartenbau	
B1) Gemüsebau	Gemüse
B2) Zierpflanzenbau	Zierpflanzen (z.B. Blumen)
B3) Baumschulen	Baumschulpflanzen
B4) Gartenbauliche Gemischtbetriebe	Positionen B1 - B3 jeweils unter 50 %

Quelle: BML (1993a), S. 187

---

[162] Vgl. SICK, W.D. (1985), S. 257.
[163] S. DIERCKE WELTATLAS (1977), S. 33, Karte 1.
[164] Vgl. RANTZAU, R. (1990), S. 10.

Fragenkreis 4: Der Zusammenhang mit der Bodengüte
These 4: Ökologische Betriebe finden sich verstärkt in Regionen hoher Bodengüte
Diskussion 4: Zunächst ist hier wiederum zu beschreiben, wie Bodengüte eigentlich zu quantifizieren ist. Im Rahmen dieser Arbeit wird der Begriff Bodengüte durch die Ertragsmeßzahl bewertet. Die Ertragsmeßzahl wird aus den Acker- bzw. Grünlandzahlen der Reichsbodenschätzung ermittelt. Die genaue Definition lautet: **EMZ = LF einer Gemeinde · Ackerzahl (bzw. Grünlandzahl) / 100**

Beeinflußt wird die EMZ durch die Bodenart (Sand, Löß, Ton, Moor), die Bodenentstehung (z.B. vulkanischer Ursprung), das Bodenrelief, sowie das lokale Klima. Die geringe Aktualität der Reichsbodenschätzung ist dabei kein großer Nachteil, denn die eingeflossenen klimatischen und geographischen Gegebenheiten haben sich in der Zwischenzeit allenfalls gering verändert. Problematischer dagegen erscheint die aus heutiger Sicht zu hohe Wertschätzung schwerer Böden und die zu geringe Bewertung der leichteren.[165] Insbesondere Sonderkulturen wie Spargel und Tabak unterstreichen die Vorteilhaftigkeit leichterer/sandiger Böden für den Anbau bestimmter Erzeugnisse. Dennoch ergibt die Ackerzahl (und damit die Ertragsmeßzahl) einen hinreichend genauen Maßstab zur Bewertung des Bodens. So konnte REICHEL in der zitierten Arbeit einen eindeutigen und gut erfaßbaren Zusammenhang zwischen Ackerzahl und Ertrag/ha bei Getreide feststellen.

Ein großer Vorteil der Ertragsmeßzahl ist dagegen die flächendeckende Datengrundlage für Baden-Württemberg, da die EMZ in Form von gemeindebezogenen Durchschnittszahlen (Gemeinden in den Grenzen von 1970) veröffentlicht wird.

Laut h.M. in der Literatur befinden sich ökologische Betriebe verstärkt auf mittleren bis guten Standorten. Zu diesem Ergebnis kommen z.B. RANTZAU, der für eine einfache Umstellung Betriebe empfiehlt, die über Böden verfügen, die sich gleichzeitig durch eine gute Bearbeitbarkeit und hohes Wasserspeichervermögen auszeichnen. Da Nährstoffe nicht durch synthetische Dünger von außen nahezu beliebig zugeführt werden können, sollte der Boden nicht zu durchlässig sein, um Auswaschungen zu verhindern.[166] Zu einem gleichen Ergebnis kommt auch JAEP.[167] Auch die Sammlung von Beispielen der Umstellung diverser Höfe auf ökologischen Landbau von BENECKE läßt den Schluß zu, daß gute Böden das Risiko von Ertragseinbrüchen bei der Umstellung senken.[168]

---

[165] Vgl. REICHEL, H. (1973), S. 93-127.
[166] Vgl. RANTZAU, R. (1990), S. 10.
[167] Vgl. JAEP, A. (1986), S. 70.
[168] Vgl. BENECKE, J., et al. (1988).

Eine andere Sicht erhält man, analysiert man die Daten der Materialbände der Agrarberichte der Bundesregierung. Für das Wirtschaftsjahr 1991/1992 wird hier ein Vergleichswert von DM 1277/ha bei ökologischen Betrieben und von DM 1273/ha bei der konventionellen Vergleichsgruppe angegeben.[169] Der zitierte Vergleichswert errechnet sich nach den Vorschriften des Bewertungsgesetzes und ergibt eine einheitliche Bemessungsgrundlage für verschiedene Ertrags- und Substanzsteuern. Zumindest aus steuerlicher Sicht sind die Böden ökologischer und konventioneller Betriebe demnach ertragsmäßig recht ähnlich. Vergleicht man den Vergleichswert der ökologischen Betriebe nicht mit dem der Vergleichsgruppe, sondern mit dem Durchschnitt aller Haupterwerbsbetriebe der Bundesrepublik von DM 1370/ha könnte man sogar eher von schlechteren Böden im ökologischen Landbau ausgehen.

Abb. 11: Rückgang der Getreideerträge während der Umstellung
(konventionelles Jahr 1990 = 100 %)[170]

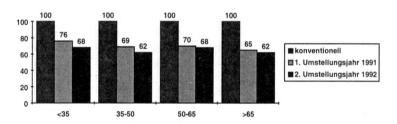

Quelle: SCHULZE-PALS, L. (1994), S. 11

Empirisch zeigt eine Studie für das Land Hessen, daß 51 % der ökologischen Betriebe auf Böden arbeiten, deren EMZ unter dem hessischen Durchschnitt von 45 liegt, 17 % wirtschaften auf Böden einer EMZ unter 35.[171] Eine weitere bundesweite empirische Studie von SCHULZE-PALS in den Jahren 1990-1992 kommt im Rahmen der Getreideproduktion zu dem Ergebnis, daß der Ertragsrückgang der Getreideproduktion während der Umstellung nur wenig mit der EMZ des bebauten Bodens korreliert. Der Boden scheint somit keine wichtige Determinante der Umstellungsentscheidung zu sein. Ein umstellungsbereiter Landwirt kann seinen Betrieb nicht an einen anderen Standort verlagern. Er muß den Boden als Produktionsfaktor akzeptieren, den sein Betrieb aufweist und seine Anbautechnik darauf abstimmen. Der Boden wird nur bei

---

[169] S. BML (1993a), S. 264.
[170] Vgl. SCHULZE-PALS, L. (1994), S. 11.
[171] Vgl. HERMANOWSKI, R. (1989), S. 35.

Extremwerten eine Umstellung verhindern, dann, wenn er so schlecht ist, daß ein Wirtschaften ohne chemische Anbauhilfen nicht möglich ist, oder wenn er so gut ist, daß eine Umstellung wegen einer möglichen intensiven landwirtschaftlichen Nutzung und bereits erfolgter Spezialisierung nicht sinnvoll erscheint.

Daher lautet die **Arbeitsthese 4: Eine signifikante Häufung ökologischer Betriebe auf Böden, deren EMZ im Gemeindedurchschnitt über dem Gesamtdurchschnitt Baden-Württembergs liegt, existiert nicht.**

Fragenkreis 5: Die Lage zu Verarbeitungsbetrieben und Absatzmittlern
These 5: Die Standorte von Absatzmittlern und handwerklichen bzw. industriellen Verarbeitungsbetrieben besitzen nur einen geringen Einfluß auf die Umstellungsentscheidung.

Diskussion 5: Absatzmittler umfassen im allgemeinen Groß- und Einzelhandel, hier soll jedoch nur der Großhandel wegen seiner i.d.R. überregionalen Bedeutung darunter verstanden werden.

Vielfach werden Absatzmittler von den Landwirten und den Verbänden als Konkurrenten zur Direktvermarktung gesehen. Eine Verschiebung des Gewinns hin zum Handel, weg vom Bauern wird befürchtet. Insbesondere BIOLAND versucht die Direktvermarktung durch die Entwicklung eines corporate designs bei Hofschildern, Verpackungen und Informationsschriften zu stärken, während gewerbliche Absatzmittel von der Distribution der Verkaufshilfen ausgeschlossen sind. Öko-Kisten-Abonnements und Wochenmärkte, betreut durch leistungsstarke EZG's, sollen zusätzlich Unabhängigkeit schaffen.

HAMM dagegen kritisiert diese Haltung. Er fürchtet um die Zukunft des ökologischen Landbaus, wenn nicht die Distributionskanäle starker Absatzmittler genutzt werden.[172]

Tatsächlich führte der Umstellungsboom der Extensivierungsprogramme in diesem kleinen Segment des Lebensmittelmarktes zu einem Angebotsüberhang, der insbesondere bei Getreide starke Preiseinbrüche hervorrief.[173]

Vor diesem Hintergrund scheint die Bedeutung der Absatzmittler für den ökologischen Landbau zu wachsen. Dies sollte jedoch zumindest in der Vergangenheit keinen Einfluß auf die Umstellungsentscheidungen eines Landwirts gehabt haben. Der Grund für diese Annahme liegt darin, daß Händler flächenunabhängig, und daher kurzfristig an beliebigen Plätzen Betriebsstätten errichten können. Sie können sich der Entwicklung folglich leichter anpassen als der Landwirt, der an die bereits vorhandene Fläche gebunden ist und diese über mehrere Jahre umstellen muß. Auch ein regional differenziertes Preisge-

---

[172] Vgl. HAMM, U. (1994), S. 30-32.
[173] Vgl. SCHULZE PALS, L. (1994), S. 10-14.

füge kann auf der Großhandelsseite vernachlässigt werden, da überregional arbeitende Distributoren lt. WENDT generell bundesweit vertreten sind.[174]

Bei DEMETER ergibt sich eine Besonderheit dadurch, daß dieser Verband eng mit in der NEUFORM organisierten Reformhäusern zusammenarbeitet. Hier war ein Netz von Absatzmittlern bereits flächendeckend verfügbar, ein Grund für die Umstellung eines Betriebs in einer bestimmten Region war damit also ebenfalls nicht gegeben, vielmehr konnte überall umgestellt werden. Ähnliches gilt für Verarbeitungsbetriebe. Sicherlich mag es die Umstellung heute vereinfachen, wenn in der Nähe des Hofes eine Bäckerei oder Metzgerei liegt, dennoch ist die Dichte dieser Betriebe zu gering, um eine allgemeine Wirkung zu zeigen. Auch scheint fraglich, ob diese Verarbeiter noch über offene Produktionskapazitäten für Neu-Umsteller verfügen.

Großverarbeiter wie Mühlen und Molkereien kooperieren i.d.R. mit Erzeugergemeinschaften, um die Lieferbereitschaft der Landwirte zu verbessern. Dieses Verhalten ist notwendig, da zur industriellen Verarbeitung große Liefermengen (hier also Getreide bzw. Milch) zu genauen Lieferterminen in gleichbleibender Qualität benötigt werden. Ohne kontinuierliche Lieferbereitschaft ist die Verarbeitung ökologisch erzeugter Urprodukte, getrennt von konventionellen, nicht möglich. Und ohne getrennte Verarbeitung scheitert eine Vermarktung im Hochpreissegment der Lebensmittel aus kontrolliert biologischem Anbau.

Der ökologische Landwirt kann daher nicht an die nächstgelegene Molkerei/Mühle liefern, sondern muß den Verarbeiter auswählen, der ihm eine getrennte Verarbeitung gestattet. Wo die Transportkosten zu Mühlen/Molkereien für den einzelnen Landwirt den Mehrerlös des ökologisch erzeugten Produkts übersteigen, fehlt zumindest ein wirtschaftlicher Anreiz zur Umstellung. Damit kann in marktfernen Extensivgebieten wie der Schwäbischen Alb und der Reutlinger Alb, im Hohenlohischen sowie im Allgäu ein großer Verarbeitungsbetrieb diffusionsfördernde Wirkung zeigen. Vor dem Hintergrund einer zukünftig möglicherweise steigenden Nachfrage nach ökologisch erzeugten Lebensmitteln[175] dürfte aber auch die Dichte der Verarbeitungsbetriebe zunehmen und die eventuell heute vorhandene zentrale Bedeutung für den umstellungsbereiten Landwirt sinken.

Arbeitsthese 5: Obwohl man gerade in der Vergangenheit großen Verarbeitungsbetrieben eine umstellungsfördernde Wirkung nicht absprechen kann, wird wegen der geringen Anzahl und des i.d.R. großen Einzugsgebietes von Verarbeitungsbetrieben und Handelspartnern keine allgemeine Häufung von Landwirten um diese Betriebe erwartet. Dagegen erscheint

[174] Vgl. WENDT, H. (1989), S. 65-73.
[175] Vgl. SCHULZE-PALS, L. (1994), S. 14, der damit eine gegenteilige Erwartung zu HAMM zeigt (vgl. HAMM, U. (1986), S. 74-153).

eine Konzentration der Direktvermarktung in Verdichtungsraumnähe plausibel.

Fragenkreis 6: **Die Lage zu Landwirtschaftsämtern und Landwirtschaftsschulen**
These 6: Landwirtschaftsämter waren bis vor wenigen Jahren der Umstellung wenig förderlich, Landwirtschaftsschulen dagegen können im Einzelfall durchaus diffusionsfördernd sein.
Diskussion 6: Laut der bereits mehrfach zitierten RANTZAU-Studie von 1989 stellten bis ca. 1980 Landwirtschaftsämter eher ein Umstellungshindernis dar. Tendenziell gestützt wird diese Darstellung durch eine zugegebenermaßen wenig repräsentative Befragung von zehn ökologischen Landwirten in Hessen Ende der achtziger Jahre durch HERMANOWSKI. Das Ergebnis zeigt die folgende Abbildung:[176]

Tab. 14: Bedeutung der Beratung für die Umstellung
(Angabe der Absolutzahl der Nennungen; Grundgesamtheit n:=10)

Bedeutung der Beratung durch:	sehr wichtig	wichtig	unwichtig
a) Landwirtschaftsämter	1	4	5
b) andere ökologische Landwirte	5	5	0
c) Anbauverband	7	3	0

Quelle: HERMANOWSKI, R. (1989) S. 58

Zumindest in der Tendenz läßt sich abschätzen, daß die Beratung durch ökologische Kollegen, besonders aber durch die Umstellungsberater der Anbauverbände erheblich wichtiger ist als die Empfehlungen der Landwirtschaftsämter. Dort die geeigneten, ökologisch ausgebildeten, Stelleninhaber für Beratungen zur Verfügung zu stellen, erscheint ebenfalls schwierig.
Für Hessen wurde zwar im Rahmen der Koalitionsverhandlungen zum Landtag 1984 gefordert, in jedem Landwirtschaftsamt eine Stelle mit einem Berater für ökologischen Landbau zu besetzen, doch reichen politische Vorgaben zur Erzielung eines realen Zieles allein nicht aus. Zudem können sich politische Strömungen im Zeitverlauf ändern, der Wert der ökologischen Landwirtschaft im besonderen und der Landwirtschaft im allgemeinen kann sinken, was die Abschaffung des Landwirtschaftsministeriums des Landes Rheinland-Pfalz im Jahre 1994 belegt.[177]

---

[176] S. HERMANOWSKI, R. (1989), S. 58.
[177] Vgl. anonym; (1994b), S. 2.

Ein ähnliches Ergebnis liefert FREYER: danach sind Kollegen die wichtigsten Berater, es folgen die Umstellungsberater der Verbände, unwichtig dagegen ist die Offizialberatung.[178] Landwirtschaftsschulen werden in der Literatur bisher nicht auf ihre diffusionsfördernde Wirkung untersucht. Bei der Erstellung der Datenbank, die dieser Arbeit zugrunde liegt, fielen aber bereits bei einigen der zehn Landwirtschaftsschulen Häufungen von Landwirten, Handel und Verarbeitern auf.

Arbeitsthese 6: Von Landwirtschaftsämtern geht keine fördernde Wirkung auf die ökologische Agrarwirtschaft aus, wohl aber zumindest teilweise von den Landwirtschaftsschulen in Baden-Württemberg.

Fragenkreis 7: Die Lage zu anderen Innovationspunkten
These 7: Bestehende Innovationspunkte sind die wichtigsten Determinanten der Ausbreitung des ökologischen Landbaus
Diskussion 7: Nach den angesprochenen Studien von HERMANOWSKI und FREYER zur Bedeutung der Beratung durch unterschiedliche Quellen, erscheint die genannte These 7 naheliegend.

BENECKE nennt immer wieder den Widerstand des sozialen Umfelds - innerhalb und außerhalb des umstellenden Betriebs - als ein Haupthemmnis der Umstellung.[179] Je mehr ökologische Betriebe an einem Standort erfolgreich wirtschaften, desto geringer wird dieser Widerstand werden.

Auch bei der Erstellung der Datenbank fiel die Lage benachbarter Betriebe als Bestimmungsgrund einer Umstellung an einem bestimmten Punkt besonders auf.

So zog SCHLÜTER bei der Studie über ökologische Landbau in Baden-Württemberg den Schluß, daß die "erreichbare Nähe" anderer ökologischer Betriebe wichtigste Umstellungsvoraussetzung sei.[180]

Für das Land Hessen kommt HERMANOWSKI zu dem Ergebnis, daß ökologische Betriebe eben nicht gleich verteilt auf der Fläche Hessens auftreten, sondern in Innovationszentren konzentriert, was auch für Baden-Württemberg erwartet wird.

Innovationspunkte wirken wie Gravitationszentren, sie ziehen alles in ihrer Nähe an.[181] In einer landwirtschaftlich geprägten Region wird diese Anziehungskraft umso stärker, je geringer die Distanz eines Nachbarbetriebes zum Umsteller ist. Sie steigt demnach mit der Verfügbarkeit von positiven Informa-

---

178 Vgl. FREYER, B. (1988), S. 39-40.
179 Vgl. BENECKE, J. (1988).
180 Vgl. SCHLÜTER, C. (1985), S. 167.
181 Vgl. das Gesetz der Anziehung zweier Körper in der Newton'schen Mechanik. Demnach ist die Anziehungskraft, die zwei Himmelskörper aufeinander ausüben, allein von ihrer Distanz und ihren Massen abhängig. Die Newton'sche Gravitationskonstante dient lediglich als Rechenfaktor.

tionen über den Innovationsverlauf. Umgekehrt kann eine schlecht verlaufende Umstellung zu einem negativen Innovationspunkt, dem sog. "abschreckenden Beispiel" werden. Ebenso steigt die Anziehungskraft mit dem wirtschaftlichen Gewicht des erfolgreichen Umstellungsbetriebs in einer landwirtschaftlich geprägten Region. Die Analogie zu Newton ist vollzogen. Die Arbeitsthese 7 ist daher mit der These 7 identisch und lautet:

Arbeitsthese 7: Bestehende Innovationspunkte sind die wichtigsten Determinanten der Ausbreitung des ökologischen Landbaus.

2.2 Die Entwicklung der Agrarlandschaft Baden-Württembergs unter besonderer Berücksichtigung der EG-Extensivierungsprogramme und des MEKA

Die Agrarlandschaft Baden-Württembergs und ihre Veränderung innerhalb der letzten vier Jahrzehnte stellt den Hintergrund dar, vor dem sich der ökologische Landbau ab etwa 1950 mit den ersten DEMETER-Betrieben entwickelte. Es erscheint daher notwendig, diese Entwicklung zumindest zu streifen. Ausführliche Darstellungen finden sich z.B. in der Arbeit von BORCHERDT aus dem Jahre 1991. Diese Arbeit wird nachfolgend, sofern nicht anders gekennzeichnet, als Hauptquelle benutzt.[182]

Spricht man gemeinhin vom "Musterländle" Baden-Württemberg, so versteht man darunter üblicherweise die Leistungskraft des Landes im sekundären und tertiären Sektor. Dies verwundert nicht, genießen doch Elektrotechnik und Elektronik, Automobilbau und Maschinenbau dieses Landes ein hohes Ansehen. Die gesamtwirtschaftliche Leistung der Landwirtschaft dagegen spielt, wie im übrigen Bundesgebiet auch, nur eine untergeordnete Rolle. Zahlen belegen dies eindrucksvoll (vgl. Abb. 12).

So trug die Landwirtschaft 1991 nur 1.49 % zur gesamten Bruttowertschöpfung Baden-Württembergs bei. Ebenso gering ist die Zahl der in der Landwirtschaft Beschäftigten: Bundesweit arbeiteten 1987 0,5 % von ca. 27 Mio. Erwerbstätigen im primären Sektor, in Baden-Württemberg waren es 0,6 % von 4,5 Mio.

Betrachtete man diese Zahlen allein, fällt es leicht, die Landwirtschaft nur als Anhängsel einer Volkswirtschaft zu sehen. Dies würde der Rolle der Landwirtschaft jedoch nicht gerecht. Dies liegt an der raumprägenden und raumstrukturierenden Komponente, die eine agrarische Landnutzung darstellt.

---

[182] Dort erfolgt dann der genaue Verweis auf die Fundstelle.

Abb. 12: Leistung der Wirtschaftsbereiche in Baden-Württemberg

(Bruttowertschöpfung in Preisen von 1985, Angaben in Millionen DM)

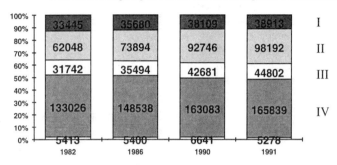

wobei	I	= Land- und Forstwirtschaft	II	= Produzierendes Gewerbe
	III	= Handel/Verkehr	IV	= Dienstleister
	V	= Staat, private Haushalte und private Organisationen ohne Erwerbszweck		

Quelle: STATBW (1992), S. 101, Tab. 61

So liegt (Stand 1991) nur in vier von vierundvierzig Stadt- und Landkreisen Baden-Württembergs der Anteil der Landwirtschaftsfläche an der Gesamtgemarkungsfläche unter 15 %. Dies sind bezeichnenderweise die Kreise Baden Baden, Karlsruhe, Pforzheim und Stuttgart. Meist liegt der Anteil jedoch bei 30-60 %. Im Nordosten des Landes, in den Kreisen Main-Tauber-Kreis, Hohenlohe-Kreis, Heilbronn-Land und Schwäbisch Hall sowie im Südosten im Alb-Donau-Kreis, den Kreisen Biberach, Ravensburg und im Bodenseekreis liegt der Anteil sogar bei über 50 % bis fast 60 %, bei einem Landesdurchschnitt von 49 %. Die Hälfte der Fläche des Landes wird also landwirtschaftlich beeinflußt.[183]

Lediglich der nördliche Schwarzwaldrand bildet hierzu eine Ausnahme. Die dortige Landwirtschaft besitzt nur eine geringe räumliche Ausdehnung im Verhältnis zur Fläche der Verwaltungseinheiten. Die unterdurchschnittlich vertretene Landwirtschaft fällt in den Kreisen Rastatt, Baden-Baden, Freudenstadt, Calw, Pforzheim und im Enzkreis sofort auf.

Die Landwirtschaft prägt aber nicht nur das Aussehen der von ihr genutzten Flächen durch Flurformen, angebaute Kulturen, Tierhaltung, Hoflage und Aussehen ländlicher Siedlungen. Ebenso wichtig ist die Landschaftsstrukturierung. Die von der Landwirtschaft erzeugten Freiflächen trennen Bereiche unterschiedlicher Flächennutzung wie Siedlungsbereiche, Erholungsbereiche und Arbeitsbereiche. Diese Freiflächen wirken auch auf Klima und Wasserhaushalt.

---

[183] Vgl. STATBW (1992), S. 17 und S. auch Karte B1 im Anhang 3.

Sektorale **Konzentration und Mechanisierung**, einhergehend mit einer zunehmenden Spezialisierung, fanden auch in Baden-Württemberg statt.

So sank die Zahl der Betriebe >1 ha LF zwischen 1949 (bezogen auf die Fläche des erst 1952 gegründeten Bundeslandes) von 324.243 auf 100.900 im Jahre 1991. Abgenommen haben i.d.R. Betriebe unter 20 ha LF. Die Zahl der Betriebe zwischen 20 und 50 ha stieg in dieser Zeit von 8.010 auf 19.926, die der Betriebe über 50 ha LF stieg von 913 auf 4.493. Die Betriebe sind also flächenmäßig stark gewachsen, ihre Gesamtzahl sank, die Konzentration im primären Sektor stieg und steigt weiter.

Dieser Entwicklung folgt die der Mechanisierung der Betriebe. Kamen 1980 auf 128.511 Höfe 212.119 Vierrad- und Kettenschlepper, lauteten 1991 die Zahlen 86.398 Betriebe mit 187.539 Maschinen. Dieser absoluten Abnahme der Geräte steht sogar trotz der gesunkenen Betriebszahlen ein Anstieg der Kilowattleistungen der Maschinen gegenüber. Von den Schleppern finden sich 40,6 % auf Höfen ab 20 ha LF (Stand 1991), obwohl diese Betriebe nur 24 % der Gesamtzahl aller Betriebe über 1 ha LF ausmachen.[184] Hofgröße und Mechanisierungsgrad sind also zueinander proportional.

Die Verteilung der Betriebsgrößen wurde nach dem letzten Weltkrieg durch agrarpolitische Maßnahmen wie Flurbereinigungen beeinflußt. Standen bei dem Bundesflurbereinigungsgesetz von 1953 noch technische Optimierungskalküle bei der Neuverteilung der Fluren im Vordergrund, gehen heute die Gedanken auch in die Richtung Landschaftspflege, Naturschutz und Siedlungsgestaltung. Regionaler Schwerpunkt der Flurbereinigungen waren die Gäulandschaften des nördlichen Baden-Württembergs, die mittlere und östliche Schwäbische Alb und das mittlere und südliche Oberrheinische Tiefland.

Die Verteilung der Betriebe unterschiedlicher Größe innerhalb Baden-Württembergs läßt aber auch noch immer die bereits angesprochenen traditionellen Erbsitten erkennen, auch wenn deren Bedeutung heute kaum noch wahrzunehmen ist. Diese Erbsitten beeinflußten in der Vergangenheit ebenso die Bodennutzung wie die Tierhaltung. Nachfolgend daher einige Hinweise zur Verbreitung diverser **Betriebsformen**.

Gemessen an der Wirtschaftsleistung des primären Sektors überwiegen (Stand 1992) in Baden-Württemberg die **Futterbaubetriebe**. Rindermast, Milcherzeugung, Schaf- und Pferdehaltung sind die Schwerpunkte landwirtschaftlicher Betätigung im Ostteil der Keuperwaldberge, dem östlichen Albvorland, dem Härtsfeld, Oberschwaben und in Teilen von Schwarzwald und Baar.[185] Futterbaubetriebe können hierbei bodenabhängig arbeiten in Regionen mit starkem Grünlandanteil, aber ebenso in Gebieten, in denen das Futter aus

---

[184] Vgl. STATBW (1992), S. 84.

[185] Zur Darstellung der genannten naturräumlichen Abgrenzungen vgl. z.B. BORCHERDT, C. (1991), S. 79-110.

Ackerbau gewonnen wird. Dort wird dann im Extremfall bodenunabhängig veredelt. Den zweiten Platz belegen **Marktfruchtbetriebe.** Die Erzeugung von Getreide, Hackfrüchten, Tabak und Feldgemüse findet vornehmlich im klimabegünstigten oberrheinischen Tiefland zwischen Karlsruhe und Mannheim statt, ebenso im Kraichgau mit einer besonders starken Rolle der Zuckerrüben, im Tauberland und im Raum Tübingen. **Sonderkulturen** wie Wein und Obst finden sich wegen der Klimagunst im südlichen Oberrheingebiet (Raum Freiburg/ Kaiserstuhl), am Bodensee, im Stuttgarter und im Heilbronner Raum.[186] **Landwirtschaftliche Veredelungsbetriebe** mit den Produktionszweigen Schweinemast und Geflügelmast existieren hauptsächlich in der Hohenloher Ebene sowie in Oberschwaben. Seit den 70er Jahren sinkt die Zahl der **Gemischtbetriebe.** Diese stellen nur noch in verschwindend kleinen Teilen des nordöstlichen Baden-Württembergs die Mehrheit der Betriebe (Stand 1987).[187]

Eines der letzten Ereignisse, das die Agrarwirtschaft des Landes deutlich veränderte und dabei insbesondere Wirkung auf die ökologische Agrarwirtschaft hatte, war die Umsetzung der **EG-Flächenstillegungs-** und **-Extensivierungsprogramme** ab 1989. Ziel war die Entlastung der durch anhaltende Überschußproduktion empfindlich gestörten Agrarmärkte.

Noch 1987 gab es keine gezielte Bundesförderung der Umstellung auf ökologischen Anbau. Eine solche Unterstützung wurde aber bereits im Rahmen der Umsetzung der EG-Extensivierungsrichtlinie in nationales Recht geplant.[188] Dieses Marktentlastungspaket von 1988 umfaßte :

- die Flächenstillegung von LF-Teilen für ein Jahr (ab 1991)
- die Flächenstillegung von LF-Teilen für fünf Jahre (ab 1988)
- die quantitative Extensivierung des Anbaus
- die produktionstechnische Extensivierung des Anbaus
- die Vorruhestandsregelung für Landwirte

Die Flächenstillegung:

Die Flächenstillegungsgesetze 1988 für die fünfjährige und 1991 für die einjährige Stillegung schufen den rechtlichen Rahmen dieser Maßnahmen. Teile der LF von mindestens einem ha konnten im fünfjährigen Modell entweder aufgeforstet, extensiv als Grünland genutzt oder brachgelegt werden. Die Brache hatte als Dauerbrache über fünf Jahre oder als Rotationsbrache (brachliegende Fläche wechselt in jedem Wirtschaftsjahr) zu erfolgen. Dabei mußten Brachflä-

[186] Vgl. BORCHERDT, C. (1991), S. 159-214.
[187] Vgl. BORCHERDT, C. (1991), S. 159-214.
[188] Vgl. BML-Information Nr. 47 (1987), S. 6.

chen begrünt werden, um Erosion und Unkrautdruck zu reduzieren. Im Jahre 1992 wurde auch der Anbau nachwachsender Rohstoffe erlaubt.[189]
1991/92 kam die Möglichkeit der einjährigen Stillegung hinzu. Zusammenhängende Flächen von mindestens 1/2 ha waren brachzulegen. Addiert mußten die stillgelegten Schläge mindestens 15 % der LF ausmachen. Gefördert wurde nur die Stillegung solcher LF, die bei der Ernte 1991 mit den Überschußerzeugnissen Getreide, Eiweißpflanzen und Ölsaaten bewachsen war.[190] Die Förderung des einjährigen Programms belief sich je nach Bodengüte von 240,00 DM/ha auf bis zu 1.059,00 DM/ha, zusätzlich wurde die fünfprozentige Mitverantwortungsabgabe auf Getreideverkäufe des Wirtschaftsjahres 1991/92 rückerstattet.

Die **Marktentlastungswirkung** beider Programme muß als **gering** bezeichnet werden. Ungefähr 9800 Landwirte legten ca. 301.450 ha für ein Jahr still. Beide Programme erreichten von 1988-1991 eine Stillegung von 410.000 ha.

Diese Zahlen werden allerdings stark angehoben durch das Verhalten der Betriebe der neuen Länder. Dagegen zeigt das Untersuchungsgebiet dieser Arbeit nur eine geringe Inanspruchnahme. Lediglich Rheinland-Pfalz, das Saarland, NRW und Niedersachsen zeigen ein stärkeres Interesse.[191]

Als **Ergebnis für** 1988 in **Baden-Württemberg** läßt sich festhalten, daß 54,2 % der LF durch Dauerbrache und 42,5 % durch Rotationsbrache stillgelegt wurden. Die übrigen Stillegungsmöglichkeiten lagen unter 2 %. Der hohe Anteil der Rotationsbrache zeigt, daß das Programm gezielt zur Bodenverbesserung eingesetzt wurde. Überwiegend wurden mittlere Böden mit einer Ertragszahl um 45 aus der Produktion genommen. Regionale Schwerpunkte der Stillegung sind die Kreise Rastatt, Ortenaukreis, Freiburg und der Zollernalbkreis, aber auch im Neckar-Odenwaldkreis und in den Kreisen Lörrach und Konstanz wurde das Programm überdurchschnittlich stark angenommen.[192]

Die Schwerpunkte der Stillegung stellen gleichzeitig auch die Schwerpunkte der Realerbteilungsgebiete[193][194] dar. Ein Ausnahme bildet lediglich der Neckar-Odenwald-Kreis. Das subventionierte Ausscheiden aus der Landwirtschaft bzw. die noch wirtschaftliche Restfläche (in Realerbteilungsgebieten Baden-Württembergs wurde das Programm hauptsächlich von Betrieben von 10-20 ha und über 50 ha angenommen) konnte in den Realerbteilungsgebieten ein Grund für die höhere Akzeptanz der Stillegung gewesen sein. Das Interesse in den Aner-

---

[189] Vgl. ÖB (1992), S. 15-16.
[190] Vgl. KÖNIG, M. (1993), S. 2-4.
[191] Vgl. KÖNIG, M. (1993), S. 2-4.
[192] Vgl. Karte B2 im Anhang.
[193] Vgl. BORCHERDT, C. (1991), S. 162.
[194] Vgl. Kartensammlung, Anhang 3, Karte: B2, B7 und E1.

bengebieten des Landes war gegenüber dem Bundes- bzw. dem Landesdurchschnitt geringer.[195]
Der bundesweit stillgelegten Fläche stehen lt. KÖNIG Getreideüberschüsse
von 25 Mio. t gegenüber, was rechnerisch einer landwirtschaftlichen Über-
schußfläche von 5 Mio. ha entspricht. Rechnet man die üblichen jährlichen Pro-
duktionssteigerungen dagegen, scheint das Programm wirtschaftlich gescheitert.
Hinzu kommt, daß (auch wenn weitere Meliorisationsmaßnahmen verboten
sind) eine einjährige Brache die Fruchtbarkeit und damit die Naturalerträge der
stillgelegten Böden verbessert, den Agrarmarkt also zukünftig zusätzlich belasten müßte.
Hinsichtlich der Bodengüte ist festzustellen, daß i.d.R. Grenzertragsböden
oder Böden mittlerer Güte stillgelegt wurden, da die Produktionsverluste der
potentiellen Aufgabe intensiv genutzter Böden hoher Ertragsmeßzahl nicht
durch die Ausgleichszahlungen aufgefangen hätten werden können. Bisher
schon intensiv genutzte Böden werden also noch intensiver genutzt. Unkräuter-
samen benachbarter stillgelegter Schläge erzwingen auf ihnen einen erhöhten
Herbizid- und Düngereinsatz, der die Einsparungen der stillgelegten Teile wieder ausgleicht. Dabei sind die im Winter freien Mais- und Zuckerrübenfelder
besonders von Unkrautdruck betroffen, im Frühjahr keimen dort unkontrolliert
Samen. Einzelne Bundesländer reagierten unterschiedlich auf das Unkrautpro-
blem. Nordrhein-Westfalen kürzte die Prämien für unbegrüntes Brachland, Hessen verlangte die Aufwuchsmahd nach dem 15. Juni oder deren Mulchung,
Schleswig-Holstein schließlich verpflichtete die Landwirte zur Begrünung
brachliegender Felder.[196]
Da die Rahmenvorschriften der AGÖL eine Umstellung (und damit eine
Extensivierung der Produktion) des Gesamtbetriebs erfordern, geht von einer
Stillegung von LF-Teilen keine spürbare Wirkung auf die ökologische Agrar-
wirtschaft aus.
Ganz anders wirken dagegen die **Extensivierungsprogramme**, die ab
1989/1990 angeboten wurden. Rechtsgrundlage ist der PLANAK-Beschluß von
11/1989 und die Umsetzung dieses Beschlusses in Länderrichtlinien. Bei diesen
Maßnahmen ist zwischen der **quantitativen** und der **produktionstechnischen**
Methode zu unterscheiden. Ziel beider Maßnahmen ist die Verringerung der
Produktion der Überschußerzeugnisse Rind- und Schaffleisch, Getreide, Raps,
Tabak, Sonnenblumen, Erbsen, Ackerbohnen, diverser Gemüsearten und bestimmter Dauerkulturen (hauptsächlich Rebland) um 20 % der Erträge eines Re-
ferenzzeitraumes.[197]

---

[195] Vgl. HMLFM (1990), S. 9 und auch Karte B2.
[196] Vgl. ÖB (1992), S. 15-16.
[197] Vgl. anonym (1989), S. 21-25.

Zunächst die Darstellung der **quantitativen Methode**: Regelungen im Landesrecht wurden nur für die Bereiche Rindfleischerzeugung und Wein in allen Bundesländern getroffen. Durch eine Verringerung der Bewirtschaftungsintensität mußten die Naturalerträge um 20 % gesenkt werden. Als Nachweis dienten die Betriebsbuchführungen, wodurch nicht buchführende Landwirte diese Methode kaum nutzen konnten. Der Landwirt erhielt eine Prämie von 400,00 DM/reduzierter GVE Mastbullen bzw. 1416,00 DM pro reduziertem ha Dauerkultur.[198] Je nach Bedeutung der Bundesländer für die Wein- bzw. Fleischproduktion zeigte das Programm seine Wirkung. In Niedersachsen wurde die Bullenmast von 508 Betrieben ganz aufgegeben. Insgesamt schieden 12.189 GVE aus der Produktion aus. Dabei dürften futterzukaufende Saisonmästereien im Vordergrund stehen. Ähnlich dominant wie Niedersachsen bei der Mastbullenreduktion zeigte sich Rheinland-Pfalz bei der Verringerung des Weinbaus. Dort senkten 615 Winzer die Anbaufläche um 3.352 ha. Bayern liegt an zweiter Stelle mit einer Extensivierung von 311 Betrieben mit 783 ha Reben. Auch hier sind es eher ertragreiche Sorten minderer bis mittlerer Qualität, nicht jedoch die Spitzenlagen. Die Extensivierungsprämien waren zu niedrig, als daß sie deren Aufgabe rentabel werden ließen.

Die **produktionstechnische Methode:**
Auch hier ist zwischen **zwei Ansätzen** zu unterscheiden. Es existieren die Änderung der Anbauverfahren **auf Teilen der LF** (die restliche LF wird konventionell weiterbewirtschaftet) und die Umstellung des gesamten Betriebs auf eine Wirtschaftsweise, die den AGÖL-Rahmenrichtlinien entspricht. Nur ein geringer Teil der Länder der BRD forderten dabei die Mitgliedschaft des Landwirts in einem der AGÖL-Verbände.

Da eine Gesamtumstellung auf ökologische Bewirtschaftung aber sehr beratungsintensiv ist und zu Rückgängen der Naturalerträge führt, die über höhere Erzeugerpreise ausgeglichen werden müssen, diese aber für die kontrolliert ökologischen AGÖL-Betriebe leichter am Markt zu erzielen sind, verzichteten nur wenige Landwirte auf Umstellungsverträge mit den AGÖL-Verbänden.

Im Anschluß werden die Förderprojekte der produktionstechnischen Methode genannt, die Teile der LF betreffen. Dies sind die Getreideproduktion ohne chemisch-synthetische Hilfsmittel (sog. 00-Getreide) mit einer Förderung von 300 DM/ha. Ebenso dotiert ist der Austausch von Winterweizen/Wintergerste durch Roggen, Sommergerste, Dinkel oder Hafer. Bei der Viehhaltung sind Mastbullen durch Mutterkühe, Mastochsen oder Mastfärsen zu ersetzen, dafür werden 153 DM/reduzierter GVE gezahlt. Den gleichen Betrag erhält der Landwirt, wenn er von der Boxen- auf die Gruppenhaltung von Kälbern umsteigt. Die Prämie für extensiveren Wein beträgt 1416 DM/ha.[199]

---

[198] Vgl. anonym (1989), S. 21-25 zu den statistischen Angaben zur quantitativen Methode.
[199] Vgl. KÖNIG, M. (1991), S. 2-16.

Die Bewertung der produktionstechnischen Teilbereichsänderung erfolgt später mit der Bewertung der Umstellung des Gesamtbetriebs. Die Förderung der Umstellung beläuft sich auf 425 DM/ha Ackerbauerzeugnisse, 1416 DM/ha Dauerkulturen und 300 DM/ha übrige LF, also wird auch das vorhandene Grünland honoriert.

Die bundesweite marktentlastende Wirkung war auch in diesem Fall gering. Sie belief sich für das Wirtschaftsjahr 1989/90 auf ca. 68.000 t (davon 62.000 t durch Gesamtumstellung) bei Getreide, ca. 6.900 t bei Raps, ca. 9.000 t bei Rindfleisch und ca. 121.000 Hektoliter Wein. Von den Landwirten wurde das Programm eher in geringem Umfang angenommen.

Dazu einige Gründe: Die Änderung der Fruchtfolge oder der Anbau von 00-Getreide im sonst konventionellen Betrieb war relativ uninteressant, für ersteres war die Prämie von 300 DM/ha zu niedrig, um auf Winterweizen zu verzichten, für letzteres gab es keinen Markt. 00-Getreide ist weniger ertragreich als konventionelles, kann aber nicht zum Preis der ökologischen Frucht verkauft werden.

Im Gesamtumstellungsprogramm werden die kurzen Entscheidungsfristen von z.T. nur einem Monat kritisiert. In dieser Zeit eine Umstellungsentscheidung zu fällen, ist kaum möglich und widerspricht auch den Beratungsbemühungen der AGÖL-Verbände. Ein Förderungszeitraum von fünf Jahren mindert zwar das Risiko einer Gesamtumstellung, kann es jedoch nicht ausschalten.

Eine schrittweise Umstellung bereitet den Boden durch Leguminosenanbau langsam auf ausbleibende synthetische Dünger vor. Nur die Länder Saarland und Schleswig-Holstein ließen jedoch diese schrittweise Umstellung zu. Die übrigen gaben der schnellen Marktwirkung einer sofortigen Totalumstellung den Vorrang. Somit scheint es wahrscheinlich, daß das Extensivierungsprogramm eher Landwirte ansprach, die bereits Umstellungsüberlegungen anstellten. Die Förderung gab dann den letzten Anstoß. Die starke Zunahme der AGÖL-Betriebe und ihrer Flächen gibt zwar einen deutlichen Hinweis auf die Wirkung des Extensivierungsprogramms, gerade auch in Baden-Württemberg stieg die Zahl ökologischer Landwirte steil an,[200] dennoch bleibt die Spekulation, ob nicht früher umgestellt worden wäre, hätte der einzelne Landwirt nicht auf die Prämie gewartet, die ja bereits 1987 im Gespräch war.

Weitere Kritikpunkte liegen darin, daß im produktionstechnischen Extensivierungsprogramm nur Betriebe gefördert wurden, die weder bereits Mitglied noch Umstellungsbetrieb eines AGÖL-Verbandes waren. Die Pioniere der innovativen Idee, der Produktion und der Vermarktung, die Betriebe also, die wegen ihrer geringen Naturalerträge die Agrarmarktlage nicht verursachten, wurden einerseits nicht gefördert, andererseits wurde ihr Absatzmarkt durch ein erhöhtes Angebot gestört.

---

[200] Vgl. Anhang 5.

Schließlich dürfte auch der integrierte Anbau, also der Hauptkonkurrent der AGÖL-Landwirte, von der Extensivierung zumindest auf unternehmenspolitischer Ebene (z.B. Erkennen neuer Absatzchancen auf ökologisch bewußteren Märkten) gefördert worden sein.

Eine letzte Kritik hat einen ganz anderen Charakter. "Für mich ist die Extensivierungsverordnung der Sündenfall des ökologischen Landbaus hinsichtlich der staatlichen Intervention in unsere Produktion",[201] sagte THUNEKE.

Korrekt hieran ist, daß der ökologische Landbau, durch die höheren Erzeugerpreise seiner Produkte relativ unabhängig von der Agrarpolitik, sich vom Wohlwollen Bonner und Brüsseler Politiker abhängig machte, als er die Umstellungsprämie verständlicherweise gerne in Anspruch nahm. THUNEKE fordert daher eine Begrenzung der Subventionen auf die riskante Umstellungszeit. Dieser Ruf, Subventionen zu kürzen, ist von seiten eines Betroffenen ebenso ungewöhnlich wie wirtschaftspolitisch begrüßenswert.

Die umweltpolitische Wirkung der Extensivierungsförderung ist zu begrüßen. Zwischen dem 01.01.1988 und dem 31.12.1992 hat sich die Zahl der anerkannten DEMETER-Betriebe in Baden-Württemberg von 252 um 173 auf 425 erhöht. Nicht berücksichtigt sind Betriebe, die von DEMETER (bzw. von BIOLAND) noch als Umsteller geführt werden. Die Zahlen stiegen bei BIOLAND von 154 um 265 Betriebe auf 419. Damit waren beide Verbände zum 31.12.1992 ungefähr gleich groß. Eindeutiger Gewinner bei den Extensivierungsumstellern war aber BIOLAND.[202]

Durch das Anwachsen der Betriebszahlen stieg die Bekanntheit des ökologischen Landbaus bei Landwirten und Verbrauchern, der Wachstumsprozeß dieser Anbaurichtung verstärkte sich gegenseitig.

Die Struktur der Umstellungsbetriebe wurde z.B. von DABBERT und BRAUN in einer Direkterhebung untersucht und 1993 veröffentlicht,[203] dabei konnten die Daten von 148 Betrieben ausgewertet werden.

Eine Zusammenfassung der Ergebnisse dieser Studie findet sich in Kapitel 2.5. Das vorliegende Kapitel stellt in Verbindung mit diesem Gliederungspunkt eine logische Klammer dar: Zunächst erfolgt die Darstellung der allgemeinen Agrarlandschaft als Ausgangslage, danach schließt sich die Untersuchung von Einzelfaktoren auf die ökologische Agrarlandschaft an und in Punkt 2.5. schließlich findet sich die Beschreibung der Wirkung landes- bzw. europaweiter politischer Einflüsse.

---

[201] Vgl. THUNEKE, H.J. (1993), S. 37.
[202] eigene Erhebung.
[203] Vgl. DABBERT, S. und BRAUN, J. (1993), S. 90-99.

2.3 Die Entwicklung des ökologischen Landbaus in Baden-Württemberg

2.3.1 Innovationszentren und Diffusionsrichtungen des DEMETER-Anbaus

Obwohl die Kriegsjahre einen entscheidenden Einschnitt für die anthroposophische Landbaurichtung Rudolf Steiners darstellten, überrascht das Auftreten der ersten DEMETER-Betriebe noch vor 1955 dennoch nicht. Es war nur eine Frage der Zeit, bis neue Innovationszentren einer so alten Form des ökologischen Landbaus im Westen der Bundesrepublik entstehen mußten.

Inwieweit hier auch die eventuelle Ansiedlung heimatvertriebener Landwirte und DEMETER-Berater aus der ehemaligen DDR bzw. den ehemaligen Ostgebieten des deutschen Reichs eine Rolle spielten, wird bei der Darstellung des Neubeginns des DEMETER-Landbaus nach dem Kriege angesprochen werden. Direkte Kontakte von Baden-Württemberg zum landwirtschaftlichen Kurs Rudolf Steiners in Schlesien hatte es jedoch bereits vor 1930 gegeben, was unmittelbar zur Umstellung mehrerer Höfe noch vor dem Kriege führte.[204]

Erwähnt werden sollte nochmals, daß eine Entscheidung zum ökologischen Wirtschaften bei gleichzeitiger Nutzung einer Verbandsinfrastruktur zwangsläufig eine Entscheidung zur Umstellung auf DEMETER-Landbau sein mußte. BIOLAND entstand erst 1971. Zur Darstellung des Innovations- und Diffusionsverlaufs sei hier auf die entsprechenden Karten (Anhang 3, C1 bis C9) hingewiesen.

In Baden-Württemberg lagen **bis 1955** in Hayingen bei Reutlingen, in Ingersheim im Verdichtungsraum Ludwigsburg-Stuttgart, in Heidenheim und in Argenbühl, nahe der Grenze zu Bayern die ersten Betriebe. Alle Höfe liegen damit im württembergischen Teil des Landes, nämlich in den Landkreisen Ludwigsburg, Heidenheim, Reutlingen und Ravensburg. Die Entfernung eines Hofes zu seinem nächsten Nachbarn beträgt durchschnittlich 70 Kilometer und ist damit erstaunlich groß, zwischen dem nördlichsten Umsteller bei Ludwigsburg und dem südlichsten liegen ca. 150 Kilometer Luftlinie. DEMETER befindet sich in der ersten Innovationsphase.[205]

Für die weitere Entwicklung des DEMETER-Anbaus wird dabei besonders der Innovationspunkt Hayingen verantwortlich zeichnen.

Bis 1960 kommt dort ein weiterer Umsteller hinzu und weniger als zwanzig Kilometer entfernt entsteht bis 1960 in Münsingen ein weiterer Betrieb. Da auch in Amstetten ein Betrieb umstellt, entsteht eine Kette von DEMETER-Betrieben entlang der Schwäbischen Alb von Hayingen bis Heidenheim. Dieser Diffusionsverlauf, linienförmig entlang eines räumlichen Hindernisses, er-

---

[204] Vgl. Gliederungspunkt 3.4: "Die Ausbreitungsgeschichte DEMETERS". Es handelt sich hierbei insbesondere um den Talhof in Heidenheim/Brenz mit Umstellungsjahr 1929.

[205] Vgl. die Ausführungen zum allgemeinen Verlauf einer Innovation.

scheint logisch. Erinnert sei nochmals an das allgemeine Modell einer Innovation. Die Kettenbildung leitet die zweite Innovationsphase ein. Im Süden des Regierungsbezirks Tübingen tritt ein neuer Hof hinzu, in Lindau am Bodensee, ca. 25 Kilometer entfernt von Argenbühl. Um den Innovationspunkt Ingersheim treten noch keine neuen Betriebe auf. Dafür entstehen zwei neue Innovationspunkte: Ilshofen im Kreis Schwäbisch Hall und die ersten Betriebe im badischen Raum, in Eichstetten im Breisgau. Beide Orte verdienen eine besondere Beachtung:

Während **bis 1965** die Entwicklung des DEMETER-Anbaus in Baden-Württemberg eher stagniert, entwickeln sich bis 1965, ausgehend von Ilshofen, drei weitere Betriebe. Vom Mittelpunkt der Fläche, die diese 4 Höfe bilden, liegen sie alle nur durchschnittlich 12 Kilometer entfernt. Die Bedeutung Eichstettens liegt darin, daß hier mit sechs DEMETER-Betrieben[206] ein Schwerpunkt des ökologischen Landbaus innerhalb des Landes entsteht, der später insbesondere für BIOLAND-Betriebe wichtig wird. Zusätzlich entstehen je ein neuer Betrieb im Enzkreis und im Kreis Freudenstadt.

In der Entwicklung **bis 1970** fällt auf, daß die Kette Hayingen - Heidenheim keine Veränderung zeigt. Stadtnah stellt im Kreis Böblingen ein Hof um, auch im Ortenaukreis kommt ein DEMETER-Landwirt hinzu. Wirklich auffällig wird dagegen der Anstieg der DEMETER-Höfe im Grenzgebiet der Kreise Main-Tauber, Hohenlohe und Schwäbisch Hall. Dort liegen bereits acht Höfe im Umkreis von 20 bis 25 Kilometer, während im gesamten Bundesland erst 23 ökologische Bauern existieren. Somit wirtschaften über ein Drittel der ökologischen Landwirte im Jahr 1970 in dieser Region.

Von diesem ersten Zentrum aus breitet sich der ökologische Landbau **bis 1975** nach Westen in den Landkreis Heilbronn aus. Neun Betriebe kommen in den Kreisen Main-Tauber, Schwäbisch Hall, Hohenlohe und Heilbronn hinzu. Drei weitere Betriebe entstehen im Kreis Ludwigsburg, nördlich des DEMETER-Pionierbetriebs, der bis 1955 umstellte, zwei weitere Betriebe im Kreis Heilbronn liegen unmittelbar nördlich davon und sind vermutlich nicht auf die Diffusionswirkung des Ilshofen-Betriebs zurückzuführen. Durch diese Umstellungen entsteht eine Verbindung der Innovationszentren in der Hohenloher Ebene, Ludwigsburg-Heilbronn und Enzkreis/Karlsruhe-Land/Rhein-Neckar-Kreis. Dort entsteht in Sinsheim 1975 der erste DEMETER-Betrieb im Rhein-Neckar-Kreis[207]. Entlang des Rheins stellen im Ortenaukreis, im Kreis Breisgau-Hochschwarzwald und im Kreis Lörrach Höfe um. Dasselbe gilt für den Raum Konstanz-Bodenseekreis.

---

[206] Die Karte bis 1965 zeigt davon nur die heute noch existenten drei Betriebe. Drei weitere stellten ab 1970 auf BIOLAND um.

[207] Ein ausführliches Interview mit dem Betriebsinhaber findet sich in den Beispielen zum Rhein-Neckar-Raum.

Mit der sich verstärkenden Ausbreitung beginnt die dritte Innovationsphase. Die Karte **bis 1980** zeigt folgende Trends: Im Innovationszentrum Hohenloher Ebene wächst die Zahl der Betriebe weiter, gleiches gilt für den Enzkreis und den Rhein-Neckar-Kreis. Einen deutlichen Anstieg der Hofzahl findet sich ebenso auf der Linie Hayingen - Heidenheim und im Bodenseezentrum, an der Grenze der Kreise Sigmaringen, Konstanz und dem Bodenseekreis. Die Lücke zwischen diesen beiden Zentren und hin zum Allgäu beginnt sich langsam zu schließen.

Bis 1985 nimmt die Dominanz Nordbadens/Nordwürttembergs für den DE-METER-Landbau zu. Dies gilt besonders wieder für den Gürtel Enzkreis - Kreis Schwäbisch Hall. Der nordwestliche Ortenaukreis gewinnt zunehmend an Bedeutung für den regionalen DEMETER-Anbau und auch der Breisgau verzeichnet Zugänge. Die Diffusionslinie entlang der Schwäbischen Alb wird breiter und auch im Dreieck Konstanz - Biberach - Ravensburg nimmt die Betriebszahl zu.

Bis 1990 steigen die Betriebszahlen in Nord- und Südbaden entlang des Schwarzwalds von Freiburg über Eichstetten bis Achern. Der Ortenaukreis zeigt eine deutliche Schwerpunktbildung. Erste Betriebe beginnen sich von Westen aus bis in den Schwarzwald auszudehnen. Auch Stuttgart verzeichnet jetzt deutliche Anstiege. Die größte Anhäufung von Höfen zeigt weiterhin eindeutig die Hohenloher Ebene und der Kraichgau sowie der Kreis Ludwigsburg. Südlich der Schwäbischen Alb stellen Landwirte entlang der Donau und bis ins Allgäu um. Der Bodenseekreis und der Kreis Ravensburg sind dort die wichtigsten Gebiete. Mit der starken Ausbreitung im Rahmen der Extensivierungsprogramme ist die vierte Innovationsphase angelaufen.

Bis 1994[208] ändert sich trotz dieser massiven Umstellungen die Situation nicht mehr. Der Gürtel Enzkreis bis Schwäbisch Hall und insbesondere die Hohenloher Ebene stellen die wesentlichen DEMETER-Anbaugebiete dar. Weitere Zentren im badischen Raum sind der Ortenaukreis und der Breisgau. Darüber hinaus hat sich die zwischenzeitlich stagnierende Diffusionskette Hayingen - Heidenheim zu einer wichtigen DEMETER-Zone entwickelt und auch das Gebiet nördlich und östlich des Bodensees bis hin zum Allgäu ist hier zu erwähnen. Im Schwarzwald und in weiten Teilen der südwestlichen Schwäbischen Alb findet sich dagegen bis heute kein Anbau von anerkannten oder z.Z. noch umstellenden DEMETER-Höfen. Nicht vertreten ist DEMETER in den Stadtkreisen Mannheim, Heidelberg und Ulm.

Nachfolgend wird die Entwicklung der BIOLAND-Betriebe in Baden-Württemberg dargestellt, erst danach wird versucht, die Korrelationen der Ver-

---

[208] Weder die Karten zum Stand 1994 noch die statistischen Anhänge differenzieren nach Nulljahr-, Umstellungs- und Anerkennungsbetrieben.

breitung des DEMETER-Anbaus mit natürlichen und anthropogenen Einflußfaktoren herauszuarbeiten.

2.3.2 Innovationszentren und Diffusionsrichtungen des BIOLAND-Anbaus

Der BIOLAND-Anbauverband wurde 1971 gegründet, als im Land bereits 23
DEMETER-Betriebe als erste Innovationspunkte vorhanden waren. Baden-
Württemberg kann dabei eindeutig als das Ursprungsland BIOLANDS bezeichnet werden, bis 1975 entstanden hier 14 von bundesweit 15 BIOLAND-Betrieben, 1980 waren es noch 40 von bundesweit 74 Höfen.[209]

Zwar treten **bis 1975**[210] auch bei BIOLAND im Grenzgebiet der Kreise
Main-Tauber, Hohenlohe und Schwäbisch Hall, in Jagstzell und in Schwäbisch
Hall selbst, die ersten Betriebe auf. Ein deutlicheres Innovationszentrum mit
fünf Betrieben im Umkreis von weniger als zehn Kilometern bildet jedoch die
Region um Eichstetten[211] am Kaiserstuhl. Von hier bis zur Grenze zur Schweiz,
dem Herkunftsland des Landbaus nach Müller-Rusch, liegen weniger als 60
Kilometer Luftlinie. Bis ins Schweizer Emmental, wo HANS MÜLLER zeitle-
bens wohnte und arbeitete, sind es ca. 120 Kilometer.[212]

Älter noch sind die ersten BIOLAND-Betriebe im Bodenseeraum, die ebenfalls ein klares, wenn auch weiträumigeres Innovationszentrum als in Südbaden
bilden. Da sich die Bodenseebetriebe, darunter zwei Gründungsmitglieder des
späteren Verbandes, zwischen 1968 und 1975 direkt der Organisationsgruppe
im Schweizer Kanton Thurgau anschlossen, werden sie in der Verbandsstatistik
BIOLANDS und damit in den Karten im Anhang erst nach 1975 gezeigt,
textlich müssen sie aber an dieser Stelle erwähnt werden.[213]

Auch im Ortenaukreis an der Grenze zu Frankreich stellen zwei Betriebe in
Schwanau und in Willstätt auf den organisch-biologischen Landbau um. Weiterhin bildet sich entlang des Nordrands der Schwäbischen Alb eine Kette von
drei Höfen zwischen Tübingen über Owen bis nach Göppingen. In dieser Kette
wird sich zukünftig Owen als bedeutendes Innovationszentrum des BIOLAND-
Anbaus im Alb-Raum erweisen. Bei den bis 1975 entstehenden Innovationspunkten und Innovationszentren fällt deren räumliche Nähe zu bereits bestehenden DEMETER-Betrieben auf. Dies gilt besonders für die südwestbadischen
Höfe, aber auch für die Hohenloher Ebene. Durch die bereits über 20-jährige

---

[209] Die Angaben zu den bundesweiten Hofzahlen stammen vom BIOLAND-Bundesverband.
[210] Vgl. Kartensammlung, Anhang 3, Karten C10 bis C14.
[211] Vgl. die Beispiele zu Eichstettener Betrieben.
[212] Mitte der siebziger Jahre existieren in der Schweiz bereits ca. 800 ökologische Betriebe.
Vgl. NIGGLI, U. (1995), S. 17-19.
[213] Lt. schriftlicher und mündlicher Mitteilung Christoph Ziechaus, Abteilung Öffentlich-
keitsarbeit, BIOLAND.

Existenz DEMETERS im Land kann BIOLAND die Innovationsphase eins überspringen. Die Ausbreitung beginnt mit Phase zwei.[214]
Bis 1980 breitet sich die Innovationskette des BIOLAND-Anbaus entlang der Schwäbischen Alb nach Westen aus. Dort entstehen fünf weitere Betriebe gegenüber dem Stand von 1975. Im Innovationszentrum Eichstetten und im Ortenaukreis kommen je ein Betrieb hinzu, ebenso stellt im Kreis Breisgau-Hochschwarzwald ein Landwirt um. Im Enzkreis, und in den Kreisen Ludwigsburg und Böblingen entstehen drei weitere BIOLAND-Betriebe. Die Zahl der Betriebe in den Kreisen Main-Tauber, Hohenlohe, Schwäbisch Hall und im Ostalbkreis verdoppelt sich auf acht Höfe. Aus statistischen Gründen verständlich (Eingliederung der deutschen Betriebe der Gruppe Thurgau in die Verbandsstatistik) ist das Hinzukommen von acht Betrieben nordwestlich und östlich des Bodensees. Bis 1975 war dort - zumindest statistisch - kein BIOLAND-Betrieb zu finden. Gegenüber DEMETER zeigt damit BIOLAND ein deutlich schnelleres Wachstum und erreicht die Innovationsphase drei.
Bis 1985 befinden sich vier Betriebe in Eichstetten selbst und weitere acht im Umkreis von zehn Kilometern Luftlinie. Ein deutliches Wachstum zeigen sowohl die Regionen nordwestlich und östlich des Bodensees als auch die Hohenloher Ebene und das Main-Tauber-Land. Auch in der Schwäbischen Alb, besonders in der Nähe zum Innovationspunkt Owen stellen weitere Betriebe um. Um Stuttgart entstehen Schwerpunkte des BIOLAND-Anbaus in Ludwigsburg, Böblingen und Esslingen. Im Raum Mannheim - Heidelberg entstehen in Vogelsberg und in Schriesheim zwei Höfe. Im Allgäu zeigen sich ebenfalls Wachstumstrends.
Die Entwicklung **bis 1990** macht deutlich, daß um Stuttgart, insbesondere in den Kreisen Ludwigsburg und Böblingen, aber auch im Rems-Murr-Kreis, die meisten BIOLAND-Betriebe in Baden-Württemberg entstehen. Von dieser Entwicklung profitiert ebenfalls der Enzkreis. Die eindeutig dichteste Konzentration zeigt sich aber in Eichstetten, von wo aus sich der BIOLAND-Anbau auch südlicher in die Kreise Lörrach und Waldshut, also zur Schweiz hin ausbreitet. Um Mittel-, Süd- und Hochschwarzwald hat sich ein Saum ökologischer Höfe gebildet. Die Diffusionszonen nördlich der Schwäbischen Alb breiten sich nun auch auf die Alb selbst aus. Südlich der Donau bildet sich eine BIOLAND-Kette, die sich 1985 bereits andeutete. In den Kreisen Sigmaringen, Biberach, Ravensburg und insbesondere im Bodenseekreis steigt die Zahl organisch-biologischer Betriebe. Zwischen 1990 und 1994 wird Phase vier erreicht.
Bis 1994[215] setzt sich das Wachstum der Betriebszahlen fort. Überdurchschnittliche Zuwachsraten zeigen die Kreise Freiburg im Breisgau, der nord-

---

[214] Vgl. das allgemeine Modell einer Diffusion im Zeitablauf lt. Abb. 9.
[215] Weder die Karten zum Stand 1994 noch die statistischen Anhänge differenzieren nach Nulljahr-, Umstellungs- und Anerkennungsbetrieben.

westliche Ortenaukreis, der Enzkreis, Freudenstadt und besonders Rottweil, Tübingen und der Bodenseekreis. Entlang der bayrischen Grenze gilt gleiches für die Kreise Alb-Donau und Biberach. Im Jahr 1994 ist BIOLAND, als der größte Anbauverband in der Bundesrepublik, wie auch im Land, fast flächendeckend vertreten. Ausnahmen ergeben sich im Schwarzwald und in der südwestlichen Schwäbischen Alb. Aufgrund der dort vorherrschenden extensiven Landwirtschaft vermag dies kaum zu verwundern. Erstaunlich ist jedoch, daß im Raum Mannheim, Heidelberg und im umliegenden Rhein-Neckar-Kreis BIOLAND - ebenso wie DEMETER - nur in geringem Umfang vertreten ist. Nur ein einziger Betrieb stellte in der Zeit von 1992 bis 1994 in Neulußheim um.[216]

2.4 Zusammenhänge zwischen Diffusionsrichtung und naturräumlichen und anthropogenen Einflußfaktoren

Die vorhergehenden Seiten stellten in erster Linie dar, wo ökologische Betriebe im Lauf der letzten 45 Jahre in Baden-Württemberg entstanden sind, ohne die Bedingungen des Entstehens zu hinterfragen. Nachfolgend soll dies geschehen. Innerhalb der Landwirtschaft wird die Produktionsseite stark von den naturräumlichen, die Absatzseite stark von anthropogenen Gegebenheiten beeinflußt.

2.4.1 Der Zusammenhang mit der naturräumlichen Ausstattung

2.4.1.1 Klima und Bodengüte

Agrarische Gunsträume in Baden-Württemberg sind die tieferen Lagen unter 200 m über dem Meer der Gäu- und Beckenlandschaften von der Baar über das Neckarland bis hin zur fränkischen Plattenlandschaft der Kreise Main-Tauber, Hohenlohe und Schwäbisch Hall. Ebenso begünstigt ist der Rheingraben. Gerade die fränkischen Platten stellen dabei den Schwerpunkt des Anbaus für Getreide und Hackfrüchte dar. Diesen Gunsträumen stehen die höheren Lagen von Schwarz- und Odenwald, dem Allgäu und Teile der Schwäbischen Alb gegenüber. Trotz nachhaltiger Niederschläge sprechen hier Jahresdurchschnittstemperatur und Relief gegen eine intensive Agrarwirtschaft. Diese Gebiete stellen somit Schwerpunkte der Grünland- und Weidewirtschaft dar. Die Gunsträume dagegen sind Schwerpunkte einer intensivierten und spezialisierten Agrarlandschaft mit insbesondere starkem Dauer- (z.B. Obstbau am Kaiserstuhl und am Bodensee) und Sonderkulturbau z.B. auf den sandigeren Böden im Rhein-Neckar-Kreis mit Gemüse-, Spargel und Tabakanbau. Weinbau findet sich am Kaiserstuhl, am Bodensee und im Mainfränkischen sowie um Stuttgart.

---

[216] Ein ausführliches Interview mit dem Betriebsinhaber findet sich in den Beispielen zum Rhein-Neckar-Raum.

Vor diesem Hintergrund soll nun untersucht werden, ob sich Zusammenhänge zwischen einer bestimmten **Bodengüte**, ausgedrückt durch die EMZ des
Bodens und dem Auftreten ökologischer Betriebe zeigen lassen.[217] Untersucht
werden die Jahre 1965, 1975, 1985 und 1994 bei BIOLAND und DEMETER.
Das Ergebnis zeigt die folgende Abbildung:

Tab. 15: Ökologische Betriebe nach Ertragsmeßzahlen

		Klasse				
		1	2	3	4	5
		EMZ <30	30 - 42	43 - 55	56 - 70	>70
Flächenanteil[218]		15,5 %	36,5 %	28,5 %	14,5 %	5 %
BIOLAND	1975	1	1	5	7	0
	1985	4	26	29	43	2
	1994	23	196	191	83	17
DEMETER	1965	3	9	2	4	1
	1975	3	27	11	21	5
	1985	10	65	45	43	19
	1994	24	159	132	109	28

Quelle: eigene Erhebung

Die Tabelle zeigt, daß BIOLAND bis 1985 eindeutig gehäuft auf guten und
sehr guten Böden ab einer EMZ von 56 vorkommt. Im Jahr 1985 liegen ca.
43 % aller BIOLAND-Betriebe auf diesen Böden. Erkennbar sind 1985 bei
BIOLAND drei Schwerpunkte: die Verdichtungsräume Freiburg und Stuttgart
sowie der Bodenseekreis. Die Ausdehnung in diesen Gebieten ist historisch
bedingt und basiert auf direktem Kontakt einzelner Landwirte dieser Gebiete
untereinander.[219] Damit ist nicht die in diesen Räumen vorhandene Bodenqualität für die Ausbreitung BIOLANDS verantwortlich, sondern sie wurde nur als
Faktum akzeptiert.

Mit zunehmender Zahl der BIOLAND-Landwirte gewinnen die beiden
mittleren Bodenklassen zwischen EMZ 30 und 55 die Oberhand, fast 76 % der
BIOLAND-Betriebe wirtschaften auf diesen Böden. Der Schluß ist eindeutig:
BIOLAND-Betriebe wirtschaften auf allen Bodenverhältnissen, kaum jedoch

---

[217] Vgl. Kartensammlung, Anhang 3, Karte E2: "Baden-Württemberg nach Ertragsmeßzahlen".

[218] Zur Ermittlung wurde ein Raster über die Originalkarte gelegt und der Anteil der jeweiligen Klasse in Rasterkästchen ausgezählt. Die Gesamtrasterfläche entspricht 100 % der
Landesfläche.

[219] Vgl. die Entstehungsgeschichte BIOLANDS.

(nur 4,5 % der Betriebe) auf sehr schlechten Böden mit einer EMZ unter 30. Am stärksten sind mittlere Böden vertreten. Für DEMETER gilt dasselbe. Durch die größere Zahl der Betriebe zeigt sich aber bereits 1985, daß die mittleren Bodenklassen zwischen EMZ 30 und 55 die stärksten Klassen (1985: 60 % der Betriebe und 1994 Zunahme auf 64 % der Betriebe) sind. Spitzenböden sind also nicht notwendige Voraussetzungen für ein schnelles Anwachsen der Zahl ökologischer Betriebe.

Da Gebiete mittlerer Bodengüte den größten Anteil der Fläche Baden-Württembergs stellen und die Betriebe in Baden-Württemberg heute nahezu zufallsverteilt sind,[220] verwundert bei wachsenden Betriebszahlen dieses Ergebnis nicht, das sich gerade auch durch die Umstellungen zwischen 1991 und 1994 gefestigt hat. Auf den mittleren Böden Württembergs stellten die meisten Betriebe um, nur wenige Umsteller gab es auf den Spitzenböden (EMZ >70) Württembergs, den Landkreisen Heilbronn und Ludwigsburg. Gleiches gilt für die nordbadischen Spitzenböden um Heidelberg. Lediglich der badische Ortenaukreis bildet mit seinen Böden ab EMZ 56 und dem starken Anwachsen der Zahl ökologischer Betriebe die Ausnahme zum allgemeinen Trend. Eine Erklärung des allgemeinen Trends sind die Opportunitätskosten der Umstellung: Spitzenböden, die bei konventioneller Bewirtschaftung Höchsterträge abwerfen, stellen keinen Anreiz zur Umstellung dar und zu schlechte Böden lassen sich nur schwierig umstellen.

Die **Konzentrationszahl**, der Quotient aus dem Anteil der ökologischen Betriebe in der Untersuchungsfläche an allen ökologischen Betrieben im Land zum Anteil der Untersuchungsfläche an der Landesfläche gibt Hinweise auf eine räumliche Konzentration der Betriebe. Ein Wert > 1 zeigt eine räumliche Verdichtung, ein Wert = 1 eine Gleichverteilung und ein Wert < 1 ein unterdurchschnittliches Auftreten ökologischer Betriebe an.

Es ergeben sich bezüglich der Fläche folgende **Konzentrationszahlen** (Stand 1994): Klasse 1: 47 Betriebe = 4,9 % von 962 ökologischen Betrieben[221] auf 15,5 % der Fläche[222] entsprechend einer Konzentrationszahl von 0,32. Klasse 2: 37 % der Betriebe auf 36,5 % der Fläche entsprechend einer Konzentrationszahl von 1,01. Klasse 3: 33,6 % der Betriebe auf 28,5 % der Fläche, Konzentrationszahl von 1,2. Klasse 4: 20 % der Betriebe auf 14,5 % der Fläche, Konzentrationszahl = 1,34 und Klasse 5: 4,7 % der Betriebe auf 5 % der Fläche, Konzentrationszahl = 0,93.

Demnach findet sich die höchste, absolut aber immer noch eher niedrige Konzentration ökologischer Betriebe auf Böden einer EMZ von 56-70 und damit auf guten Böden. Erinnert sei aber nochmals an die Verteilung der Be-

---

[220] Vgl. die später durchgeführte Nearest-neighbour-Analyse.
[221] Vgl. Anhang 5.
[222] Landesfläche = 35.741 Quadratkilometer.

84

triebe auf die Bodenklassen. In absoluten Zahlen sind die mittleren Böden bei den ökologischen Betrieben am häufigsten.

Neben der Bodengüte spielen das Klima und das Relief bei der Beurteilung, ob eine Region ein landwirtschaftliches Gunstgebiet ist, eine Rolle.[223] Ob es einen Zusammenhang gibt zwischen Gunsträumen und Konzentrationen ökologischer Betriebe, zeigt die folgende Untersuchung. Zunächst das Auswertungsergebnis:

Tab. 16: Verteilung ökologischer Betriebe auf natürliche Gunst- und Ungunsträume[224]

		Klasse						
		1	2	3	4	5	6	
		Gunst	Gunst	Gunst	Ungunst	Ungunst	Ungunst	
		EMZ>60 und T>=160	EMZ<60 und T>=160	EMZ>60 und T<160	EMZ<30	T<130	EMZ<30 und T<130	ÜbG	Σ
Flächenanteil in %[225]		17	13	3	8	3	6	50	100
DEMETER	1965	5	1	0	2	0	0	11	19
	1975	21	4	2	2	0	0	38	67
	1985	50	25	2	6	1	0	98	182
	1994	108	49	6	19	4	2	264	452
BIOLAND	1975	6	3	0	0	0	0	5	14
	1985	27	21	5	3	0	0	48	104
	1994	90	48	10	7	13	5	337	510

Anm.: T = Anzahl der Tage mit mindestens 10° C Durchschnittstemperatur; ÜbG = Anzahl der Betriebe in Übergangsgebieten mittlerer Qualität, ohne scharfe Abgrenzung zu Gunst- oder Ungunsträumen

Quelle: eigene Erhebung

Die Klasseneinteilung folgt dabei der Angabe der Klassen lt. BORCHERDT.[226] Dort findet sich auch eine Diskussion der Einteilung in Gunst- und Ungunsträume, auf die hier, um den Rahmen der Arbeit nicht zu sprengen, nicht eingegangen werden kann. Die Tabelle zeigt, daß sowohl bei BIOLAND als auch bei DEMETER die Klasse der Betriebe in den Übergangs-

---

[223] Vgl. BORCHERDT, C. (1991), S. 68 ff.
[224] Vgl. Kartensammlung, Anhang 3, Karte E3: Ländliche Gunst- und Ungunsträume.
[225] Ermittlung wie bei der Untersuchung zur EMZ.
[226] Vgl. BORCHERDT, C. (1991), S. 67-S. 69.

gebieten in allen Untersuchungsjahren die größte ist (einzige Ausnahme: BIOLAND 1975). An zweiter Stelle des Rankings steht die Klasse der ländlichen Gunsträume, Ungunst-Klassen sind nur in geringem Umfang besetzt. Vergleicht man dieses Ergebnis mit der Karte E3 im Anhang, erkennt man rein visuell, daß die Klassenverteilung der Betriebe übereinstimmt mit der Fläche, die die jeweilige Gunstklasse in Baden-Württemberg einnimmt.

Eine flächenbezogene Konzentration innerhalb einer bestimmten Klasse kann auch hier, wie bei der Untersuchung zur EMZ nur geschätzt werden.[227] Demnach finden sich in der Klasse der Übergangsgebiete 62 % der Betriebe auf 50 % der Landesfläche, entsprechend einer Konzentrationszahl von 1,25. In der Klasse der Gunsträume errechnet sich die Konzentrationszahl zu 1,21. Die Ungunst-Klassen waren bis 1994 kaum besetzt. Die Konzentrationszahlen liegen bei BIOLAND 1975 bei 0, 1995 bei 5 % der Betriebe auf 17 % der Fläche, Konzentrationszahl = 0,3. Bei DEMETER ergeben sich für 1975: 3 % der Betriebe auf 17 % der Fläche, Konzentrationszahl = 0,2 bzw. für 1994: 6 % der Betriebe auf 17 % der Fläche, Konzentrationszahl = 0,4.

Das Ergebnis ist eindeutig: Eine Konzentration bezüglich der landwirtschaftlichen Gunsträume ist nachweisbar, aber gering. Übergangsgebiete zeigen die höchste, aber absolut immer noch geringe Konzentration ökologischer Betriebe. Deutlich wird, daß Ungunsträume gemieden werden.

Der Vermutung SICKs, daß die Klima- und Bodengunst der Gäulandschaften Baden-Württembergs einen wesentlichen Einfluß auf die Ausbreitung des ökologischen Landbaus im Land besessen habe, ist demnach zuzustimmen.[228] So zeigen die eher ungünstigen Lagen von Schwarzwald und Schwäbischer Alb nur in geringem Umfang DEMETER- oder BIOLAND-Betriebe.

Weder Bodengüte allein, noch der Einbezug der Temperatur im Konstrukt "landwirtschaftlicher Gunstraum" sind aber isoliert betrachtet geeignete Erklärungsfaktoren für die Konzentration ökologischer Betriebe. Dazu sind die Werte der ermittelten Konzentrationszahlen der Gunsträume zu klein. Wie konventionelle Betriebe auch, tragen gerade ökologische Betriebe den Standortbedingungen durch Anpassung Rechnung. Auch ökologische Betriebe können eher intensiv oder eher extensiv wirtschaften. So existiert z.B. im Kreis Rottweil ein landwirtschaftliches Damwild-Gehege mit BIOLAND-Anerkennung.[229]

Bei BIOLAND finden sich in den bodenbegünstigten Regionen am Kaiserstuhl vor allem Obst-, Wein-, und Gemüsebau, weitere Gemüseschwerpunkte sind der Raum Stuttgart-Heilbronn und der Bodenseeraum. Marktfern, auf den

---

[227] Hierzu wurde ein Raster über die Originalkarte gelegt und der Anteil der jeweiligen Klasse in Rasterkästchen ausgezählt. Die Gesamtrasterfläche entspricht 100 % der Landesfläche.

[228] Vgl. SICK, W.D. (1985), S. 257.

[229] BIOLAND-Betrieb HERMANN HEZEL, Wenthof in Epfendorf, Kreis Rottweil.

eher ungünstigen Lagen der Schwäbischen und der Reutlinger-Alb findet extensive Milchviehhaltung statt. Die Milch wird von Erzeugergemeinschaften gesammelt und von der Molkerei Tübingen, getrennt von konventioneller Milch, verarbeitet. Auch die Hohenloher-Haller-Ebene ist ein Extensivgebiet mit überwiegend Milchproduktion, die bei DEMETER von der Molkerei Schrozberg, bei BIOLAND von der Molkerei in Moisdorf, Bayern bzw. in Schwäbisch Hall verarbeitet wird.[230]

Daß ökologische Landwirtschaft nicht notwendigerweise auf gute Bedingungen angewiesen, ist zeigt eine Untersuchung DABBERTS von 19 Betrieben auf schlechten Standorten (dort definiert durch eine EMZ <= 40) und 23 Höfen auf guten Standorten (EMZ >40) in Baden-Württemberg. Dinkel, der im ökologischen Landbau eine größere Rolle spielt als im konventionellen Landbau, erzielt auf schlechteren Böden größere Hektarerträge als auf guten, noch deutlicher gilt diese Aussage für Kartoffeln, die sandige Böden bevorzugen und die im Hochpreissegment ökologischer Lebensmittel gut (direkt) zu vermarkten sind. Hafer z.B. zeigt keinen Zusammenhang zwischen Ertrag und Bodengüte.[231]

Bodengüte lediglich in der EMZ auszudrücken, ist zwar einfach und statistisch gut verarbeitbar, berücksichtigt aber z.b. nicht das Bodenleben, das durch die ökologische Bewirtschaftung gestärkt wird. Dieses Bodenleben wiederum ist abhängig von der Dauer der Bewirtschaftung und der Qualität der Bewirtschaftung und damit vom Betriebsinhaber. Auch der klimatische Einfluß, der sich in der Abgrenzung der Gunsträume zeigt, berücksichtigt nicht das Mikroklima eines Standorts.

Für die Wechselwirkung Betriebsinhaber - Bewirtschaftungsdauer - Bodengüte - Klima sei hier ein Literaturbeispiel genannt: Es handelt sich dabei um den sog. Talhof bei Heidenheim am Rande der Schwäbischen Alb, der ohne Kriegsunterbrechung seit 1929 biologisch-dynamisch bewirtschaftet wird und aufgrund seiner geographischen Lage nur ungünstige Klima- und Bodenbedingungen aufweist.[232] Der Hof umfaßte 1990 50 ha LF, Acker-Grünlandverhältnis 1:1, Viehbesatz: 0,9 GVE/ha LF. Der Ertrag an Weizen stieg ohne Sortenwechsel, Vorfruchtwechsel oder Änderung der Düngerversorgung von 45 dt/ha (Durchschnitt 1973 - 1976) auf 56 dt/ha (Durchschnitt 1982 - 1985). Die Milchleistung stieg von 4634 kg Milch / Jahr und Kuh auf 6047 kg Milch / Jahr und Kuh (Durchschnitt 1965 - 1974 gegenüber Durchschnitt 1975 - 1984). Im konventionellen Anbau lag der durchschnittliche Weizenertrag 1973 - 1976 bei

---

[230] Lt. fernmündlicher Auskunft von MAST, M., BIOLAND Baden-Württemberg, vom 26.08.1993.
[231] Vgl. DABBERT, S. (1990), S. 60.
[232] Alle Angaben zum Talhof vgl. SATTLER, F. (1990), S. 13-14.

41,5 dt/ha[233] und 1982 - 1985 bei 52,6 dt/ha. Die Milchleistung lag 1981 bei 3999 kg / Kuh und Jahr bzw. 1984 bei 4120 kg / Kuh und Jahr.

Der ökologische Betrieb zeigt sich in diesem Einzelfall somit dem Landesdurchschnitt aller konventionellen Betriebe trotz der schlechten naturräumlichen Bedingungen überlegen.

Fazit: Günstige naturräumliche Gegebenheiten eines Standorts allein sagen nur wenig über die Eignung für ökologische Betriebe aus. Der Zusammenhang zwischen der Ausbreitung ökologischer Betriebe und einer naturräumlichen Standortgunst ist daher nachweisbar, aber gering. Schlechte Standorte werden allerdings deutlich seltener ökologisch[234] bewirtschaftet.

Die Arbeitsthese 4, die besagt, daß sich keine Häufung ökologischer Betriebe auf mittleren und besseren Standorten zeigt, ist daher abzulehnen.

2.4.2 Der Zusammenhang mit anthropogenen Einflußfaktoren

Nach den vorherigen Ausführungen zeigt sich also eine eindeutige, allerdings schwache Korrelation zwischen dem Auftreten ökologischer Betriebe und der vorhandenen naturräumlichen Ausstattung. Es stellt sich jetzt die Frage, ob anthropogene Faktoren einen stärkeren Einfluß auf die Verteilung ökologischer Betriebe in Baden-Württemberg besitzen.

2.4.2.1 Bevölkerungsentwicklung und Marktgröße

Als Arbeitsthese 1 wurde formuliert, daß eine dichtere Konzentration ökologischer Betriebe in Marktnähe zu erwarten sei.[235] Bereits ein erster Blick auf die Karte der Verteilung ökologischer Landwirte[236] scheint ebenfalls diesen Eindruck zu erwecken.

Um diesen Eindruck zu überprüfen, bot sich das folgende Vorgehen an: In Baden-Württemberg existieren derzeit vier Verdichtungsräume. Für den Begriff "Verdichtungsraum" wird die übliche Definition angewandt. Demnach besitzt ein Verdichtungsraum mehr als 150.000 Einwohner, eine Mindestfläche von 100 km2, die Mindesteinwohnerdichte liegt bei 1.000 Einwohner/km2. Diese Kriterien erfüllen derzeit die Verdichtungsräume Stuttgart, Rhein-Neckar (einschließlich der rheinlandpfälzischen und hessischen Teile), Karlsruhe und Freiburg. Diese vier Gebiete machten 1987 10 % der Landesfläche und 40 % der

---

[233] Alle Angaben zu Erträgen der konventionellen Landwirtschaft, vgl. STATBW (1992).

[234] Vgl. STATBW (1991), S. 16. Danach werden nur ca. 50 % der Landesfläche als Landwirtschaftsfläche genutzt. Es ist daher zu erwarten, daß in den genannten Ungunsträumen auch konventionelle Landwirtschaft nur geringe Konzentrationszahlen zeigen würde.

[235] An dieser Stelle wird nicht nach Betrieben mit, bzw. ohne Direktvermarktung unterschieden. Diese Unterscheidung erfolgt im Kapitel "Absatzmöglichkeiten: Verarbeiter, Absatzmittler und Direktvermarktung".

[236] Vgl. Kartensammlung, Anhang 3, Karte C 29: "Ökologische Betriebe in Baden-Württemberg 1994".

Einwohner des Landes aus.[237] Um diese Verdichtungsräume wurden konzentrische Distanzringe von 25, 50, 75 und 100 Kilometer Durchmesser gelegt und die innerhalb dieser Ringe liegenden Betriebe gezählt.[238] Höfe, die genau auf einer Ringlinie liegen, wurden dem jeweils näheren Segment zugerechnet. Ebenso wurde mit vier der Verdichtungsbereiche im ländlichen Raum, nämlich Offenburg, Villingen-Schwenningen, Friedrichshafen und Ulm verfahren. Aus Darstellungsgründen wurden hiervon die Verdichtungsbereiche Aalen bis Heidenheim und Konstanz ausgespart. Die durchschnittliche Bevölkerungsdichte beträgt in diesen Bereichen 370 Einwohner/km². Das Ringsystem um Bad Mergentheim (Kreis Hohenlohe/Kreis Main-Tauber/Kreis Schwäbisch Hall) dient dazu, Vergleichswerte in einem strukturschwächeren Raum angeben zu können.

Der ebenfalls angegebene Verbandskoeffizient stellt das Verhältnis Anzahl der BIOLAND-Höfe zur Anzahl der DEMETER-Höfe innerhalb eines Ringes dar. Nach den Richtlinien der beiden Anbauverbände wird bei DEMETER zunächst von einer eher extensiveren Bewirtschaftung ausgegangen. Ein Übergewicht an DEMETER-Höfen innerhalb eines Ringes führt demnach zu einem geringeren Verbandskoeffizienten.

Da Daten zur exakten Lage konventioneller Landwirte nicht erhoben wurden, kann eine Aussage relativ zu dieser Gruppe nur auf der Basis der Kreisstatistiken gemacht werden. Ein Bezug wird zunächst nur zwischen der Lage ökologischer Betriebe und der Größe ihres Absatzmarktes hergestellt. Die 100 km-Zonen wurden dann nicht ausgewertet, wenn sie bereits die 25 km-Zonen anderer Untersuchungsgebiete schnitten. Die Auswertung zeigt das folgende Ergebnis:

Die Tabelle zeigt ein eindeutiges Bild bezüglich der Absolutzahl der ökologischen Höfe: Die höchste Anzahl ökologischer Betriebe zeigen Friedrichshafen mit 93 Höfen vor Stuttgart mit 79 Höfen vor Hohenlohe mit 76 Landwirten in der 50-Kilometer-Zone. Freiburg mit 58 Höfen in der 50-Kilometer-Zone folgt. An letzter Stelle diese Rankings liegt Mannheim mit nur 10 Betrieben im Untersuchungsgebiet.

Betrachtet man die Verbandskoeffizienten der jeweiligen Zonen, stellt man fest, daß in der Hohenloher Ebene DEMETER-Betriebe deutlich überwiegen, und daß BIOLAND-Betriebe wieder zunehmen, wenn man sich von der Hohenloher Ebene entfernt und sich hin zu den Verdichtungsräumen bewegt.

---

[237] Vgl. BORCHERDT, C. (1991), S. 30 ff.

[238] Bei der Überschneidung der Ringsysteme kommt es zu Doppelerfassungen der Betriebe. Die Summe der Betriebe in den Ringsystemen ist daher zu hoch. Dennoch ist die Überschneidung der äußeren Ringe der Systeme notwendig, um zeigen zu können, ob sich die Verbandskoeffizienten nach außen verändern.

Tab. 17: BIOLAND- und DEMETER-Betriebe in ausgewählten Regionen (Stand 1994)

Region	Distanzring bis Kilometer	BIOLAND-Höfe kumuliert	/ im Ring	DEMETER-Höfe kumuliert	/ im Ring	Verbands-koeffizient der Distanzzone
Mannheim	25	3	3	2	2	1,5
	50	7	4	3	1	4,0
	75	11	4	19	16	0,25
	100	18	7	36	17	0,41
Karlsruhe	25	6	6	4	4	1,5
	50	12	6	14	10	0,6
	75	29	17	25	11	1,54
	100	---	---	---	---	---
Freiburg	25	22	22	10	10	2,2
	50	37	15	21	11	1,36
	75	42	5	32	11	0,45
	100	63	21	50	18	1,17
Stuttgart	25	7	7	5	5	1,40
	50	47	40	32	27	1,48
	75	109	62	62	30	2,07
	100	157	48	96	34	1,41
Ulm	25	9	9	0	0	unendlich
	50	13	4	10	10	0,40
	75	43	30	35	25	1,20
	100	---	---	---	---	---
Friedrichshafen	25	18	18	13	13	1,38
	50	48	30	45	32	0,94
	75	73	25	65	20	1,25
	100	90	17	78	13	1,31
Villingen-Schwenningen	25	5	5	2	2	2,50
	50	26	21	7	5	4,20
	75	35	9	17	12	0,75
	100					
Offenburg	25	5	5	21	21	0,24
	50	12	7	34	13	0,53
	75	19	7	46	12	0,58
	100	---	---	---	---	---
Hohenlohe	25	10	10	22	22	0,45
	50	28	18	48	26	0,69
	75	54	26	77	29	0,90
	100	---	---	---	---	---

Quelle: eigene Erhebung

Der ländliche Verdichtungsbereich Offenburg zeigt ein ähnliches Verhalten: Da sich dort im Kern ein DEMETER-Zentrum mit sehr starker Nebenerwerbslandwirtschaft gebildet hat, nimmt die Intensität der Bewirtschaftung nach außen hin, wie in der Hohenloher Ebene, zu. Offenburg besitzt auch das unausgewogenste Verhältnis zwischen den Anbauverbänden in Baden-Württemberg. Die Verdichtungsräume Mannheim (Verbandskoeffizient 1,5 bis 4 in der 50-km-Zone), Freiburg (2,2 fallend auf 1,36) und Stuttgart (1,4 steigend auf 1,48) zeigen jedoch deutlich ein Übergewicht BIOLANDS in kurzer Distanz zu den Kernen des Untersuchungsgebiets. Dies bestätigen auch die Untersuchungsräume Ulm, Friedrichshafen und Villingen-Schwenningen.

Man kann daher wohl von einer eher intensiveren Wirtschaftsweise BIOLANDS ausgehen, extensivere DEMETER-Betriebe wirtschaften in größerer Distanz zu Verdichtungsräumen. Innerhalb der Verbände ist das THÜNEN' SCHE GESETZ ansatzweise erkennbar.

Insgesamt wirtschaften in Baden-Württemberg (Stand 1994) 962[239] Landwirte nach DEMETER- oder BIOLAND-Richtlinien, davon 452 biologisch-dynamisch (47 %) und 510 organisch-biologisch (53 %). Die Landesfläche liegt bei 35.741 Quadratkilometern. Demnach kommen statistisch 0,03 ökologische Landwirte auf den Quadratkilometer. In Friedrichshafen liegt die Werte dagegen (bezogen auf den 50-Kilometerkreis) bei 0,05 Höfe/km², in Stuttgart bei 0,04 und in Freiburg bei 0,03 (dabei wird in Freiburg allerdings nicht berücksichtigt, daß sich, auf Grund der grenznahen Lage, Teile der Vergleichszone außerhalb Baden-Württembergs befinden). Dieser Einwand gilt auch für Mannheim, der dortige Wert (0,005) liegt deutlich unter dem Landesdurchschnitt, aber auch nur etwa 40 % der Fläche der 50-Kilometer-Zone liegen im Untersuchungsgebiet. Hochgerechnet ergibt sich für Mannheim dennoch ein deutlich unterdurchschnittlicher Wert.

Die Verdichtungsräume und Verdichtungsbereiche Baden-Württembergs liegen mit ihrem Kern i.d.R. innerhalb der 25-Kilometerzonen.[240] Nimmt man die Flächen der untersuchten Gebiete zusammen, erhält man rechnerisch 3927 Quadratkilometer. Dort befinden sich 132 Betriebe. Somit liegen 13,7 % der Betriebe im Land auf 11 % der Landesfläche, Konzentrationszahl = 1,25. Eine leichte Konzentration der ökologischen Landwirtschaft in Verdichtungsräumen und Verdichtungsbereichen im ländlichen Raum ist somit bestätigt.

In der historischen Entwicklung erkennt man, daß DEMETER-Betriebe bis 1955 eher marktfern entstanden. Zwei Betriebe lagen in der 75-Kilometerzone um Ulm, einer in der 100-Kilometerzone um Friedrichshafen. Lediglich der Ludwigsburger Hof lag verdichtungsraumnah. Dieses Bild wird durch die Ent-

---

[239] Vgl. Summe der Betriebe in den Ringsystemen wegen der unvermeidlichen Doppelerfassung.

[240] Vgl. BORCHERDT, C. (1991), S. 30.

wicklung bis 1960 bereits verändert, in der Nähe Freiburgs entstehen in Eichstetten marktnah sechs Höfe.[241] Die übrigen sind, entlang der Schwäbischen Alb, immer noch weit von den einwohnerstarken Nachfragemärkten entfernt. Ein weiteres Innovationszentrum bis 1965 wird die relativ strukturschwache Hohenloher Ebene, bzw. die Main-Tauber-Platten. Erst zwischen 1970 und 1975 entstehen in größerem Umfang DEMETER-Betriebe bei Stuttgart und Friedrichshafen. Je neuer der Datenstand der Karten, desto stärker ist der DEMETER-Zuwachs in der Nähe der Verdichtungsgebiete, was die Karten bis 1990 bzw. bis 1994 deutlich zeigen.

Abgesehen von der Hohenloher Ebene profitierten vor allem die Verdichtungsräume und insbesondere Offenburg vom EG-Extensivierungsprogramm. In Mannheim, Karlsruhe, Freiburg, Stuttgart und Friedrichshafen entstanden in dieser Zeit Betriebe in der 25- und 50-Kilometerzone. In der Nähe der Verdichtungsgebiete dominieren bei DEMETER direktvermarktende Betriebe. Eine Ausnahme zeigt sich nur in Offenburg. Marktfern in der Hohenloher Ebene ist das Verhältnis der Landwirte mit bzw. ohne Direktvermarktung ausgeglichener.[242] Die historische Entwicklung bei BIOLAND ist ähnlich. Die Ausbreitung erfolgt jedoch näher an einwohnerstarken Märkten. Dafür existieren drei Gründe: Zwanzig Jahre später als DEMETER entstanden, konnte BIOLAND zum einen die Erkenntnisse von DEMETER-Landwirten in der Direktvermarktung verwerten und auf deren Marktvorbereitung aufbauen. Zum anderen verfügte BIOLAND nicht wie DEMETER über überregional aktive Absatzmittler, wie z.B. den in der "NEUFORM" zusammengeschlossenen Reformhäusern. Der Stellenwert der Direktvermarktung war somit noch höher. Wesentlicher ist der dritte Grund: Insbesondere Freiburg[243] zeigte bereits bis 1975 eine hohe Betriebsanzahl in der 25-Kilometerzone. Hier stellten zwischen 1970 und 1975 drei DEMETER-Betriebe auf BIOLAND um. Bei der geringen Anzahl von nur 14 Betrieben (BIOLAND 1975) führte dies zu einer deutlichen marktnahen Konzentration. Bis 1985 zeigten die Verdichtungsgebiete Freiburg, Stuttgart und Friedrichshafen starke Konzentrationen, während marktfern in der Hohenloher Ebene die Distanzen zwischen einzelnen Höfen weiter sind. Die Entwicklung bis 1994 zeigt deutliche Schwerpunkte zwischen Stuttgart und Villingen-Schwenningen, bei Freiburg und um Friedrichshafen. Dort stellten auch im Rahmen des Extensivierungsprogramms die meisten Betriebe um.

---

[241] Die DEMETER-Karte bis 1960 zeigt davon nur drei, da die drei anderen Betriebe auf BIOLAND wechselten.

[242] Vgl. Kapitel 2.4.2.6. "Absatzmöglichkeiten: Verarbeiter, Absatzmittler und Direktvermarktung".

[243] Maßgeblich beeinflußt durch die Umstellung dreier Betriebe von DEMETER auf BIOLAND in Eichstetten.

Ergebnis dieser Betrachtung:
Die Arbeitsthese 1 besagte, eine höhere Konzentration ökologischer Betriebe in Marktnähe werde erwartet. Kartenbild und Berechnungen bestätigen dies. Eine tatsächliche Konzentration ökologischer Betriebe in der Nähe der Verdichtungsräume und Verdichtungsbereiche läßt sich zum Jahr 1994 zwar nachweisen, die Konzentrationszahl ist aber mit dem Wert 1,25 nicht zu weit von der statistischen Gleichverteilung (1 % der Betriebe auf 1 % der Landesfläche, Konzentrationszahl = 1) entfernt. Gegenüber 1990 mit 40 (von 299) BIOLAND- und 33 (von 374) DEMETER-Höfen innerhalb der gleichen Fläche, insgesamt also 73 Betrieben (von 673) = 10,9 % aller Betriebe auf 11 % der Landesfläche, entsprechend einer Konzentrationszahl von 1 ist die Konzentration ökologischer Betriebe in Marktnähe leicht gestiegen. Geht man allerdings in das Jahr 1975 zurück, findet man 4 von 14 BIOLAND-Höfe und 8 von 67 DEMETER-Höfen in den Untersuchungszonen. Dies entspricht einer Konzentrationszahl für 1975 von 1,35. Diese Konzentration ist wesentlich auf das starke Zentrum des ökologischen Landbaus in Eichstetten und die kleine Grundgesamtheit von insgesamt nur 81 Betrieben zurückzuführen. Deutlicher wird der Einfluß der Grundgesamtheit, wenn man die Berechnung für DEMETER im Jahr 1960 durchführt: Drei (heute noch existierende Betriebe) von 12 Betrieben liegen im Verdichtungsraum Freiburg, die Konzentrationszahl ermittelt sich zu 2,27. Berücksichtigt man die Umsteller auf BIOLAND, so finden sich 6 von 12 DEMETER-Betrieben bei Freiburg, was einer Konzentration von 4,55 entspricht.

Allgemein geht der Trend der Diffusion ökologischer Landwirte also nicht hin zu starken Absatzmärkten. Verfolgt man diesen Trend in die Zukunft, z.B. in das Jahr 2000, kann man verdichtungsraumnah eine Konzentrationszahl von 1,04,[244] also wieder eine Gleichverteilung erwarten. Marktnähe wird dann durch Verfügbarkeit ökologischer Produkte ersetzt. Verfügbarkeit läßt sich aber auch für marktferne Betriebe durch geeignete Absatzmittler erreichen.

Es bleibt die Frage, wie die festgestellte Konzentration ökologischer Betriebe mit dem Auftreten konventioneller Betriebe korreliert. Da keine Daten über die genaue Lage konventioneller Betriebe vorliegen, kann lediglich ein Vergleich mit der Anzahl der Betriebe in den Landkreisen angestellt werden, die um Verdichtungsräume liegen. Arbeitsgrundlage ist die Statistik zur Land- und Forstwirtschaft in Baden-Württemberg, Stand 1991.[245] Untersucht werden die Gebiete Rhein-Neckar, Karlsruhe, Freiburg und Stuttgart. Die Daten der konventionellen Betriebe liegen kreisbezogen vor. Somit würde eine Beschränkung

---

[244] Ermittelt durch lineare Regression der Konzentrationszahlen über die Jahre 1975, 1990 und 1994.
[245] Vgl. STATBW (1992).

auf die 25-Kilometer-Ringe zu groben Schätzfehlern führen, da die 25-Kilometer-Ringe die Gebietsgrenzen mehrerer Kreise schneiden.

Aus diesem Grund wird folgende Verfahrensweise gewählt:
1) Die Beobachtungsgebiete werden definiert durch:
   1a) Stuttgart := Stuttgart, Ludwigsburg, Rems-Murr, Esslingen und Böblingen
   1b) Rhein-Neckar := Mannheim, Heidelberg und Rhein-Neckar-Kreis
   1c) Karlsruhe := Karlsruhe, Karlsruhe-Land, Enzkreis
   1d) Freiburg := Freiburg, Emmendingen, Breisgau-Hochschwarzwald.

Es werden also alle Kreise einbezogen, die von der 25-Kilometerlinie tangiert werden.

Tab. 18: Konventionelle und ökologische Betriebe ausgewählter Regionen

Gebiet	Zahl konventioneller Betriebe	Zahl der Betriebe von BIOLAND	DEMETER	Fläche im km^2
Stuttgart gesamt	11.769	63	46	3.012
Stuttgart	458	2	4	207
Ludwigsburg	3.148	14	15	687
Rems-Murr	4.037	21	13	858
Esslingen	2.321	15	6	642
Böblingen	1.805	11	8	618
Rhein-Neckar gesamt	2.830	7	12	1.316
Mannheim	163	2	0	145
Heidelberg	153	1	0	109
Rhein-Neckar	2.514	4	12	1.062
Karlsruhe gesamt	4.158	19	19	1.832
Karlsruhe	212	2	2	173
Karlsruhe-Land	2.632	5	9	1.085
Enzkreis	1.314	12	8	574
Freiburg gesamt	10.759	30	22	2.211
Freiburg	494	3	0	153
Emmendingen	3.817	13	9	680
Breisgau-Hochschwarzwald	6.448	14	13	1.378

Quelle: eigene Erhebung

2) Die Anzahl der ökologischen Betriebe im jeweiligen Beobachtungsgebiet wird gezählt.

3) Die Anzahl konventioneller Betriebe wird der Statistik von Baden-Württemberg entnommen.

Der Nachteil dieser Methode ist, daß die Ergebnisse nicht mit der Anzahl ökologischer Betriebe im 25-Kilometerkreis um die Verdichtungsräume übereinstimmen. Der Vorteil ist, daß die Zahl der ökologischen Betriebe in den genannten Kreisen exakt mit der Zahl der konventionellen Betriebe verglichen werden kann, da identische Bezugsflächen vorliegen. Tabelle 18 (alle Angaben Stand 1991) zeigt das Auswertungsergebnis.[246]

Die Zahl aller konventioneller Betriebe des Landes liegt 1991 bei 127.073,[247] die Zahl der BIOLAND-Betriebe bei 392, die der DEMETER-Betriebe bei 416, die Fläche von Baden-Württemberg liegt bei 35741 km². Demnach ergeben sich folgende Konzentrationszahlen:

Tab. 19: Konzentrationszahlen der Betriebe ausgewählter Regionen[248]

	konventionelle Betriebe	BIOLAND-Betriebe	DEMETER-Betriebe
Stuttgart	9,26 % der Betriebe auf 8,42 % der Fläche Konzentration: 1,10	16,07 % der Betriebe auf 8,42 % der Fläche Konzentration: 1,91	10,10 % der Betriebe auf 8,42 % der Fläche Konzentration: 1,20
Rhein-Neckar	2,23 % der Betriebe auf 3,68 % der Fläche Konzentration: 0,61	1,79 % der Betriebe auf 3,68 % der Fläche Konzentration: 0,49	2,88 % der Betriebe auf 3,68 % der Fläche Konzentration: 0,78
Karlsruhe	3,27 % der Betriebe auf 5,13 % der Fläche Konzentration: 0,64	4,85 % der Betriebe auf 5,13 % der Fläche Konzentration: 0,95	4,57 % der Betriebe auf 5,13 % der Fläche Konzentration: 0,89
Freiburg	8,47 % der Betriebe auf 6,19 % der Fläche Konzentration: 1,37	7,65 % der Betriebe auf 6,19 % der Fläche Konzentration: 1,24	5,29 % der Betriebe auf 6,19 % der Fläche Konzentration: 0,85

Quelle: eigene Erhebung

Marktnähe schafft gerade für die in Verdichtungsraumnähe häufig anzutreffenden Betriebe unter 2 ha LF die Möglichkeit, z.B. durch Sonderkulturanbau und Direktvermarktung, im primären Sektor zu bleiben. Aufgrund des starken Arbeitsplatzangebots im außerlandwirtschaftlichen Bereich können auch im Nebenerwerb sehr viele Betriebe existieren, die in Getreide- und Milchregionen

---

[246] Vgl. auch Anhang 4 und Anhang 5.

[247] Vgl. STATBW (1992), S. 82.

[248] Die Gesamtkonzentration von DEMETER **und** BIOLAND-Betrieben errechnet sich als arithmetisches Mittel der Einzelkonzentrationen.

wegen ihrer geringen Größe nicht mehr marktfähig wären. Die Betriebe unter 5 ha LF stellen überall in den Verdichtungsräumen die stärkste Gruppe. **Die Konzentrationszahlen zeigen folgendes Ergebnis:**

1) Wie auch bei den Verbandskoeffizienten läßt sich im allgemeinen eine Vorherrschaft BIOLANDS in der Nähe der Verdichtungsräume zeigen.

2) In Stuttgart und in Karlsruhe ist ökologischer Landbau eindeutig stärker konzentriert als konventioneller Landbau. Im Rhein-Neckar-Raum ist zumindest DEMETER stärker konzentriert als der konventionelle Landbau. Lediglich Freiburg stellt wegen der hohen Landwirtschaftsdichte dieses Verdichtungsraumes eine Ausnahme dar. Diese Ergebnisse stimmen mit der Beobachtung überein, daß im Raum Stuttgart besonders viele Verarbeitungs- und Großhandelsbetriebe ansässig sind, dort von der Universität Hohenheim Impulse ausgehen und auch beide Verbandssitze in diesem Raum liegen. Der Raum Freiburg zeigt insbesondere viele kleine Sonderkulturbetriebe des konventionellen Landbaus. Dies erklärt die für Verdichtungsräume überraschend hohe Konzentration konventioneller Landwirte. Die gegenüber DEMETER wesentlich stärkere Konzentration BIOLANDS erklärt sich aus dem historisch bedingten schnelleren Wachstum dieses Verbandes. Der Rhein-Neckar-Raum ist bei beiden Verbänden eher ein weißer Fleck auf der Karte. Lediglich DEMETER zeigt eine Konzentration bei Sinsheim. Auch Verarbeiter und Großhändler sind hier selten.

FAZIT: Die Arbeitsthese 1 besagt, daß eine höhere Konzentration ökologischer Betriebe in Marktnähe erwartet werde. Diese These ist korrekt. Die gefundene Konzentration ökologischer Betriebe ist aber eher als gering zu qualifizieren. Mit Ausnahme des Rhein-Neckar-Raumes zeigt die Untersuchung zum Stand 1991 auf Kreisebene die damalige Dominanz des BIOLAND-Verbandes nahe an den Absatzmärkten, was sich in den höheren Konzentrationszahlen zeigt. Die Frage bleibt, warum die gefundene Konzentration ökologischer Betriebe trotz Marktnähe so gering ist. Zwei Interpretationsmöglichkeiten seien an dieser Stelle genannt:

1) Die Betriebsgrößen in Verdichtungsraumnähe sind für eine flächendeckende Umstellung zu klein.

2) Für marktnahe Betriebe, insbesondere im Nebenerwerb, stellt sich die Frage nach dem Sinn einer Umstellung als Alternative zur konventionellen Weiterbearbeitung der LF. Ebenso wäre auch der vollständige Rückzug aus der Landwirtschaft denkbar. Dies gilt umso mehr, wenn eigenes Land zu einer außerlandwirtschaftlichen Nutzung verkauft oder verpachtet werden kann. Die hohen Opportunitätskosten der landwirtschaftlichen Landnutzung in Verdichtungsraumnähe erklären auch die allgemein niedrige Konzentration konventioneller Höfe. Höhere Gewinne (höhere Verkaufspreise, Direktvermarktung) ökologischer Betriebe könnten die Opportunitätskosten der außerlandwirtschaftlichen Flächennutzung verringern. Dies kann erklären,

warum teilweise die Konzentrationszahlen ökologischer Betriebe über denen der konventionellen liegen.

2.4.2.2 Landwirtschaftliche Betriebsgrößen, Vererbungssystem und Strukturwandel

In Marktnähe ist eine Konzentration ökologischer Betriebe demnach erkennbar, trotz der besonders guten Direktvermarktungsmöglichkeit ist die Konzentration aber gering. Ein Argument, das gegen eine marktnahe Häufung ökologischer Betriebe spricht, ist die geringe Flächenausstattung verdichtungsraumnaher Betriebe. Da ökologische Betriebe deutlich größer sind als konventionelle,[249] liegt die Frage nahe, ob eine Häufung ökologischer Betriebe in Gebieten erkennbar ist, wo die durchschnittliche LF besonders groß ist. Ebenso stellt sich die Frage, ob Unterschiede im Vorkommen von DEMETER- und BIOLAND-Betrieben bestehen, die sich auf die Flächengröße zurückführen lassen.

Wenn von Flächengrößen gesprochen wird, schließen sich sofort Gedanken an das Vererbungssystem einer Region und den Strukturwandel der Landwirtschaft einer Region an.

Zunächst einige Ausführungen zum **Strukturwandel**[250] [251] in den Stadt- und Landkreisen und der Ausbreitung ökologischer Betriebe in Baden-Württemberg. Vergleicht man die Karte der Ausbreitung BIOLANDS 1975 mit der Karte des Strukturwandels, stellt man fest, daß lediglich zwei von 14 Betrieben in Landkreisen umstellten, in denen in den Jahren 1971 bis 1991 mehr als acht Prozent der landwirtschaftlichen Nutzungsfläche aufgegeben wurde. Der überwiegende Teil lag bis 1975 in Gebieten mit unterdurchschnittlicher (Durchschnitt = 5,26 %) Landaufgabe im primären Sektor. Sicherlich war 1971 der Strukturwandel der Landwirtschaft noch nicht in diesem Ausmaß absehbar. Doch auch der Vergleich mit der Karte BIOLAND 1994 zeigt ein ähnliches Bild. Die Masse liegt auch hier in Kreisen, wo sich die Landwirtschaft gegenüber dem Landesmittelwert eher als stabilerer Produktionszweig zeigt. Dieses Ergebnis steht in einem logischen Zusammenhang zum Ergebnis der Arbeitsthese 1, wonach nur eine geringe marktnahe Konzentration ökologischer Betriebe gefunden wurde, denn gerade marktnah, in den Kreisen Mannheim, Karlsruhe, Pforzheim, Stuttgart und Esslingen war die Aufgabe der Landwirtschaftsflächen mit über 10 % besonders stark. Andere Nutzungsarten des Bodens, z.B. für Siedlungs- und Gewerbeflächen sowie ein großes Angebot von

---

[249] ca. 21 ha LF zu 14 ha LF durchschnittlich, vgl. Abb. 10.

[250] Vgl. Karte B8: "Strukturwandel in der Landwirtschaft in den Kreisen-Abnahme der LF zwischen 1971 und 1991" in der Kartensammlung im Anhang 3.

[251] Der Strukturwandel wird nur flächenbezogen, nicht aber nach der Abnahme der Betriebszahlen dargestellt, da Daten zur Entwicklung der Betriebszahlen nicht zur Verfügung standen.

Arbeitsplätzen im sekundären und tertiären Sektor forderten bzw. erleichterten einen Ausstieg aus der Landwirtschaft. Bei DEMETER liefert die Analyse ein ähnliches Bild. Hier lagen zwar 1975 mehr Betriebe in Kreisen, deren Flächenaufgabe dem Landesmittelwert entsprach, viele wichtige Innovationspunkte lagen aber bereits 1965 in Kreisen, wo später in durchschnittlichem oder stärkerem Ausmaß Landwirtschaftsfläche aufgegeben wurde. Die Ansiedlung der Betriebe ist daher ebenfalls nicht als wirtschaftlich orientierte Reaktion auf einen sich abzeichnenden Strukturwandel der Landwirtschaft zu verstehen. Im Jahr 1994 zeigen sich DEMETER-Höfe eher in Kreisen, wo die Flächenaufgabe zwischen 1971 und 1991 unterdurchschnittlich verlief. Schwerpunkträume sind hierbei Nord-Ost und Süd-Ost-Baden-Württemberg mit einer Flächenaufgabe von zumeist zwei bis vier Prozent.

Ökologische Betriebe finden sich somit nicht gehäuft in Regionen mit starker Flächenaufgabe, was zu vermuten gewesen wäre, hätten die Landwirte die Umstellung als "letzten Versuch" vor dem endgültigen Ausscheiden aus der Landwirtschaft verstanden. Im Gegenteil. Kreise wie Tuttlingen, Zollernalb, Freudenstadt, Calw und Tübingen zeigen bei DEMETER 1994 eher geringere Betriebskonzentrationen, aber eine überdurchschnittliche Flächenabnahme von 6 bis 10 %. Diese Aussage gilt für BIOLAND in eingeschränkterem Umfang. In den gerade genannten Kreisen finden sich deutlich mehr BIOLAND- als DE-METER-Höfe, und die Mehrheit der BIOLAND-Betriebe in diesen Kreisen stellte erst während der EG-Extensivierungsprogramme um, was ein Vergleich mit den Umstellungskarten von DEMETER (4 Umsteller in den genannten Kreisen zwischen 1988 und 1993) und BIOLAND[252] (ca. 40 Umsteller in den genannten Kreisen) zeigt. Bei BIOLAND-Betrieben könnte daher eher eine betriebswirtschaftliche (subventionsorientierte) Reaktion auf die sich verschlechternde Situation der Landwirtschaft eine Rolle bei der Umstellungsentscheidung gespielt haben.[253]

Desweiteren stellt sich die Frage, ob es einen Zusammenhang zwischen der Ausbreitung ökologischer Betriebe und den vorherrschenden Betriebsgrößen an ihrem Standort gibt. Auch wenn das **Vererbungssystem** heute keine Rolle bei Betriebsgrößenänderungen mehr spielt, ist der Einfluß der Vererbungsgewohnheiten bei vorhandenen Betriebsgrößenstrukturen doch noch immer feststellbar. Dies zeigt z.B. ein Vergleich der Karten "Verbreitung der ländlichen Erbsitten" und "Zahl der landwirtschaftlichen Betriebe über 20 ha" in BORCHERDTs Landeskunde von Baden-Württemberg noch deutlich. Im Rahmen dieser Arbeit wird nun untersucht, ob sich die Erbsitten auch auf das Auftreten ökologischer Betriebe ausgewirkt haben, bevor abschließend ein Vergleich zwischen der Dif-

---

[252] S. Kartensammlung im Anhang 3.
[253] Ein betriebswirtschaftliches Motiv ließe sich nur durch eine umfassende Daten-Erhebung bei den BIOLAND-Umstellern in den genannten Kreisen nachweisen.

fusion ökologischer Betriebe und dem gehäuften Auftreten von Betriebsgrößen über 30 ha LF durchgeführt wird.

In Baden-Württemberg gehörten 1953, also zu Beginn der Ausbreitung ökologischer Betriebe, ca. ein Drittel der Gemeinden zu Realerbteilungsgebieten, ca. 27 % zu Gebieten mit Mischformen der Vererbung und ca. 40 % zu Anerbengebieten.[254] Die nachfolgende Tabelle zeigt die Zuordnung der ökologischen Betriebe zu bestimmten Vererbungssystemen:

Tab. 20: Ökologische Betriebe bei bestimmten Vererbungssystemen

		Realteilung	Mischform R	Anerben- recht	Mischform A	absolut gesamt
BIOLAND	1975	9 = 64 %	0 = 0 %	4 = 29 %	1 = 7 %	14
	1985	46 = 44 %	15 = 14 %	39 = 38 %	4 = 4 %	104
	1994	153 = 30 %	58 = 11 %	273 = 54 %	26 = 5 %	510
DEMETER	1975	22 = 33 %	5 = 7 %	38 = 57 %	2 = 3 %	67
	1985	69 = 38 %	31 = 17 %	73 = 40 %	9 = 5 %	182
	1994	162 = 36 %	47 = 10 %	217 = 48 %	26 = 6 %	452

Anm.: Mischform R = Realerbteilungsgebiet mit Übergang zum Anerbenrecht; Mischform A = Anerbenrechtsgebiet mit Übergang zur Realerbteilung

Quelle: eigene Erhebung

Die Tabelle zeigt, daß BIOLAND seinen ersten Schwerpunkt im Freiburger Raum in Realerbteilungsgebieten hatte. Dies ist jedoch nicht auf die dortige Betriebsgrößenstruktur zurückzuführen, sondern auf die Nähe zur Schweiz.[255] Bis 1994 zeigt jedoch BIOLAND die Tendenz, sich in Anerbengebieten schneller auszubreiten. Dort liegen 1994 59 % der Betriebe. DEMETER hatte in der Hohenloher-Haller-Ebene und in den Kreisen Alb-Donau bis Ravensburg bis 1975 seine Hauptverbreitung. Die dortige Betriebsgrößenstruktur mit einer deutlichen Häufung von Höfen von über 20 ha LF sowie die in den dortigen Gebieten starke Rinderhaltung von z.T. über 175 GVE/ha LF in 1990[256] in der konventionellen Landwirtschaft sind Faktoren, die die Umstellung auf die biologisch-dynamische Landwirtschaft, trotz des damit erforderlichen Absenkens des Viehbesatzes, gegenüber der organisch-biologischen erleichtern können, insbesondere wenn wichtige Förderfaktoren der Umstellung auf DEMETER-

---

[254] Vgl. RÖHM, H. (1957), S. 8.
[255] Vgl. Exkurs: Die Entstehungsgeschichte BIOLANDS.
[256] Vgl. CLOSS, H.M. (1992), S. 348.

Landbau zur Verfügung stehen.[257] DEMETER konnte bis 1994 seine Dominanz in den Anerbengebieten mit 54 % aller DEMETER-Betriebe halten.

Die ökologische Landwirtschaft zeigt damit eine Tendenz, sich in Anerbengebieten schneller als in Realerbteilungsgebieten auszubreiten. Bedenkt man, daß ökologische Betriebe mit 21 ha LF (Durchschnittswert zum 01.01.1993) deutlich größer sind als konventionelle (Durchschnitt 14 ha LF zum 01.01.1993) erscheint dieses Ergebnis plausibel.

Anhand der tatsächlichen **Betriebszahlen der Höfe über 30 ha LF** in den Stadt- und Landkreisen Baden-Württembergs zum Stand 1991[258] soll diese Vermutung weiter untersucht werden.[259] Im Landesdurchschnitt finden sich in jedem Kreis 18 ökologische Höfe und 308 Betriebe von mehr als 30 ha LF. Es stellt sich die Frage, ob dort, wo überdurchschnittlich viele ökologische Betriebe vorkommen, auch die Zahl der Betriebe über 30 ha LF über dem Mittelwert liegt. Die nachfolgende Tabelle zeigt alle Kreise mit 25 oder mehr ökologischen Höfen.

Tab. 21: Kreise mit mehr als 25 ökologischen Betrieben und Betriebe über 30 ha LF[260]

Kreis	ökologische Betriebe	Betriebe über 30 ha LF
Schwäbisch Hall	67	837
Ravensburg	58	887
Bodenseekreis	45	228
Ortenau	39	334
Main-Tauber-Kreis	36	689
Rems-Murr-Kreis	34	177
Ludwigsburg	29	305
Biberach	28	879
Breisgau-Hochschwarzwald	27	388
Alb-Donau-Kreis	26	820
Ostalbkreis	25	615
Reutlingen	25	402

Quelle: eigene Erhebung

---

[257] Vgl. Beispiele "Landwirtschaftsschule Weckelweiler und Molkerei Schrozberg".

[258] Die Daten wurden für 1991 zusammengestellt, da für dieses Jahr die Betriebsgrößen der jüngsten Landwirtschaftsstatistik Baden-Württembergs zur Verfügung stehen.

[259] Vgl. Kartensammlung, Anhang 3, Karte B4: "Anzahl der Betriebe ab 30 ha LF in den Kreisen".

[260] Vgl. Kartensammlung, Anhang 3, Karte B5: "Ökologische Betriebe nach Kreisen 1991".

Die Tabelle zeigt, daß überall dort, wo die Anzahl ökologischer Betriebe den Durchschnitt von 18 Höfen um mehr als ein Drittel übersteigt, auch der Mittelwert der Anzahl der Betriebe über 30 ha LF mit Ausnahme in den Kreisen Rems-Murr und Bodenseekreis überschritten wird. Der Kreis Ludwigsburg liegt knapp unter dem Durchschnitt. Auffällig ist ebenfalls, daß die Kreise Schwäbisch Hall und Ravensburg, die bei den ökologischen Betrieben mit weitem Abstand an der Spitze liegen, auch die meisten (Ravensburg) bzw. drittmeisten Betriebe (Schwäbisch Hall) über 30 ha LF zeigen.

Berechnet man die Konzentration ökologischer Betriebe auf der Fläche des jeweiligen Kreises, erhält man folgende Werte: Schwäbisch Hall umfaßt mit 1.484 km² 4,15 % der Landesfläche von 35.741 km², bei Ravensburg sind es mit 1.632 km² 4,57 %. Es wirtschaften in Schwäbisch Hall aber 8,29 % aller ökologischen Betriebe (808 im Land) zum Stand 1991, in Ravensburg 7,18 %. Demnach ergibt sich für Schwäbisch Hall eine Konzentrationszahl (Prozentanteil der Betriebe / Prozentanteil der Fläche) von 2, für Ravensburg von 1,6. Gegenüber der Normalverteilung (1 % der Betriebe wirtschaften auf 1 % der Fläche), zeigt sich eine Konzentration in den Kreisen mit großen Betriebsflächen, die stärker ausgeprägt ist, als die Konzentration bezüglich der Marktnähe der Betriebe. Vergleicht man diese Konzentration mit der der konventionellen Höfe,[261] so liegt diese in Schwäbisch Hall bei 1,1 (4,56 % der Betriebe des Landes) bzw. in Ravensburg bei 1,03 (4,71 % der Betriebe des Landes). Ökologische Betriebe sind in diesen Kreisen stärker konzentriert als ihre konventionellen Kollegen.

Fazit: Der in der Untersuchung zum Erbensystem gefundene Trend kann auf Kreisebene im Vergleich zur Zahl aller Betriebe über 30 ha LF bestätigt werden. Die Arbeitsthese 2, wonach ökologische Betriebe verstärkt in Gebieten mit traditionell größerer Flächenausstattung vorkommen, ist daher auf Landesebene bestätigt. Ökologische Betriebe wachsen somit nach der Umstellung flächenmäßig nicht schneller als konventionelle um ihre größere durchschnittliche Flächenausstattung zu erreichen, sondern sie werden vornehmlich dort umgestellt, wo konventionelle Betriebe eine allgemein größere Fläche bewirtschaften.

Dieser Trend setzt sich zwischen 1991 und 1994 fort.[262] Die wichtigsten Wachstumsgebiete sind die alten Innovationszentren der Kreise Schwäbisch Hall (+ 10 Betriebe) und der Ostalbkreis (+ 11), die Kreise Alb-Donau (+ 9) und Biberach (+ 8) , der Bodenseekreis (+ 10) und der Kreis Konstanz (+ 8). Alle diese Kreise liegen in traditionellen Anerbengebieten, bzw. in Mischformgebieten des Anerbenrechts (Konstanz). Der Kreis mit dem stärksten Wachstum ökologischer Betriebe, der Ortenaukreis mit überwiegend Sonderkulturanbau, bildet

---

[261] Errechnet aus den Angaben der STATBW (1992), S. 80 ff.
[262] Vgl. Kartensammlung, Anhang 3, Karte B7: "Zunahme ökologischer Betriebe nach Kreisen zwischen 1991 und 1994".

zu dieser Aussage allerdings eine wichtige Ausnahme, hier stellten 12 BIO-LAND- und DEMETER-Betriebe hauptsächlich im ehemaligen Realerbtei-lungsgebiet entlang des Rheins um. Der ebenfalls stark gewachsene ökologische Landbau im Kreis Rottweil (+ 8 Betriebe) allerdings liegt wieder im ehemaligen Anerbengebiet des Schwarzwalds.

Demnach ist für die Zukunft mit einem weiteren Anstieg der Durchschnitts-größe ökologischer Betriebe zu rechnen, da auch nach 1991 noch vornehmlich in den Gebieten umgestellt wird, wo traditionell größere Betriebe vorherrschen.

2.4.2.3 *Betriebsformen und Erwerbsformen*

Das folgende Kapitel untersucht, ob es einen Zusammenhang zwischen dem gehäuften Auftreten ökologischer Betriebe und bestimmten Betriebsformen[263] gibt. Dazu müßte der Anteil der ökologischen Betriebe auf der Fläche einer bestimmten Betriebsform größer sein als der Anteil dieser Betriebsform an der Landesfläche. Dies würde sich durch eine Konzentrationszahl > 1 zeigen lassen.

Da keine Angaben zur Verfügung standen, welche Fläche von einzelnen Be-triebsformen eingenommen wird, mußten diese Anteile geschätzt werden. Hierzu wurde die Karte "Landwirtschaftliche Betriebsformen" aus BORCHERDT[264] gerastert. Die Anteile ergeben sich durch Auszählung der Rasterkästchen. Die Landesfläche entspricht 100 %. Mit Datenstand 1983 stellt die Karte in BORCHERDT den Datenstand zu Beginn der Ausbreitung des ökologischen Landbaus dar.

Tab. 22: Anteile der Betriebsformen an der Landesfläche

Betriebsform	Anteile in Prozent
Gemischtbetriebe	0,5 %
Kombinationsbetriebe[265]	2 %
Dauerkulturen	13,5 %
Marktfruchtbau	23 %
Futterbau	55 %
Forstwirtschaft (nicht untersucht)	6 %

Quelle: eigene Erhebung

---

[263] Vgl. Tab 13: "Abgrenzung landwirtschaftlicher Betriebsformen".

[264] S. BORCHERDT, C. (1991), S. 201 und Kartensammlung, Anhang 3, Karte E4, die die BORCHERDT-Karrte vereinfacht darstellt.

[265] Kombinationsbetriebe lt. BORCHERDT tauchen in der heute gültigen Abgrenzung nicht mehr auf, s. BML (1993a), S. 187. Laut BORCHERDT handelte es sich um Betriebe, bei denen Landwirtschaft, Gartenbau und Forstwirtschaft unter 75 % des StDB ausmachen, ein Betriebszweig aber über 50 % des StDB ausmacht. Ein solcher Betrieb ließe sich gem. Abb. 22 nach der heutigen Abgrenzung eindeutig einem bestimmten Betriebszweig zu-ordnen.

Als nächster Schritt wurde ab 1980 für DEMETER und BIOLAND ermittelt, wieviele Betriebe auf der Fläche einer Betriebsform vorkommen. Ältere Zeiträume der Entwicklung des ökologischen Landbaus wurden wegen des Datenstandes der BORCHERDT-Karte nicht verfolgt. Frühere Untersuchungen vor 1980 hätten zu starke Ergebnisverfälschungen zeigen können. Der übernächste Schritt ist die Ermittlung der Konzentrationszahlen, nachfolgend tabellarisch dargestellt.

Tab. 23: Ökologische Betriebe nach Lage in Gebieten bestimmter vorherrschender Betriebsformen

Jahr	Betriebsform	DEMETER absolut	DEMETER in Prozent	BIOLAND absolut	BIOLAND in Prozent
1980	Gemischtbetriebe	0	0 %	2	5 %
	Dauerkulturen	26	25 %	11	28 %
	Marktfruchtbau	18	17 %	8	20 %
	Futterbau	59	57 %	19	47 %
1985	Gemischtbetriebe	0	0 %	3	3 %
	Dauerkulturen	40	22 %	21	20 %
	Marktfruchtbau	42	23 %	24	23 %
	Futterbau	96	53 %	54	52 %
1990	Gemischtbetriebe	2	0,5 %	3	1 %
	Dauerkulturen	74	20 %	41	14 %
	Marktfruchtbau	72	19 %	78	26 %
	Futterbau	217	58 %	164	55 %
1994	Gemischtbetriebe	4	1 %	5	1 %
	Dauerkulturen	85	19 %	55	11 %
	Marktfruchtbau	96	21 %	133	26 %
	Futterbau	259	57 %	307	60 %

Quelle: eigene Erhebung

Bezogen auf die von den Betriebsformen eingenommenen Flächen ergeben sich Konzentrationszahlen gem. Tabelle 24.

Damit zeigt sich, daß bei beiden Verbänden die Betriebe in Regionen mit überwiegend Futterbaubetrieben mit über 50 % bis 60 % vorherrschen. Die Prozentanteile haben sich im Lauf der Zeit kaum verändert. Gleiches gilt für die Anteile der Betriebe in Regionen mit überwiegendem Marktfruchtbau. Diese liegen zwischen 17 % bis 26 %. Signifikante Unterschiede gibt es bei beiden Anbauschwerpunkten zwischen den Verbänden nicht.

Tab. 24: Konzentration ökologischer Betriebe bezüglich der Betriebsformen

Jahr	Betriebsform	DEMETER	BIOLAND
1980	Gemischtbetriebe	0	10
	Dauerkulturen	1,85	2,07
	Marktfruchtbau	0,74	0,87
	Futterbau	1,04	0,85
1985	Gemischtbetriebe	0	6
	Dauerkulturen	1,63	1,48
	Marktfruchtbau	1	1
	Futterbau	0,96	0,95
1990	Gemischtbetriebe	1	2
	Dauerkulturen	1,48	1,04
	Marktfruchtbau	0,83	1,13
	Futterbau	1,05	1,00
1994	Gemischtbetriebe	2	2
	Dauerkulturen	1,41	0,81
	Marktfruchtbau	0,91	1,13
	Futterbau	1,04	1,09

Quelle: eigene Erhebung

Die Bedeutung der Betriebe in Regionen mit überwiegendem Dauerkulturanbau ist bei DEMETER nahezu konstant geblieben, bei BIOLAND sank der Anteil stetig von 28 % auf 11 %. Diese Entwicklung spiegelt die Verbreitung der BIOLAND-Landwirtschaft wider. Das erste Zentrum BIOLANDS war der Kaiserstuhl und sein Umland. Der dort stark verbreitete Dauerkulturanbau von Wein und Obst wirkte sich, bei noch relativ wenigen Betrieben im Jahr 1980, stark auf die Betriebsverteilung BIOLANDS auf bestimmte Anbauschwerpunkte aus. Mit zunehmender Ausbreitung sinkt verständlicherweise der Anteil der Betriebe in Regionen mit überwiegendem Dauerkulturanbau. Die insbesondere vor 15 Jahren deutliche Konzentration der Betriebe in Regionen mit überwiegend Gemischtbetrieben ist bei beiden Verbänden zwar die höchste, die Absolutzahl der Höfe und der Anteil dieser Betriebsform an der Landesfläche aber ist so klein, daß die Bedeutung dieser Betriebsform für die Ausbreitung des ökologischen Landbaus weit geringer sein muß, als von SICK angenommen.[266]

---

[266] Auch wenn berücksichtigt wird, daß die Bedeutung dieser Betriebsform damals noch höher war. Vgl. hierzu BORCHERDT, C. (1991), S. 201 ff.

Vergleicht man die Verhältnisse der Betriebsformen der ökologischen Be-
triebe mit den Werten des Agrarberichts 1993 für Baden-Württemberg zum
Stand 1991/1992 bezogen auf die **Betriebszahlen**, erkennt man ebenfalls, daß
Marktfruchtbau und Dauerkulturbau im ökologischen Anbau weit stärker ver-
treten sind als im konventionellen. Der Agrarbericht nennt für das Land einen
Anteil von 11,4 % Marktfruchtbetriebe (ökologisch: 19 % bzw. 26 %) an allen
Betrieben, bzw. 12,5 % (ökologisch: 20 % bzw. 14 %) bei Dauerkulturbetrie-
ben.[267] Dem stehen lt. Agrarbericht 60,6 % Futterbaubetriebe gegenüber, eine
Zahl, die der Auswertung für ökologische Betriebe recht genau entspricht.

Fazit: Lediglich die Auswertung der Konzentrationszahlen bei Dauerkulturen zeigt eine, wenn auch sinkende Konzentration ökologischer Betriebe bezogen auf die **Fläche**. Dies erklärt sich hauptsächlich aus der historischen Entwicklung BIOLANDS. Die hohen Konzentrationszahlen der Gemischtbetriebe
sind wegen der geringen Grundgesamtheit der Höfe und des kleinen Flächenan-
teils dieser Betriebsform an der Landesfläche statistisch nicht verwertbar. In
Futterbauregionen finden sich zwar die meisten ökologischen Betriebe, die
Verteilung auf Flächen mit überwiegend Futterbau entspricht aber dem Anteil
dieser Betriebsform an der Landesfläche, was die Konzentrationszahl von nahezu konstant = 1 zeigt.

Das heißt, daß keine in einer Region vorherrschende Betriebsform allein
eine Konzentration ökologischer Betriebe am Ort erklären kann, bzw. daß sich
in Baden-Württemberg bezüglich keiner Betriebsform eine Konzentration ökologischer Betriebe nachweisen läßt. Der Arbeitsthese 3 muß daher widerspro-
chen werden.

Nachfolgend werden in kurzer Darstellung Schwerpunkte des DEMETER-
Anbaus bezüglich der Erwerbsformen (HE/NE-Betrieb) der Betriebe gesucht.
Dieser Vorgang muß sich auf DEMETER beschränken, da BIOLAND keine
Daten zum Erwerbsstatus bereitstellte.[268]

Zum Kartenstand 1994 überwiegen bei DEMETER die Betriebe im Haupterwerb mit 202 von 452 Betrieben. Dem stehen 91 Nebenerwerbslandwirtschaf-
ten gegenüber, bzw. 159 Betriebe mit unbekanntem Erwerbsstatus. Sieht man
von diesen Betrieben ab, werden demnach 69 % (= 202/(452-159)) der DEME-
TER-Höfe im Haupterwerb geführt. Der Landesdurchschnitt der Haupterwerbsbetriebe in der gesamten Landwirtschaft liegt dagegen bei nur 34,4 %.[269] Eine
stärkere Häufung der Nebenerwerbslandwirtschaft DEMETERS findet sich le-

---

[267] Vgl. BML (1993 a), S. 242-243.

[268] Die Analyse beschränkt sich auf eine Beschreibung der Karten. Vgl. Kartensammlung,
Anhang 3, Karten C22 bis C24: "DEMETER-Landwirte im Haupt- und Nebenerwerb in
Baden-Württemberg", bzw. "Sonderkulturen im DEMETER-Landbau: Betriebe mit Obstanbau Stand 1994" bzw. "Sonderkulturen im DEMETER-Landbau: Betriebe mit Gemüseanbau Stand 1994".

[269] Vgl. BORCHERDT, C. (1991), S. 166-167.

diglich im Ortenaukreis. Hierbei handelt es sich in der Hauptsache um Obst-bau-, also Dauerkulturbetriebe. Ansonsten zeigen sich südwestlich von Stuttgart bzw. in der Hohenloher-Haller-Ebene einige kleinere Zentren der Nebener-werbslandwirtschaft. Vergleicht man den Obst- und Gemüsebau DEMETERS mit der konventionellen Landwirtschaft, so zeigt sich erwartungsgemäß kein Unterschied zu den Schwerpunkten der Betriebsformen "Dauerkulturbau" bzw. "Marktfruchtbau".

Fazit: Damit weicht die Entwicklung der Haupt- und Nebenerwerbsland-wirtschaft DEMETERS deutlich von der Entwicklung der Gesamtlandwirtschaft ab. Es zeigt sich zwar, daß ökologische Betriebe auch im Nebenerwerb erfolg-reich sein können, wenn z.B. durch Marktfrucht- bzw. Dauerkulturbau der Pro-duktion hohe Gelderlöse gegenüberstehen. Das Vorherrschen der DEMETER-Betriebe im Haupterwerb aber erscheint vor dem Hintergrund der DEMETER-Richtlinien, die nur Ausnahmen zur allgemein geforderten Haltung von Groß-vieh zulassen, folgerichtig. Landwirte, die in den Nebenerwerb wechseln, schaf-fen dagegen zumeist wegen der Arbeitsbelastung zuerst das Großvieh ab.

2.4.2.4 Lage zu anderen ökologischen Landwirten

Um den Einfluß eines Innovationspunktes auf einen anderen Innovationspunkt und damit auf die Diffusion einer Innovation zu messen, bietet sich das nach-folgend dargestellte Verfahren der **Nearest-neighbour-Analyse** an.

Die Nearest-neighbour-Analyse ist in der Lage, ein absolutes Maß der Punktverteilung im Raum zu ermitteln. Es findet daher hauptsächlich bei der Untersuchung von Siedlungsverteilungen seinen Einsatz. Da das Verfahren nicht mit gruppierten Daten (z.B. Punkte pro Rastereinheit bzw. Betriebe pro Quadratkilometer) arbeitet, sondern mit absoluten Entfernungen und absoluten Flächen, liefert es sehr genaue Ergebnisse. Allgemein wird die Entfernung eines Beobachtungsobjekts zum Standort des nächsten Beobachtungsobjekts gemes-sen. Die Summe der Distanzen wird mit der Fläche in Bezug gesetzt, die die Beobachtungsobjekte einnehmen.[270][271]

Dabei bedeutet das Ergebnis

    1) R gegen Null = extreme räumliche Konzentration

    2) R gegen Eins = Zufallsverteilung

    3) R gegen 2,15 = Gleichverteilung der Beobachtungspunkte im Raum.

Der Nachteil des Verfahrens liegt darin, daß eine Verteilung im Raum nur beschrieben, nicht aber erklärt werden kann. Um aber zu zeigen, daß ein Inno-

---

[270] Die Formel lautet: R:= 2 · D · Wurzel aus (N/A) wobei: D:= mittlerer Abstand zwischen den nächsten Nachbarn, N:= Anzahl der Beobachtungsobjekte, A:= Fläche des Beobach-tungsgebietes.

[271] Vgl. HANTSCHEL, R. und THARUN, E. (1980), S. 188 ff. Dort findet sich auch eine Darstellung der R-Werte.

vator die wichtigste Determinante der Diffusion ist, genügt es jedoch zu zeigen, daß R gegen Null läuft.

Im konkreten Fall werden Innovationspunkte gleicher Postleitzahl mit einer Distanz=Null in die Berechnung einbezogen.[272] Die im Anhang befindlichen Karten wurden auf Millimeterpapier gedruckt und die Distanzen der nächsten Nachbarn auf ein Millimeter genau ermittelt und entsprechend dem Kartenmaßstab in Kilometer umgerechnet. Eine Fehlertoleranz von einem Millimeter in der Karte entspricht daher einem Fehler von ca. 1,46 Kilometer in der Natur. Die Analyse beschränkt sich bei beiden Anbauverbänden auf die Ausbreitung bis einschließlich 1990 sowie auf eine Untersuchung der Innovationspunkte ab 1992. Der R-Wert für 1994 wird bei beiden Verbänden durch eine einfach-lineare Regression[273] über die Jahre 1975 bis 1990 geschätzt, da bei der Vielzahl ökologischer Betriebe zum Stand 1994 eine Analyse nicht mehr praktikabel scheint. Ebenso beschränkt sich die Analyse darauf, nur Werte innerhalb der Anbauverbände zu ermitteln. Dies scheint ausreichend, da lt. Auskunft beider Verbände der Austausch zwischen den Landwirten eines Verbandes - abgesehen von der Gründungsphase BIOLANDS - wesentlich stärker ist, als der Austausch zwischen Landwirten unterschiedlicher Verbände. Nur innerhalb eines Verbandes ist der Austausch zwischen den Landwirten als intensiv zu bezeichnen. Eine Kurzdarstellung[274] der Analyseergebnisse zeigt Tabelle 25.

Die Werte zeigen, daß die räumliche Konzentration bei DEMETER-Betrieben zwischen 1970 und 1994 relativ konstant ist. Bis 1955 ist die Verteilung eher zufällig mit Tendenzen zur Regelmäßigkeit.

Innovationszentren sind nicht erkennbar, lediglich einzelne Betriebe stellen in großer Entfernung zueinander um. Die Nearest-neighbour-Analyse deutet daraufhin, daß die Umstellung als Individualentscheidung gesehen werden kann. Bereits aber ab 1960 wird eine starke Konzentration erkennbar, die wesentlich auf die Entwicklung in Eichstetten bei Freiburg und die Entwicklung entlang der Schwäbischen Alb zurückzuführen ist. Der Schätzwert für 1994 zeigt, daß die Konzentration der DEMETER-Höfe auch heute mit früheren Werten vergleichbar ist. Insgesamt zeigt DEMETER die deutlich dichtere Konzentration gegenüber BIOLAND.

Die R-Werte würden bei beiden Verbänden wahrscheinlich noch sinken, würde man die heute nicht mehr existierenden Betriebe, von denen dennoch eine Diffusionswirkung ausgehen konnte, berücksichtigen.

---

[272] S. Anhang 6 zum Rechengang.
[273] Vgl. HANTSCHEL, R., und THARUN, E. (1980), zur Darstellung des Verfahrens.
[274] Die ausführliche Berechnung findet sich im Anhang 6, allerdings gegenüber dem Original verkürzt.

Tab. 25: Nearest-neighbour-Analyse der Diffusion ökologischer Landwirte

R-Wert bis zum Jahr	DEMETER-R-Wert	BIOLAND-R-Wert
1955	1,55	---
1960	0,59	---
1965	0,65	---
1970	0,78	---
1975	0,77	0,65
1980	0,82	0,77
1985	0,79	0,90
1990	0,71	0,81
1994 (Schätzung 1975 - 1990)	0,72	0,92
R-Werte der Innovatoren zueinander ab 1992	1,14	0,95

Quelle: eigene Berechnung

Bei BIOLAND läßt sich nur bis 1980 eine mittlere Konzentration feststellen. Dabei ist allerdings bis 1975 die Ballung ökologischer Betriebe deutlich erkennbar. Der R-Wert wird hierbei ebenfalls vor allem durch das Zentrum Eichstetten/Freiburg beeinflußt. Der niedrige R-Wert deutet auf ein Innovationszentrum hin, wo Umstellungen nicht allein durch Individualentscheidungen, sondern durch Nachahmung zustande kamen. Danach nimmt die Konzentration ab, die R-Werte entwickeln sich ab 1994 in Richtung Zufallsverteilung im Raum mit z.T. minimalen Konzentrationstendenzen. Dies wird durch den R-Wert für Umsteller ab 1992 noch betont. Der Einfluß bereits bestehender Innovationspunkte ist demnach bis 1994 bei DEMETER wichtiger als bei BIOLAND.

Es ist erkennbar, daß neue Innovationspunkte heute kaum noch Einfluß aufeinander ausüben, was die R-Werte der Neu-Umsteller von 1,14 (DEMETER bzw. 0,95 (BIOLAND) belegen. Neue Umsteller sind nahezu zufallsverteilt. Dies läßt vermuten, daß bereits bestehende Betriebe für Umstellungswillige wichtigere Kontaktstellen sein könnten als andere Umsteller. Es zeigt aber auch, daß die Räume, wo ökologische Betriebe vorkommen, bereits eine gewisse Sättigungstendenz aufweisen. Es stellt sich die Frage, wie die gefundenen Werte interpretiert werden können.

Die dichtere Konzentration bei DEMETER könnte auf die anthroposophische Ausrichtung zurückzuführen sein. Da diese, wie bereits erwähnt, Charakterzüge zeigt, die außerhalb des rein rational Erfaßbaren liegen, dürfte ein engerer Kontakt der Landwirte nötig sein, um ein entsprechendes geistiges Umfeld zu erzeugen. Auch in der komplexeren praktischen Arbeit (z.B. Präparateherstellung, Beachtung kosmischer Einflüsse, Kompostbereitung) erscheint ein engerer Kontakt zu bereits in dieser Hinsicht erfahrenen Landwirten nötiger als im allein ökologisch/betriebswirtschaftlich zu verstehenden BIOLAND-Anbau.

Hierzu paßt auch die Haltung des DEMETER-Verbandes, den einzelnen Landwirten größtmögliche Freiheiten einzuräumen, was regelmäßig zu stärkeren Kontakten zwischen den Landwirten führt.[275] Diese wiederum werden durch kurze Entfernungen zwischen den Landwirten begünstigt. Ein weiterer Grund der zur gleichmäßigeren Verteilung der BIOLAND-Betriebe geführt haben kann, ist die eindeutig stärkere Zunahme der Mitglieder dieses Anbauverbandes innerhalb der letzten zehn Jahre. Die Nachfrage konnte dieses Tempo nicht mithalten. Die Frage nach der Tragfähigkeit regional begrenzter Märkte - gerade für Direktvermarkter - mußte sich stellen. Eine starke Expansion zwingt daher zu einer rascheren Raumdurchdringung. Auf einer gegebenen festen Landesfläche muß sich daher aus Vermarktungsgründen ein Trend zur Dezentralisation ergeben. Dieser Trend ist für BIOLAND eben wegen des schnelleren Wachstums stärker. Wächst dagegen die Nachfrage regional (z.B. in Verdichtungsräumen) schneller als das Angebot, wie in den letzten zwei Jahren zu beobachten, ist eine Konzentration dort wieder wahrscheinlicher.[276]

Ergebnis dieser Betrachtung: Wie gesehen, zeigt die Verteilung ökologischer Betriebe - bezogen auf die Gesamtfläche des Landes - eine, wenn auch nicht sehr starke, Konzentration. Zum besseren Verständnis soll noch untersucht werden, welche Konsequenz für die Distanz zum nächsten Nachbarn eine Gleichverteilung hätte.

Hierzu ist die genannte Formel zur Ermittlung der R-Werte nach D umzustellen. Man erhält: $D:=R / (2 \cdot \text{Wurzel}(N/A))$. Dabei sei $A:=$ Fläche von Baden-Württemberg = 35741 km², R:=2,15 und N:= Anzahl der BIOLAND- bzw. DEMETER-Höfe im jeweiligen Untersuchungsjahr[277]

Das Ergebnis lautet für 1975 bei BIOLAND: Gleichverteilungsdistanz zwischen nächsten Nachbarn = 54,31 km, die real ermittelte Durchschnittsdistanz liegt dagegen bei 16,5 km. Für 1990 lauten die Zahlen 11,75 km (Gleichverteilung) und 4,43 km (real). Für DEMETER 1975 ergeben sich 24,82 km (Gleichverteilung) und 8,86 km (realer Durchschnitt), bzw. für 1990 10,51 km (Gleichverteilung) und 3,49 km (real). Die reale Distanz beträgt somit zwischen 30 % und 37 % der Gleichverteilungsdistanz. Und immer ist sie so gering, daß eine Kommunikation zwischen den Betriebsleitern leicht möglich ist. Da landwirtschaftliche Betriebe nicht einfach ihren Standort verlegen können, ist es

[275] Mündliche Mitteilung W. GLUNK, DEMETER Baden-Württemberg, April 1994.
[276] Dabei wird allerdings die Wirkung von Absatzmittlern vernachlässigt.
[277] Vgl. Anhang 6.

denkbar, daß der Einfluß des nächsten Nachbarn noch stärker ist, als es der R-Wert allein vermuten läßt.[278]

Vergleicht man die reale durchschnittliche Distanz zum nächsten Nachbarn im Jahr 1990 (4,43 bzw. 3,49 km), so stellt man fest, daß sie wesentlich geringer ist, als die durchschnittliche Distanz der Höfe zum nächsten Verdichtungsbereich, da die meisten Betriebe außerhalb der 25-Kilometer-Ringe um die Verdichtungsbereiche liegen und somit mindestens 12,5 Kilometer vom Zentrum des Verdichtungsbereichs entfernt. Das Vorhandensein von Nachbarn innerhalb eines Distanzringes mit Radius = Gleichverteilungsdistanz ist somit deutlich wichtiger für die Vorhersage, ob in Zukunft an einem bestimmten Ort neue ökologische Höfe entstehen können, als der Einfluß der Nähe zu bevölkerungsstarken Absatzmärkten.

Ein weiterer Hinweis auf die Bedeutung des nächsten Nachbarn ergibt sich, wenn man nicht Baden-Württemberg insgesamt, sondern bestimmte, bereits visuell erkennbare Innovationszentren untersucht. So finden sich 1975 fünf BIO-LAND-Betriebe (= vier Paare) in den Landkreisen Breisgau-Hochschwarzwald und Emmendingen. Diese liegen 2,56 km durchschnittlich voneinander entfernt. Bezogen auf die Fläche des Landes (35741 km²) beträgt demnach der R-Wert R = 0,101 was auf eine besonders deutliche Konzentration und auf einen besonders starken Einfluß des nächsten Nachbarn, zumindest in diesen starken Innovationszentren hindeutet.

Fazit: Rein statistisch läßt sich somit die Aussage der Arbeitsthese 7, wonach bestehende Innovationspunkte die wichtigsten Determinanten der Ausbreitung des ökologischen Landbaus seien, belegen. Dies gilt insbesondere für die frühen Jahre der Umstellung in den jeweiligen Verbänden und ganz besonders, sieht man von der Entwicklung bis 1955 ab, für die DEMETER-Betriebe vor 1970.

Gerade Gespräche mit ökologischen Landwirten zeigen die Bedeutung des Erfahrungsaustauschs mit Kollegen.[279]

2.4.2.5 Die Lage zu Landwirtschaftsämtern und Landwirtschaftsschulen

In diesem Kapitel sollen drei Fragestellungen untersucht werden: Erstens: Gibt es einen Zusammenhang zwischen dem Auftreten von DEMETER-Höfen und Walldorfschulen? Zweitens: Wie wirken sich benachbarte Landwirtschaftsschulen auf das Auftreten ökologischer Betriebe aus? Drittens: Wie wirken sich benachbarte Landwirtschaftsämter auf das Auftreten ökologischer Betriebe

---

[278] Vgl. das Beispiel zur Entstehung BIOLANDS.
[279] Vgl. die nachfolgenden Beispiele.

aus?[280] Angesprochen wurden die Fragestellungen zwei und drei bereits im Fragenkreis sechs.

Die Frage, ob Walldorfschulen und DEMETER-Betriebe geographische Zusammenhänge zeigen, ist zwar nicht Gegenstand dieses Fragenkreises, sie taucht jedoch immer wieder auf, wenn man sich mit anthroposophischen Einrichtungen beschäftigt. An dieser Stelle ist sie auch thematisch gut einzuordnen. Eine erste direkte Zusammenarbeit zwischen Landwirten und einem anthroposophischen heilpädagogischem Heim entstand bereits vor 1930.[281] Der visuelle Karteneindruck soll hier als Analyseinstrument genügen, da sich bereits hieraus die Frage des räumlichen Bezugs zwischen Ausbildungsmöglichkeiten und ökologischen Betrieben erkennen läßt.

Walldorfschulen sind sicherlich geeignet, ein anthroposophisches Regionalklima aufzubauen, das einem Landwirt, der sich für biologisch-dynamischen Landbau interessiert, u.U. die Umstellung erleichtert. Die Mensen der Walldorfschulen könnten auch wichtige Nachfrager der Produkte aus ökologischem Anbau sein. Wenn Walldorfschulen[282] direkt einen positiven Einfluß auf die Ansiedlung von DEMETER-Betrieben besitzen, muß sich statistisch dort eine Häufung von DEMETER-Höfen zeigen lassen, wo eine Häufung von Walldorfschulen auftritt.

Für das Jahr 1994 lassen sich Häufungen zwischen Schulen und Höfen durch den direkten Vergleich der Karte der Walldorfschulen und der Karte der DEMETER-Betriebe bis 1994 nicht mehr zeigen. In Nord-Ost-Württemberg findet sich ein starkes DEMETER-Zentrum, zu dem nur in Schwäbisch Hall eine Walldorfschule gehört, die 1984 gegründet wurde.[283] Gleiches gilt für den Ortenaukreis. In Mannheim und Heidelberg finden sich zwei Schulen, aber nur bei Weinheim existieren ein DEMETER-Betrieb und ein Betrieb, der von DEMETER zum EG-Kontrollsystem-Anbau wechselte.[284] Der Raum Stuttgart zeigt eine Häufung an Walldorfschulen, dem keine entsprechende Zahl von DEMETER-Höfen gegenübersteht. Vergleicht man die Karte der DEMETER-Betriebe bis 1965 mit der Karte der Walldorfschulen, stellt man auf den ersten Blick einen auffälligen Zusammenhang fest, zwischen DEMETER-Pionier-Betrieben und Walldorfschulen. Dieser Zusammenhang wurde durch Erhebung der Gründungsjahre der Schulen geprüft und muß insgesamt wegen der i.d.R. zu spät erfolgten Schulgründungen verneint werden. Das Ergebnis zeigt die folgende Tabelle:

---

[280] Zu allen Fragen vgl. die Karte im Anhang 3, D1: "Landwirtschaftsämter, Landwirtschaftsschulen und Walldorfschulen Stand 1994".

[281] Vgl. SATTLER, F. (1995), S. 12-15.

[282] Walldorfkindergärten sind weder in der Karte noch in dieser Darstellung berücksichtigt.

[283] Alle Angaben zu den Gründungsjahren wurden direkt bei den jeweiligen Schulen erhoben.

[284] Vgl. Betriebsbeispiele.

Tab. 26: Gründungsjahre ausgewählter Walldorfschulen[285]
(Ordnung von Nord nach Süd)

Schule	Gründungsjahr[286]
Schwäbisch Hall	1984
Ludwigsburg	1978
Heidenheim	1946
Freiburg	1948
Wangen	1975

Quelle: eigene Erhebung

Zusammenhänge zwischen den Schulen in Freiburg und Heidenheim mit den dortigen DEMETER-Umstellern bis 1965 wurden nicht näher überprüft, erscheinen jedoch wahrscheinlich. Die geographische Nähe zwischen diesen Schulen und DEMETER-Höfen ist auffällig und war möglicherweise für die Umstellung vorteilhaft. Gerade die Freiburger Schule (vgl. Ausführungen zum Innovationszentrum Eichstetten) bietet jeweils im neunten Schuljahr ihren Schülern dreiwöchige Praktika auf DEMETER-Höfen in Südbaden und Südwürttemberg an. Ein Einfluß von Walldorfschulen über diese Einzelfälle hinaus läßt sich jedoch aus der bloßen Lage der Betriebe und Schulen nicht zeigen. Die dortige Ausbildung eines späteren DEMETER-Landwirts ist jedoch in der mobilen heutigen Gesellschaft durchaus denkbar.

Auch bei **Landwirtschaftsschulen** genügt eine visuelle Interpretation der Karten. Schwerpunkte des DEMETER-Anbaus finden sich 1994 im Bodenseeraum, im Ortenaukreis und im Dreieck Karlsruhe - Sinsheim - Stuttgart, ohne daß sich dort Landwirtschaftsschulen befinden. Dagegen zeigt das DEMETER-Zentrum in der Hohenloher Ebene Zusammenhänge mit zwei dort gelegenen Schulen. Insbesondere die Schule in Kirchberg/Jagst war für die Ausbreitung DEMETERS in der Vergangenheit sehr wichtig.[287] Ein Rückblick in das Kartenjahr 1975 bestätigt diesen Eindruck. DEMETER-Betriebe entstanden in ganz Baden-Württemberg eher entfernt von Landwirtschaftsschulen. Lediglich die Hohenloher-Ebene stellt hierzu eine wichtige Ausnahme dar. Insgesamt läßt sich kein räumlicher Zusammenhang zwischen Landwirtschaftsschulen und DEMETER-Betrieben feststellen, sieht man von der genannten Ausnahme ab.

Betrachtet man die Situation BIOLANDS zum Jahr 1975 ist das Ergebnis ebenso eindeutig. Im Raum Hohenlohe - Schwäbisch Hall häufen sich BIO-

---

[285] Adressen und Telefonnummern der Schulen s. ANTHROPOSOPHISCHE GESELLSCHAFT DEUTSCHLAND (1994).
[286] Lt. Angaben der jeweiligen Schulen.
[287] Vgl. das entsprechende Beispiel.

LAND-Betriebe in der Nähe von Landwirtschaftsschulen. Deren Einfluß dürfte jedoch eher indirekt gewesen sein, d.h. nicht die Schule selbst, sondern die Existenz von DEMETER-Betrieben in der Nähe der heutigen BIOLAND-Betriebe war für deren Umstellung wichtig. Die Landwirtschaftsschule in der Nähe des BIOLAND-Zentrums Eichstetten war nach Aussage dortiger BIOLAND-Landwirte zumindest bis 1975 kein fördernder Faktor der Umstellung auf ökologischen Landbau. Im Jahr 1994 ist BIOLAND flächendeckend in Baden-Württemberg vertreten. Beachtet man, daß im badischen Landesteil jedoch Landwirtschaftsschulen nur im Süden mit einer gewissen Konzentration vorkommen, BIOLAND-Betriebe aber überall in Baden zu finden sind, läßt sich auch für BIOLAND kein allgemein gültiger Zusammenhang zwischen Betrieben und Schulen zeigen. Die erkennbare BIOLAND-Konzentration um Stuttgart fällt zwar räumlich mit dortigen Schulen, bzw. mit der Universität Hohenheim mit ihrem agrarwirtschaftlichen Ausbildungsschwerpunkt zusammen, markttechnische Gründe, insbesondere günstige Direktvermarktungsmöglichkeiten dürften dort jedoch wichtiger für eine Umstellung gewesen sein. Diese Aussage gilt im Raum Stuttgart auch für DEMETER-Betriebe, allerdings mit einer wichtigen Ausnahme: Die Universität Hohenheim unterhält selbst einen anerkannten DEMETER-Betrieb als Forschungseinrichtung.

Die **Landwirtschaftsämter** in Baden Württemberg liegen nahezu zufallsverteilt. Lediglich in den landwirtschaftlich extensiveren Gebieten von Schwarzwald und Schwäbischer Alb finden sich keine staatlichen Stellen. Es verwundert daher nicht, daß bei der Verteilung der DEMETER- und BIO-LAND-Höfe 1975 bereits räumliche Nähen zwischen Ämtern und Betrieben auffallen. Einzelgespräche mit Landwirten, insbesondere aber das Gespräch in der Landwirtschaftsschule Weckelweiler/Kirchberg an der Jagst zeigen, daß der offizielle landwirtschaftliche Kurs, der von den Ämtern zur Umsetzung Bonner und Brüsseler Agrarpolitik eingeschlagen wurde, nichts mit ökologischer Wirtschaftsweise gemeinsam hatte. Von ökologischem Anbau wurde sogar abgeraten. Expandieren und Intensivieren unter Nutzung aller produktionstechnischer Hilfsmittel war die Reaktion auf die Schwierigkeiten regulierter europäischer Agrarmärkte.[288] Wie das Beispiel der Schule Weckelweiler zeigt, befindet sich diese Haltung der Landwirtschaftsämter derzeit im Wandel. Ökologischer Landbau ist etabliert, so daß bereits in einzelnen Landwirtschaftsämtern Beraterplanstellen für ökologischen Landbau eingerichtet sind. Die bisher geringe Bedeutung der Offizialberatung dürfte daher in Zukunft wachsen.

Fazit: Der Arbeitsthese 6, wonach von Landwirtschaftsämtern keine diffusionsfördernde Wirkung ausging, ist im Rahmen einer Vergangenheitsbetrachtung zuzustimmen. Bei Landwirtschaftsschulen ist dieser Aussage allgemein ebenfalls zuzustimmen. Eine Ausnahme bildet die Schule Weckelweiler. Glei-

---

[288] Vgl. v. SCHILLING, H. (1982), S. 89.

ches gilt für Walldorfschulen. Lediglich in Heidenheim und in Freiburg ist eine Schubwirkung in der Pionierphase des ökologischen Landbaus bis 1975 aufgrund der Gründungsjahre möglich.

2.4.2.6 Absatzmöglichkeiten: Verarbeiter, Absatzmittler und Direktvermarktung

Das vorliegende Kapitel läßt wegen der Struktur der erhobenen Daten lediglich eine Analyse des Status quo zu. Wann die jeweiligen Betriebe begonnen haben, ökologische Produkte zu verarbeiten oder zu vertreiben, ist nicht bekannt.[289] Untersucht wird[290] jedoch, ob eine Häufung direktvermarktender Landwirte in Marktnähe existiert oder ob die Entfernung zu Verarbeitern oder Absatzmittlern die Umstellung beeinflußt.

Sieht man von kleineren Zentren der Verarbeitung ökologischer Produkte ab, ist der Raum Stuttgart mit den Kreisen Ludwigsburg, Stuttgart, Böblingen, Esslingen und, südlicher, Tübingen und Reutlingen das Kerngebiet der Verarbeitung ökologischer Agrarprodukte. Ein Vergleich mit der Karte B6 zeigt, daß in den genannten Kreisen die ökologischen Betriebe nur in schwacher bis mittlerer Konzentration zu finden sind.

Hauptsächlich Bäckereien und nördlich der Schwäbischen Alb auch Metzgereien tragen zum Karteneindruck bei. Da beide Handwerksarten i.d.R. nur am Standort vermarkten, erscheint die verdichtungsraumnahe Konzentration um Stuttgart plausibel. Üblicherweise treten Bäckereien mit ökologischen Produkten als Filialketten auf. Das bedeutet, daß große Datenwerte eines Standorts aus der unternehmerischen Entscheidung weniger Personen entstehen,[291] ohne daß die handwerkliche Verarbeitung ökologisch erzeugten Getreides einen allgemein hohen Stellenwert besitzt. Der Verarbeitungsschwerpunkt Stuttgart korrespondiert dabei mit dem Schwerpunkt der Anzahl ökologischer Betriebe.[292] Molkereien und Käsereien treten vornehmlich marktfern im Allgäu auf. Mühlen liegen eher gleich verteilt im Land. Beide Verarbeitungsformen liegen, da sie wahrscheinlich eher überregional vermarkten, außerhalb der Verdichtungsräume des Landes.

Bei Großhandelsbetrieben ist eine Konzentration um Stuttgart sichtbar, doch ist zu bedenken, daß nicht alle Großhändler Vertragspartner eines Anbauver-

---

[289] Eine Antwort auf Fragen wie z.B: "Welche Ereignisse begünstigten das Ansteigen der Direktvermarktung?" läßt sich demnach nicht geben.

[290] Vgl. Kartensammlung, Anhang 3, Karte D2, C25, C26.

[291] Quelle: eigene Daten, bzw. vgl. auch BIOLAND (1994a) bzw. (1994b), (1994c) und (1994d).

[292] Vgl. Kapitel "Bevölkerungsentwicklung und Marktgröße" bzw. Karte B6.

bandes und damit Elemente der Datenbank und damit der Kartengrundlage sind.[293]

Die Beispiele der Molkerei Schrozberg, der Sunval-GmbH bzw. des Großhandels Rinklin zeigen, daß die betrieblichen Inputfaktoren bzw. die Handelsware zwar nach Möglichkeit regional beschafft werden, daß aber i.d.R. das Einzugsgebiet der eingesetzten Waren bzw. Rohstoffe die Grenzen der Region, des Bundeslandes (Schrozberg) bzw. der Bundesrepublik (Sunval und Rinklin) überschreitet.

Das Vorhandensein von benachbarten Verarbeitern scheint damit heute keine überragende Rolle bei der Umstellungsentscheidung zu spielen. Verarbeiter wie Händler müssen zunächst die allgemeine Nachfrageentwicklung nach ökologisch erzeugten Lebensmitteln abwarten, bis sie selbst ihre Nachfrage nach Rohstoffen und Produkten der DEMETER- und BIOLAND-Höfe erhöhen können.[294]

Anstatt an Absatzmittler und Verarbeiter zu liefern, bleibt den Landwirten zusätzlich der Absatzkanal der Direktvermarktung. Dieser spielt im ökologischen Landbau wie bereits erwähnt eine größere Rolle als im konventionellen. Es stellt sich die Frage, die im Kapitel "Bevölkerungsentwicklung und Marktgröße" bereits angeschnitten wurde, ob ökologische Direktvermarkter vornehmlich in Verdichtungsraumnähe auftreten.

Hierzu wurden die Betriebe getrennt nach Anbauverband in den konzentrischen 25 km und 50 km Ringzonen um Freiburg, Stuttgart, Karlsruhe und Rhein-Neckar (Kern = Mannheim) untersucht.[295] Da lediglich Daten zum Stand 1994 vorliegen, muß eine Betrachtung der historischen Ausbreitung der Direktvermarktung unterbleiben. Das Ergebnis der Auswertung zeigt Tabelle 27.

Nach der Tabelle zeigt Karlsruhe mit 92 % Direktvermarktern des BIOLAND- bzw. 64 % des DEMETER-Verbandes im 50 km Kreis die höchsten Direktvermarkterquoten. Danach folgt die 50 km Zone um Stuttgart mit 87 % (BIOLAND) bzw. 63 % (DEMETER). An dritter Stelle liegt der Verdichtungsraum Rhein-Neckar und an letzter Stelle, durch die relativ große Zahl nicht direkt vermarktender DEMETER-Betriebe, der Raum Freiburg.

Im Land vermarkten 76 % (= 388 von 510) der BIOLAND- und 60 % (= 271 von 452) der DEMETER-Betriebe direkt. In den Verdichtungsräumen Karlsruhe und Stuttgart weichen die Anteile der Direktvermarkter deutlich vom Landesdurchschnitt nach oben ab. Der Rhein-Neckar-Raum zeigt bei BIOLAND (71 % Direktvermarkter) eine unterdurchschnittliche, bei DEMETER (67 %) dagegen eine deutlich überdurchschnittliche Direktvermarktung.

---

[293] Vgl. das Beispiel des Großhandelsbetriebs RINKLIN in Eichstetten.

[294] Vgl. die Beispiele Sunval, Schrozberg und Rinklin.

[295] Vgl. Kartensammlung, Anhang 3, Karte C26: "BIOLAND-Direktvermarktung Stand 1994" bzw. Karte C25: "DEMETER-Direktvermarktung Stand 1994".

Tab. 27: Verdichtungsraumnahe Direktvermarkter des ökologischen Landbaus

Ring	Freiburg	Stuttgart	Karlsruhe	Mannheim
25 km, BIO mit DV	14 = 64 %	5 = 71 %	6 = 100 %	3 = 100 %
25 km, BIO ohne DV	8 = 26 %	2 = 29 %	0 = 0 %	0 = 0 %
25 km, DEM mit DV	4 = 40 %	4 = 80 %	2 = 50 %	1 = 50 %
25 km, DEM ohne DV	6 = 60 %	1 = 20 %	2 = 50 %	1 = 50 %
50 km, BIO mit DV	12 = 80 %	36 = 90 %	5 = 83 %	2 = 50 %
50 km, BIO ohne DV	3 = 20 %	4 = 10 %	1 = 17 %	2 = 50 %
50 km, DEM mit DV	6 = 55 %	16 = 59 %	7 = 70 %	1 = 100 %
50 km DEM ohne DV	5 = 45 %	11 = 41 %	3 = 30 %	0 = 0 %
kumuliert BIO mit DV	26 = 70 %	41 = 87 %	11 = 92 %	5 = 71 %
kumuliert BIO ohne DV	11 = 30 %	6 = 13 %	1 = 8 %	2 = 29 %
kumuliert DEM mit DV	10 = 48 %	20 = 63 %	9 = 64 %	2 = 67 %
kumuliert DEM ohne DV	11 = 52 %	12 = 37 %	5 = 36 %	1 = 33 %

Anm.:   DEM = DEMETER-Betriebe, BIO = BIOLAND-Betriebe, DV = Direktvermarktung

Quelle: eigene Erhebung

Mit Ausnahme des Verdichtungsraumes Freiburg zeigt sich, daß Verdichtungsräume mit ihrer Bevölkerungsstruktur[296] die Direktvermarktung innerhalb der ökologischen Landwirtschaft begünstigen.[297]

Die durchschnittlich stärkere Direktvermarktung bei BIOLAND kann mit den verstärkten Aktivitäten dieses Verbandes zusammenhängen, eine Corporate Identity (einheitliche Werbemittel, Produkt-Folder, Hofschilder, Plakate für Hofläden, Verpackungen)[298] zur Förderung des Markenbewußtseins zu schaffen und damit die Direktvermarktung zu vereinfachen.

Fazit: Der Arbeitsthese 5, die besagt, daß benachbarte Verarbeiter und Absatzmittler nur einen geringen Einfluß auf eine Umstellung besitzen, ist zuzustimmen. Für Betriebe, die ihre Umstellungsentscheidung bereits getroffen haben, stellen Verdichtungsräume mit großen Marktvolumina und Marktpotentialen Anreize dar, ihre Produkte direkt zu vermarkten. Die Umstellungsentschei-

---

[296] Vgl. die bereits erwähnte BROMBACHER-Studie zum typischen Konsumenten ökologischer Agrarprodukte.

[297] Welche Möglichkeiten im Freiburger Raum insbesondere den DEMETER-Landwirten als Alternative zur Direktvermarktung offen stehen, wurde im Rahmen dieser Arbeit nicht untersucht.

[298] Vgl. WIPPEL (1993), Anhang VII. 4.

dung als solche, wird von der Nähe zu Verdichtungsräumen, wie bereits darge-
legt, nicht tangiert.

2.5 Die Wirkung der EG-Extensivierungsprogramme und des MEKA auf den ökologischen Landbau

Bei den bisherigen Ausführungen wurde ein Bezug zwischen der Entwicklung
der ökologischen Betriebe und anthropogenen und naturräumlichen Faktoren
hergestellt. Alle untersuchten Einflußkräfte waren auf einen räumlich begrenzten Teil des Landes fixiert. Anthropogene Einflüsse der Politik, wie EG-Pro-
gramme und MEKA sind jedoch landesweit in gleichem Umfang wirkende
Kräfte. Sie sind daher gesondert zu behandeln.

Eine der wichtigsten Studien zur Wirkung der Extensivierungsprogramme in
Baden-Württemberg veröffentlichten DABBERT und BRAUN im Jahr 1993.[299]
Aufgrund des Veröffentlichungsjahres ist die Studie bezüglich ihrer betriebswirtschaftlichen Erhebungsdaten (wie Gewinnentwicklung, Deckungsbeitrags-
entwicklung) nur vorläufig. Auf diese Daten wird im Rahmen dieser Arbeit
auch nicht weiter eingegangen. Wichtiger für die Fragestellungen dieser Arbeit
sind die erhobenen Daten zur Ausstattung der Betriebe bezüglich ihrer Fläche,
der Bodengüte, der Wirtschaftsform und der Verbandszugehörigkeit. Da in dieser Datenerhebung 189 Betriebe untersucht und davon 148 ausgewertet werden
konnten, liefert sie eine wertvolle Ergänzung zu den kartographischen Auswer-
tungen dieser Arbeit. Im Anschluß folgt daher eine kurze Zusammenfassung.

Nach der genannten Studie stellten vornehmlich jüngere Betriebsleiter ihre
Höfe um. Die Datenerhebung von Flächenausstattung und Alter der Betriebsleiter zeigt eine direkte Proportionalität zwischen dem Alter des Betriebsleiters
und der Hofgröße. Der Altersunterschied der Umsteller zum statistischen
"Normallandwirt" ist neben der Lage in Gebieten allgemein größerer Flächenausstattung der Betriebe ein weiterer Erklärungsfaktor der Frage, warum die
Wirtschaftsfläche der Umstellungsbetriebe so deutlich vom Durchschnitt aller
Betriebe in Baden-Württemberg abweicht. So lag (Stand 1989) der durchschnittliche konventionelle HE-Betrieb in Baden-Württemberg bei 23,5 ha LF,
der NE-Betrieb bei 6,3 ha LF. Die ökologischen Pendants mit Umstellungsver-
trag eines AGÖL-Verbandes besaßen dagegen 36,9 bzw. 15,7 ha LF.[300]

Laut DABBERT und BRAUN waren es vor allem Betriebe auf schlechten
und mittleren Böden, die umstellten.[301] Da auf solchen Böden i.d.R. extensiver
gearbeitet wird, dominieren dort Futterbaubetriebe,[302] die dem ökologischen

---

[299] Vgl. DABBERT, S. und BRAUN, J. (1993), S. 90-99.
[300] Vgl. ebenda.
[301] Vgl. ebenda.
[302] Der Zusammenhang zeigt sich sehr deutlich, vergleicht man die Karten auf S. 68 bzw.
S. 201 bei BORCHERDT, C. (1991).

Ende des Kontinuums näher stehen als z.B. reine Marktfruchtbetriebe oder intensive, z.T. bodenunabhängige Veredelung. Die Opportunitätskosten der Umstellung liegen bei diesen Betrieben niedriger, die Umstellung erscheint - rein wirtschaftlich betrachtet - vordergründig sinnvoller als bei einem Marktfruchtbetrieb in einem landwirtschaftlichen Gunstraum.

Bei der Ansicht der Karten der Umstellungen im Rahmen des Extensivierungsprogramms[303] zeigen sich Umstellungsschwerpunkte bei BIOLAND in den Kreisen Enzkreis - Böblingen - Tübingen - Rottweil, Schwäbisch Hall - Rems-Murr, und Alb-Donau - Biberach - Ravensburg - Bodenseekreis. Die DE-METER-Pendants finden sich in den Kreisen Main-Tauber - Hohenlohe - Schwäbisch Hall - Rems-Murr bzw. Ravensburg - Bodenseekreis. Untersucht man diese Kreise auf ihre Bodengüte bzw. ihre Betriebsformen[304] zeigt sich, daß alle Kreise mit ihrer Hauptfläche in Gebieten mit einer EMZ von 30 - 55 liegen. Insofern ist DABBERT zuzustimmen. Bei den Betriebsformen sind der Enzkreis sowie Böblingen und Tübingen Gebiete, in denen der Marktfruchtbau die stärkste Betriebsform 1987, also kurz vor Beginn der Extensivierung, darstellt. Die übrigen genannten Kreise sind jedoch, wie von DABBERT ermittelt, Kreise mit überwiegendem Futterbau. Die kartographische Analyse deckt sich demnach mit DABBERTs statistischer Erhebung.[305]

Im Wirtschaftsjahr 1992 lief das bundeseinheitlich geregelte Extensivierungsprogramm aus. An seine Stelle sind Länderprogramme getreten, die keinem gemeinsamen Bundesrahmen mehr unterliegen. Im Rahmen dieser Arbeit kann nur auf das MEKA-Programm in Baden-Württemberg eingegangen werden.

Das **MEKA**, initiiert vom Landesbauernverband, vergibt Punkte für freiwillige Extensivierungsmaßnahmen und landschaftspflegende Tätigkeiten. Jeder MEKA-Punkt wird mit 20 DM honoriert. Förderungsberechtigt sind die Bezieher von land- und forstwirtschaftlichem Einkommen aus in BW belegenen land- und forstwirtschaftlich genutzten Flächen. Die maximale Förderung liegt bei 550 DM/ha. Das MEKA umfaßt dabei Regeln für die Grünlandbewirtschaftung (in den Teilbereichen Erosionsminderung, Grundwasserschutz und Pflege der Kulturlandschaft),[306] Regeln für Ackerbau und Sonderkulturbau sowie für die

---

[303] Vgl. Kartensammlung, Anhang 3, Karten C18, C19: "Umstellung auf DEMETER (bzw. BIOLAND) Anbau während der EG-Extensivierungsprogramme 1988-1993".

[304] Vgl. BORCHERDT, C. (1991), S. 210 bzw. S. 100.

[305] Dabei darf aber nicht vergessen werden, daß mittlere Böden bzw. Futterbaugebiete die größten Flächenanteile des Landes einnehmen. Bei der im Rahmen der Nearest-neighbour-Analyse festgestellten Verteilung der Betriebe im Raum, ist dieses Ergebnis der Statistik DABBERTs vorhersehbar.

[306] Vgl. Kartensammlung, Anhang 3, Karte B3: "Schwerpunktregionen des MEKA".

Biotoppflege (so ergibt die Pflege von Naßbiotopen und Streuwiesen 15 Punkte/ ha, die von Trockenbiotopen wie Wacholderheiden 10 Punkte/ha).[307] Das MEKA stellt keine gezielte Förderung des ökologischen Landbaus dar, wenngleich dieser nach dem Förderkonzept die meisten Punkte erhält. Da das MEKA nicht eingreift, wenn bereits eine Förderung nach dem Extensivierungs- bzw. dem Stillegungsprogramm erfolgt, wendet es sich damit auch den bereits bestehenden Biobetrieben zu, die ja durch das Extensivierungsprogramm nicht gefördert wurden, sowie den erst nach 1992 umstellungswilligen Bauern. Ebenso fördert das MEKA aber auch die Reduktion von Pestiziden (5 Punkte/ha), synthetischen Düngern und Produktionshilfen wie z.b. Halmver- kürzungsmitteln (6-10 Punkte/ha).[308] Damit wird der integrierte Landbau im selben Programm wie der ökologische gefördert. Auch konventioneller Landbau erfüllt Förderkriterien. Der erhöhte Abstand der Saatreihen im Getreidebau bringt 6 Punkte pro ha, auch wenn Pestizide und synthetische Dünger unver- mindert eingesetzt werden, bzw. in den Reihen dichter gesät wird. Undurch- führbar, in jedem Fall aufwendig, dürfte die Kontrolle der Förderwürdigkeit sein.

Somit richtet sich einerseits die Kritik gegen die Förderung nach dem Gieß- kannenprinzip, andererseits muß als Positivum erwähnt werden, daß jeder Landwirt nach marktwirtschaftlichen Überlegungen selbst entscheiden kann, welche Maßnahmen er durchführen will und wie hoch damit sein Förderung ausfällt. Positiv ist auch die Laufzeit von zehn Jahren, die eine langfristige und sichere betriebliche Planung ermöglicht. Umweltpolitisch könnte das MEKA sich als vorteilhaft erweisen, denn der Landwirt wird massiv mit landschafts- pflegenden bzw. landschaftsschonenden Wirtschaftsweisen in Kontakt gebracht. Besonders auffällig sind die Maßnahmen zum Biotopschutz, auch wenn damit teilweise nur agrarpolitische Fehlentwicklungen der Vergangenheit (z.B. die Zerstörung von Wachholderbiotopen durch Monokulturaufforstung) ausgegli- chen werden.[309]

Bei der Abschätzung der Wirkung des MEKA auf den ökologischen Land- bau Baden-Württembergs zeigt sich eindeutig, daß die produktionstechnische Extensivierung des EG-Programms deutlich stärkere Umstellungsanreize lie- ferte als das MEKA.

Zwischen 1988 und 1992 stellten 469 Betriebe im Land um, dies entspricht statistisch 94 Höfen pro Jahr. In den Jahren 1993 und 1994, ab Beginn des MEKA also, waren es nur 82, entsprechend 41 pro Jahr. Mögliche Erklärungen dieses Sachverhalts liegen in:

---

[307] Vgl. anonym (1992a), S. 38-41.
[308] Vgl. ebenda.
[309] Vgl. HÄRLE, J. (1992), S. 303-310.

- einer Marktsättigung nach dem EG-Extensivierungsprogramm mit einer starken Ausweitung des Angebots und einem entsprechenden Erzeugerpreisrückgang, wodurch weitere Umsteller zunächst abgeschreckt wurden,
- den höheren Subventionseffekten bei Ausnutzung der Extensivierungsförderung der EG gegenüber den MEKA-Subventionen,
- der Überlegung, daß vor 1988 eine größere Anzahl umstellungsbereiter Landwirte nur noch sozusagen auf den finanziellen Startschuß zur Umstellung wartete. Nachdem diese "Bugwelle" dann bis Ende 1992 abgebaut war, mußte erst wieder bei anderem Bauern die geistige Bereitschaft zur Umstellung neu aufgebaut werden.

2.6 Exkurs: Ökologischer Landbau im Elsaß

Die Entwicklung des ökologischen Landbaus im Elsaß zeigt einige Parallelen zur Entwicklung in Baden. Ebenso wie in Deutschland beginnt der ökologische Landbau ab Mitte der fünfziger Jahre. Erste Innovationsimpulse kommen hier direkt aus der Schweiz und in geringem Umfang aus Baden.

Zwischen Mülhausen und Straßburg fanden sich 1985 ca. 40 ökologische Betriebe. Nördlich von Straßburg existierten keine ökologisch bewirtschafteten Höfe. Im Jahr 1990 lag die Betriebszahl bei ca. 45, während sich die Zahl der Betriebe bis 1993 auf 85 erhöhte, davon 15 in Umstellung. Ökologisch bewirtschaftet wurde 1993 eine Fläche von 2.500 ha LF.[310]

Wie in Deutschland läßt sich somit die umstellungsfördernde Wirkung der EG-Extensivierungsprogramme auch in Frankreich feststellen.

Innovationszentren liegen in Colmar, Rufach und Mülhausen. In diesem Bereich fanden sich 1985 über 20 der 40 Elsässer Betriebe auf einem Raum von ca. 55 km · 25 km. Rufach zeichnet sich durch die dortige Ökomesse aus, die jährlich ca. 40.000 Besucher anzieht und somit einen wichtigen, überregional bedeutenden Kommunikationsplatz darstellt.

Im Elsaß lassen sich naturräumlich zwei Hauptbereiche voneinander abgrenzen, die Vogesen und die Rheinebene. Die Landwirtschaftsstruktur ähnelt in beiden Bereichen der Struktur in Deutschland. So findet sich in den Vogesen, ähnlich wie im Schwarzwald, überwiegend extensive Viehwirtschaft. Im Gegensatz zum Schwarzwald aber wird hier auch nennenswerte ökologische Viehhaltung betrieben. Im Jahre 1985 finden sich nach SICK[311] von 40 ökologischen Betrieben im Elsaß 11 Höfe in den Vogesen, davon 8 Viehwirtschaftsbetriebe. Zum Vergleich: im Schwarzwald finden sich 1985 dagegen nur ca. 10 BIOLAND- und DEMETER-Betriebe von insgesamt 286.[312] Die elsässische

---

[310] Vgl. VOGT, G. (1995), S. 30-31.
[311] Vgl. SICK, W.D. (1985a), S. 75-81.
[312] Vgl. Anhang 5.

Rheinebene zeigt ca. 30 Betriebe mit überwiegend landwirtschaftlichen Gemischtbetrieben und in geringerem Umfang reinen Sonderkulturbau. Ähnlich zum Kaiserstuhl finden sich an den Rändern der Vogesen ökologische Weinbaubetriebe, die, wie ihre deutschen Kollegen, den Wein i.d.R. selbst ausbauen. Angebaut werden auch ähnliche Sorten, wie Riesling, Silvaner, Gewürztraminer, Weißburgunder, Grauburgunder und Spätburgunder.[313] [314]

Die Betriebe gehören zu gleichen Teilen den Verbänden DEMETER und Nature et Progrés[315] an. Obwohl ein Austausch von Informationen und Produkten über den Rhein nach Baden eher zu erwarten wäre als ein Austausch über die Vogesen ins französische Hinterland, sind Kontakte nach Deutschland derzeit nur gering.

An den Treffen des Arbeitskreises Freiburg nimmt nur ein Landwirt aus dem Elsaß teil, und auch der ökologische Großhandelsbetrieb RINKLIN in Eichstetten unterhält nur zu diesem Bauern Lieferbeziehungen.

---

[313] Vgl. VOGT, G. (1995), S. 30-31.
[314] Vgl. das Beispiel zum ökologischen Weingut Schambachhof in Bötzingen.
[315] Entspricht dem deutschen BIOLAND-Verband.

3. Die gegenwärtige Situation des ökologischen Landbaus, dargestellt an exemplarischen Beispielen

Um die theoretischen Ausführungen des letzten Kapitels zu illustrieren, folgen nun Beispiele zu ökologischen Höfen, Verarbeitern und Ausbildungsmöglichkeiten. Diese Beispiele sind regional abgegrenzt, um einen bestimmten Teil des Landes genauer zu beleuchten. Da sich genügend Betriebsleiter/Geschäftsführer als Interviewpartner zur Verfügung stellten, wurde auf rein funktional abgegrenzte Beispiele[316] ohne Regionalbezug verzichtet.

3.1 Das DEMETER-Innovationszentrum Hohenlohe

Wie die Karten im Anhang zeigen, entwickelte sich im eher strukturschwachen Grenzgebiet der Landkreise Hohenlohe, Main-Tauber und Schwäbisch Hall ein Zentrum des DEMETER-Anbaus. Marktnähe scheidet hier als Positivfaktor der Diffusion aus. Andere Faktoren müssen hier wichtiger sein. Zwei dieser Faktoren, möglicherweise die bedeutendsten, werden nachfolgend vorgestellt. Es handelt sich dabei um die Landwirtschaftsschule Hohenlohe und die Molkerei Schrozberg.

3.1.1 Die Landwirtschaftsschule Hohenlohe in Kirchberg-Weckelweiler

Die Landwirtsschaftschule Hohenlohe[317] entstand bereits 1949 in Kirchberg-Weckelweiler an der Jagst als Jugend- und Erwachsenenbildungsstätte für die ländliche Bevölkerung. Seit dieser Zeit ist die Schule aktiv mit dem ökologischen Landbau verbunden und bietet ausschließlich auf diesem Gebiet ihre Kurse an. Die Schule hat bis 1994 zur Umstellung von über 200 Betrieben ihren Beitrag geleistet. Sie liegt in der Trägerschaft von Bauern und Interessenten des ökologischen Landbaus. Die Finanzierung des Schulungsangebots und der Einrichtungen erfolgt durch Spenden, Kursgebühren und Landesfördermittel von DM 30 - DM 40 pro Kursteilnehmer und Kurstag.

Der Kontakt zum DEMETER-Landbau entstand über die Familie von Heynitz, die auch dreißig Jahre lang in Weckelweiler beratend tätig war. Die Rittergüter der Familie von Heynitz in Sachsen mit einer landwirtschaftlichen Nutzungsfläche von 224 ha wurden von 1933 bis 1945 biologisch-dynamisch bewirtschaftet. Die Umstellung erfolgte 1930[318]. Die starke anthroposophische Linie der Schule ist daher historisch bedingt. Seit zwei Jahren allerdings ver-

---

[316] Betriebe ohne räumlichen Zusammenhang, also ein Handelsbetrieb hier, ein Verarbeiter dort.

[317] Alle Angaben zur Landwirtschaftschule stammen von deren Geschäftsführer, Herrn Knoch. Das Gespräch mit Herrn Knoch fand am 14.03.1995 in Kirchberg-Weckelweiler im Rahmen einer Besichtigung statt. Für seine Mitarbeit danke ich Herrn Knoch an dieser Stelle nochmals herzlich.

[318] Vgl. SATTLER, F., und WISTINGHAUSEN, E. (1985), S. 16.

sucht der derzeitige Geschäftsführer diese einseitige Ausrichtung aufzubrechen und die Schule auch für andere Strömungen des ökologischen Landbaus zu öffnen. Anhand der Entstehung der Schule wird deutlich, wie stark individuelle Kontakte im ökologischen Landbau für dessen Verbreitung sorgten, auch wenn der Neuanfang kriegsbedingt viele Kilometer vom ehemaligen Innovationspunkt in Sachsen entfernt beginnen mußte.

Im Jahre 1994 bildete die Schule ca. 320 Personen im Bereich ökologische Landwirtschaft aus. Davon waren ca. 60 % Landwirte und 40 % interessierte Verbraucher. In die Zielgruppe des Hauptseminars fällt also jeder, der sich für ökologische Landwirtschaft interessiert. In der Altersstruktur bilden die unter 27-jährigen eine Gruppe von ca. 25 %, den Rest deckt das Altersspektrum von >27 Jahre bis 77 Jahre ab. Die Kursteilnehmer kommen aus ganz Baden-Württemberg. Kursangebote, die in entsprechenden Fachzeitschriften[319] bundesweit veröffentlicht werden, erreichten allerdings bisher auch Hörer aus Hessen und Bayern.

Nach Ansicht der Schulleitung ist derzeit eine Sättigungstendenz im Ansteigen der Zahl umstellungsinteressierter Landwirte erkennbar, wodurch die Schulung der Verbraucher zunehmend wichtiger wird. Dennoch wird das sechswöchige Hauptseminar von der Schule als Hauptimpuls für eine Umstellung gesehen. Die theoretische Ausbildung im Seminar wird durch Exkursionen zu ökologischen Landwirten begleitet. Hier erhalten potentielle Umsteller Gelegenheit, sich mit der ökologischen Landbewirtschaftung in der Praxis vertraut zu machen und Kontakte zu ökologischen Landwirten zu knüpfen. Zusätzlich werden mehrtägige Kurse mit ökologischem Inhalt angeboten.

Tabelle 28 zeigt die **Ausbildungsschwerpunkte.**

In ihrer ausschließlichen Orientierung auf die ökologische Agrarwirtschaft ist die Bauernschule Weckelweiler bundesweit einzigartig. In anderen Ausbildungsstätten werden lediglich ökologische Kurse als Ergänzung zum ansonsten konventionellen Lehrangebot gehalten.

Neben dem ökologischen Landbau fällt das Engagement für Biogas[320] auf. Tatsächlich sieht die Schule hierin ihr zweites Hauptaufgabenfeld. Von den fünf Angestellten wird eine Arbeitskraft für Biogastechnologie eingesetzt. Die Biogas-Fachtagungen ziehen Besucher aus ganz Europa an.

---

[319] Z.B. "bioland" , "Schrot und Korn".
[320] Bei dieser Technik läßt man Gülle und Mist in einem Druckbehälter vergären. Dabei wird Methangas freigesetzt. Ein Drittel des Gases wird zur Gewinnung der benötigten Prozeßwärme verwendet, ein Drittel dient der Erzeugung von Brauchwärme auf dem Hof, ein Drittel dient der Stromerzeugung.

Tab. 28: Ausbildungsschwerpunkte der Landwirtschaftsschule Weckelweiler

a) im Winter	Hauptseminar mit Exkursionen
	Umstellungskurs auf ökologischen Landbau[321]
	Kurs zur Erzeugung und Vermarktung ökologischer Produkte[322]
	Kurs zur Nutzung von Biogastechnik und Solarenergie in der Landwirtschaft
	Bauerntagung
	Landfrauenwoche
	Kurse über Ernährungsfragen
	Filmabende und Vorträge
b) im Sommer	Feldbegehungen
	Ausstellungen
	Hoffeste
	Jahresausflug
	Fahrten zu Biogasanlagen

Quelle: Landwirtschaftsschule Weckelweiler

Wie bereits in den Karten gezeigt, stellt das Grenzgebiet der Kreise Main-Tauber, Hohenlohe und Schwäbisch Hall in Baden-Württemberg ein Zentrum des ökologischen Landbaus dar. Zur Entwicklung dieser Landwirtschaftsform im dünnbesiedelten (50 - 120 Einwohner pro km2),[323] überwiegend landwirtschaftlich geprägten, stark erosionsgefährdeten Hügelland der Hohenloher Ebene wurden im Rahmen des Interviews ebenfalls Fragen gestellt.[324]

Das rauhe Klima der Region ist für ökologischen Landbau eher ungünstig. Insbesondere für ökologischen Gemüsebau, der in der Direktvermarktung besonders gute Erträge bringt, ist es zu kalt. Der Boden ist stark kalkhaltig und nach den Ertragsmeßzahlen eher mittelmäßig bis schlecht (EMZ = 30 - 42, selten EMZ bis 55).[325] Damit ist der Boden sicher nicht ideal für ökologischen Landbau, doch kann dies auch die Zahl der Umstellungen nach Ansicht der Bauernschule positiv beeinflußt haben, denn auf guten Böden (EMZ >60) wird in der Region spezialisiert konventioneller Getreide-Hackfruchtbau betrieben.

---

[321] Dieser Kurs wird organisatorisch innerhalb des Hauptseminars angeboten, ist aber eigenständig und in sich abgeschlossen.

[322] Entsprechend der letzten Fußnote.

[323] Vgl. BORCHERDT, C. (1991), S. 23.

[324] Alle Angaben stammen, soweit nicht durch Fußnoten auf andere Quellen verwiesen wird, von Herrn Knoch.

[325] Vgl. BORCHERDT, C. (1991), S. 100.

Die Opportunitätskosten der ökologischen Bewirtschaftung eines solchen Betriebs sind zu hoch, als daß sie eine Umstellung wirtschaftlich sinnvoll erscheinen ließen. Wäre der Boden aber mit einer EMZ von durchschnittlich unter 30 ausgestattet, könnte man das Risiko der Ertragseinbrüche während der Umstellung kaum noch vertreten.

Auch daß die Hohenloher Ebene zum reinen Anerbengebiet gehört,[326] könnte ein Vorteil sein. Es lassen sich zwar in klima- und marktgrößenbegünstigten Räumen auch Kleinstbetriebe umstellen (z.B. reine Gemüsebaubetriebe von 1 - 2 ha LF im Haupterwerb), und überhaupt spielt lt. Herrn Knoch die Betriebsgröße nur eine untergeordnete Rolle[327] bei der Frage, ob ein Betrieb umstellungsgeeignet ist, doch sind im Anerbengebiet auch die Schläge deutlich größer[328] als im Landesdurchschnitt. Große Schläge führen zu prozentual geringeren Belastungen durch die externen Effekte (Spritzungen mit Pestiziden, Düngemitteleintrag) angrenzender Schläge benachbarter konventioneller Landwirte. Und nur pestizid- und düngerunbelastete Agrarprodukte entsprechen den Erzeugungsrichtlinien der Anbauverbände und dürfen unter deren Namen vermarktet werden. Ähnlich wirkt sich die weitgehend abgeschlossene Flurbereinigung der Region aus. Der Landwirt ist nicht gezwungen, bereits umgestellte Flächen aufzugeben und gegen noch umzustellende, ehemals konventionell bewirtschaftete Flächen zu tauschen.

Ein weiterer Standortvorteil ist die in der Hohenloher Ebene traditionell vorherrschende Betriebsform der landwirtschaftlichen Gemischtbetriebe mit starkem Getreide-Hackfruchtbau und Großviehhaltung. Solche Betriebe sind, im Gegensatz zu den in dieser Region ebenfalls stark vertretenen Veredelungsbetrieben, relativ einfach umzustellen. Daß hierbei im historischen Verlauf die DEMETER-Umsteller bisher zahlenmäßig stärker waren, ist historisch bedingt.

Das Risiko der Umstellung gerade bei Betrieben mit Schwerpunkt Milchviehhaltung wird durch die Existenz der Molkereien Schrozberg[329] für DEMETER-Betriebe und Schwäbisch Hall und Moisdorf/Bayern für BIOLAND-Betriebe zusätzlich reduziert. Zusätzlich bestehen in Schrozberg zwei Erzeugergemeinschaften, die EZG Schrozberg/Zell und die OBEG, die organisch-biologische Erzeugergemeinschaft.

Die Strukturschwäche der Hohenloher Ebene mit ihrer geringen Bevölkerungsdichte, der kaum vorhandenen Industrie und der spät erfolgten verkehrstechnischen Erschließung, zwingt die jüngere Landbevölkerung entweder zur Abwanderung oder zum Verbleib in der Landwirtschaft.

---

[326] Vgl. ebenda, S. 162.
[327] Die Untersuchung der Betriebsgrößen zeigt allerdings in der Praxis ein gegenteiliges Ergebnis.
[328] Genaue Daten konnten nicht erhoben werden.
[329] Vgl. nächsten Gliederungspunkt.

Innerhalb der Landwirtschaft sieht die Bauernschule die Ökologie auch als wirtschaftlich bedeutende Nische, die einen zukünftigen Verbleib im primären Sektor ermöglichen kann. Die Alternative zur Umstellung, die Spezialisierung im konventionellen Bereich, gewinnt aber heute in der Region zunehmend an Bedeutung, die Zahl der Veredelungsbetriebe steigt.

Nach den Statistiken der Schule nutzen insbesondere jüngere Landwirte, die im Hauptseminar bzw. im Umstellungs- und Vermarktungskurs wichtige Impulse erhalten haben, die Umstellungsmöglichkeit. Auch wurde 1990 unter Mitwirkung der Bauernschule im Landwirtschaftsamt Schwäbisch Hall eine Beratungsstelle für ökologischen Landbau errichtet. Beide Einrichtungen fördern das "Umdenken im Kopf", das nach Herrn Knoch im Vordergrund bei der Umstellung stehen muß.

3.1.2 Die Molkereigenossenschaft Hohenlohe-Franken in Schrozberg

Die Molkerei Schrozberg[330] wurde im Jahr 1900 gegründet. Gründungsmitglieder waren die Landwirte von 83 Höfen, die 1900 insgesamt ca. 219.000 kg Milch pro Jahr lieferten. Die Arbeit, die 1900 begann, wird heute von der eingetragenen Genossenschaft Schrozberg/Hohenlohe fortgesetzt. Dieser Zusammenschluß umfaßt 1994 330 Landwirte, davon 234 konventionelle und 96 DEMETER-Betriebe (1993 = 92 DEMETER-Betriebe), jedoch keine Betriebe anderer AGÖL-Verbände. Diese 330 Landwirte vermarkten zusammen 25 Mio. kg Milch. Als Genossenschaft ist die Molkerei verpflichtet, die gesamte Milchmenge abzunehmen, die ihr ihre Mitglieder anbieten. Bei Übererfüllung der Milchquote eines Landwirts erfolgt zunächst eine Quotensaldierung innerhalb der Molkerei, bzw. innerhalb des Landes, bzw. des Bundesgebietes. Für die restliche Überschußmenge muß der verursachende Landwirt, entsprechend den EU-Bestimmungen, eine Milchabgabe zahlen. Im Jahr 1974 wurde erstmals ökologisch erzeugte Milch verarbeitet. Treibende Kraft dieser Entwicklung war die bereits vorgestellte Landwirtschaftsschule Hohenlohe sowie in geringerem Umfang der DEMETER-Bund Stuttgart. Für die DEMETER-Landwirte der Region wurde damals eine Molkerei zur getrennten Erfassung, Verarbeitung und Vermarktung der Milch gesucht. Während mehrere Molkereien absagten, begann die Molkerei Schrozberg, nach Abschluß des DEMETER-Verarbeitungsvertrags, die Milchmenge von 14 biologisch-dynamischen Höfen zu verarbeiten. Im Marktsegment "ökologische Milchprodukte" war Schrozberg bis 1980 Monopolist.

---

[330] Alle Angaben zur Molkerei stammen von deren Geschäftsführer, Herrn Wiese, bzw. wurden dem Jahresabschluß 1994 entnommen. Das Gespräch mit Herrn Wiese fand am 14.03.1995 in Schrozberg im Rahmen einer Betriebsbesichtigung statt. Für seine Mitarbeit danke ich Herrn Wiese an dieser Stelle nochmals herzlich.

Die gegenwärtige Situation bei Umsatz und Absatz: Die Milchanliefe-
rung an die Molkerei war im Geschäftsjahr 1994 im konventionellen Bereich
um 0,4 % rückläufig. Dagegen hat sich der Anlieferungsanteil bei DEMETER-
Milch um 0,2 % etwas erhöht. Die Mengen zeigt die nachfolgende Tabelle.

Tab. 29: Milchlieferungsentwicklung der Molkerei Schrozberg

	1994	1993
konventionelle Milch	15.912.500 kg	15.978.000 kg
DEMETER-Milch	9.013.700 kg	8.996.000 kg
Gesamtmenge	24.926.200 kg	24.974.000 kg

Quelle: Molkereigenossenschaft Schrozberg e.G.

Hauptgeschäftszweige waren die Flaschenmilchabfüllung, die Erzeugung
von Frischprodukten konventionellen und ökologischen Ursprungs und die Ver-
sandmilch. In diesem Bereich wird für die SÜDMILCH konventionelle Milch
abgefüllt und von der SÜDMILCH unter dem Namen "Landliebe" vermarktet.
Der Betrieb beschäftigt heute 41 Mitarbeiter (gegenüber 14 im Jahr 1980) in der
einzigen Betriebsstätte Schrozberg.
    Der Umsatz liegt 1994 bei ca. 27 Mio. DM, davon machen DEMETER-Pro-
dukte ca. 14 Mio. DM aus. Der Umsatz steigerte sich zwischen 1980 und 1990
pro Jahr um 20 - 25 %. Einen deutlichen Umsatzschub brachte die Umstellung
auf Mehrwegflaschen bei Milch ab Januar 1991 bzw. der Austausch von Pla-
stikbechern durch Mehrweggläser bei Milchprodukten ab März 1993. Der Wa-
reneinsatz, der diesem Umsatz gegenübersteht, ergibt sich aus dem Erzeuger-
preis des Landwirts von derzeit 67,37 Pfg/kg bei konventioneller Milch bzw.
78,87 Pfg/kg bei DEMETER-Milch. Die Kosten der Verarbeitung können an
dieser Stelle nicht veröffentlicht werden. Das Verhältnis der Kosten der Verarbeitung ökologischer zu konventioneller Milch liegt jedoch bei ca. 5 zu 1. Die
Unternehmung weist ein Anlagevermögen von ca. 2,2 Mio. DM aus, davon 1,2
Mio. in Maschinen und technischen Anlagen.
    Zur Vermarktung stehen heute 26 Artikel (Milch, Sauermilch, Butter, Jo-
ghurt mit DEMETER-Früchten bzw. mit Früchten aus kbA) zur Verfügung. Im
Jahr 1974 war die Molkerei dagegen lediglich ein Abfüllbetrieb für Milch.
Konventionelle Erzeugnisse werden nur im regionalen Bereich unter dem Eti-
kett der Molkerei vertrieben. Ökologische Produkte mit dem Schrozberg-Etikett
und dem DEMETER-Logo finden sich dagegen bundesweit. Neben den üblichen Gebinden für Endverbraucher wie 250g-Butter-Paketen und 1/1-Liter-Fla-
schen gibt es DEMETER-Großgebinde für Kantinen und Krankenhäuser in
Kunststoff-Mehrweg-Eimern. Unterstützt wird die Molkerei in der Vermarktung

durch 38 bundesweit tätige Großhändler. Lediglich DENNREE, der größte deutsche Großhändler für ökologische Produkte, vertreibt dabei die DEMETER-Vollmilch in der 1/1-Liter-Flasche seit 1990 unter seinem Handelsnamen als DEMETER-Vollmilch. Die Großhändler liefern dann an den Naturkost-Fachhandel. Die Marktbearbeitung durch kommunikationspolitische Elemente im Marketing-Mix sowie die Marktforschung überläßt die Molkerei den Einzelhändlern. Kommunikationspolitisch wird dabei besonders auf die Qualitätsanmutung der Marke "Molkerei Schrozberg" vertraut.

Damit diese Qualitätsanmutung erhalten bleibt, werden die Produkte im eigenen chemischen und bakteriologischen Labor untersucht. Diese Untersuchungen finden stichprobenartig bei der Rohmilch, beim Endprodukt und nochmals nach Ablauf der Mindesthaltbarkeitszeit ab. Weitere Kontrollen finden durch Wirtschaftskontrolldienst, den Milchprüfring Stuttgart und den DEMETER-Verband statt. Ein Problem im Absatz ökologischer Produkte stellt der deutliche Umsatzrückgang in dieser Sparte während der Sommermonate, besonders der Sommerferien, dar. In dieser Zeit muß ökologische Milch, deren Abnahme ja garantiert ist, mit konventioneller Milch zusammen verarbeitet und als konventionelles Produkt vermarktet werden, wodurch bei gleichbleibenden Kosten nur geringere Erlöse zu erzielen sind. Dieser Ertragseinbruch muß damit in die Preiskalkulation des gesamten Jahres einbezogen werden.

Die Produktion: Wegen des raschen Anstiegs der Zahl der in der Rohmilch vorhandenen Keime, läßt sich diese nicht lagern und muß direkt verarbeitet werden. Dementsprechend klein sind die Lagerkapazitäten. Sie betragen 30.000 Liter für DEMETER- und 80.000 Liter für konventionelle Rohmilch. In diesen Lagertanks muß die Milch alle 15 Minuten für eine Minute gerührt werden, um Milchfettablagerungen in der nicht homogenisierten Milch zu verhindern. Ist ein Tank für ökologische Milch festgelegt, wird diese Zuordnung nicht mehr geändert, um Vermischungen mit Tankresten zu verhindern. Erster Produktionsschritt ist die Pasteurisierung der Rohmilch, um Keime abzutöten. Hierzu wird die Rohmilch auf 71 Grad Celsius kurzzeiterhitzt und rasch abgekühlt. Die Verarbeitung aller Molkereiprodukte erfolgt danach auf nur einer computergesteuerten Fertigungslinie. Diese Steuerung regelt den Fettgehalt für die unterschiedlichen Produkte, wobei in Zentrifugen das Milchfett zunächst vollständig entfernt und später abhängig vom gewünschten Produkt wieder zugesetzt wird. Ebenso wird die Herkunft der Milch aus den jeweiligen Lagertanks festgelegt. Eine Mischung verschiedener Milcharten während der Produktion wird dadurch ausgeschlossen. Auch Milchzusätze wie spezielle Milchsäurestämme zur Herstellung von Sauermilch werden elektronisch gesteuert zugesetzt.

Die Reinigung der Mehrweggebinde erfolgt durch Natronlauge 1,8 % und durch Heißdampf (140 Grad Celsius, 10 bar Druck). Auf chlorhaltige Reinigungsmittel, die üblicherweise in Molkereien zu finden sind, wird verzichtet, da sich diese Reiniger nicht mit dem Anspruch eines ökologischen Produkts in

Einklang bringen lassen. Die Molkereiabwässer werden vom Wasserwirtschaftsamt untersucht und weisen trotz der gesteigerten Produktion heute die gleiche gute Qualität wie 1980 auf. Für die Lagerung vor dem Vertrieb existieren getrennte Kühllager für ökologische und für konventionelle Produkte.

Die bei der Produktion der Milchprodukte anfallende Überschußmolke, die nicht im Lebensmittelbereich vermarktet werden kann, wird an Landwirte (davon ein DEMETER-Landwirt) in der Region als Futterzusatz in der im Hohenlohischen stark verbreiteten Schweinemast geliefert.

Der Vertrieb der Fertigerzeugnisse erfolgt durch drei molkereieigene Kühlwagen von 7,5 t, 18 t und 30 t.

Die Beschaffung: Daß im Bereich der ökologischen Produkte nur DEMETER-Betriebe als Genossenschaftsmitglieder und damit als Lieferanten berücksichtigt werden, liegt nicht an einer anthroposophischen Orientierung der Molkereiführung. Im Jahr 1974 gab es eben noch kaum BIOLAND-Betriebe. Wegen der DEMETER-Verarbeitungsrichtlinien könnte BIOLAND-Milch heute nur als dritte Beschaffungs-, Produktions- und Vertriebsschiene laufen, wenn das DEMETER-Logo auf den Etiketten erhalten bleiben soll. Eine Mischung der Milch wäre nur im Rahmen eines Produktes nach der EG-Bioverordnung möglich. Da die Molkerei hierin nur wirtschaftliche Nachteile sieht, wird es auch zukünftig kein BIOLAND-Produkt der Molkerei Schrozberg geben. Eine BIOLAND-Molkerei befindet sich in Moisdorf bei Künzelsau.

Die Milcherfassung bei den 96 DEMETER-Höfen erfolgt alle zwei Tage. Hierzu werden drei Tankwagen zu je 14.000 Litern eingesetzt. Erstaunlich groß ist das von der Molkerei abgefahrene Milcheinzugsgebiet. Es reicht vom Standpunkt Schrozberg über Heilbronn bis nach Heidelberg als Eckpunkt im Nordwesten, nach Pforzheim im Südwesten, nach Heidenheim an der Schwäbischen Alb im Südosten und über die Landesgrenze bis nach Nürnberg im Nordosten. Für die Ausbreitung des DEMETER-Landbaus besitzt die Molkerei somit eine überregionale, stark fördernde Wirkung, die nahezu das gesamte nördliche Baden-Württemberg beeinflußt. Dies zeigt deutlich, welche Schubkraft von einem einzigen Verarbeiter ausgehen kann, insbesondere, wenn er bundesweit vermarktet und daher besonders leistungsstark ist. Diese Förderwirkung wird noch verstärkt durch das Angebot der Molkerei, in Problemfällen den Landwirt auf dessen Hof zu beraten. Dazu kommen jährlich stattfindende Info-Tage, die den Landwirt über die Situation des Milchmarkts und die Entwicklung der Molkerei informieren.

Für die Zukunft plant die Molkerei ihre Verlagerung ins Schrozberger Gewerbegebiet in einen Neubau, da das alte Gebäude den Anforderungen, insbesondere durch die Lagerung und Spülung der Mehrwegbehälter, nicht mehr gewachsen ist. Die Molkerei wird auch zukünftig nur das Milchfrischesortiment abdecken. Käse wird wegen der gespannten Marktlage nicht ins Sortiment aufgenommen werden.

3.2 Landwirtschafts- und Verarbeitungsbetriebe im Rhein-Neckar-Raum

Weiträumig abgegrenzt umfaßt der Rhein-Neckar-Raum das Trapez vom rhein-land-pfälzischen Worms und dem hessischen Bensheim im Norden bis zum linksrheinischen Neustadt im Südwesten und dem rechtsrheinischen Sinsheim im Südosten. Dieser Verdichtungsraum um den Kern Mannheim/Ludwigshafen und Heidelberg zeichnet sich aus landwirtschaftlicher Sicht durch seine Klima-, Boden- und Reliefgunst aus. In Baden-Württemberg weisen weite Teile des Rhein-Neckar-Raumes Ertragsmeßzahlen von durchschnittlich über 60 auf und zeigen an mindestens 160 Tagen im Jahr eine Durchschnittstemperatur von über 10° Celsius.[331] Nach THÜNEN ist hier eine intensive und damit hochproduktive Landwirtschaft zu erwarten. Damit scheint hier wenig Raum für eine extensivere ökologische Bewirtschaftung.[332]

Entsprechend der Abgrenzung der Arbeit wird die Entwicklung der links-rheinischen ökologischen Landwirtschaft nicht dargestellt. Das baden-württembergische Gebiet aus den Stadtkreisen Mannheim und Heidelberg sowie dem Rhein-Neckar-Kreis wird dagegen durch vier Landwirtschaftsbetriebe exemplarisch beleuchtet.

Die Entwicklung des ökologischen Landbaus begann in dieser Region mit der Umstellung eines Betriebes in Sinsheim-Adersbach im Jahr 1972. Bis 1980 entwickelte sich Sinsheim mit drei Betrieben zum DEMETER-Zentrum der Region, im nahegelegenen Angelbachtal entstand ein weiterer Hof. Bis 1985 hatten sieben Betriebe im südwestlichen Rhein-Neckar-Kreis auf DEMETER-Anbau umgestellt, bis 1990 waren es zehn (davon fünf in Sinsheim), zum Jahresende 1994 existierten 12 DEMETER-Höfe. Nach BIOLAND-Richtlinien wirtschafteten bis 1985 zwei, bis 1990 fünf und bis 1994 acht Höfe. Ein Schwerpunkt wie Sinsheim bei DEMETER, wo die Hälfte der DEMETER-Betriebe arbeiten, läßt sich bei BIOLAND nicht zeigen.

3.2.1 Der BIOLAND-Hof Hubert Merz in Neulußheim

Die Umstellung: Hubert Merz,[333] Jahrgang 1960, stellte den Hof 1990 im Rahmen der EG-Extensivierungsprogramme auf die Anbaurichtung 'organisch-biologisch' im BIOLAND-Verband um. Nach abgeschlossener Ausbildung zum Landmaschinenmechaniker hatte Merz zunächst kein Interesse, den elterlichen Hof weiterzuführen. Dieses Interesse erwachte erst in Nepal, wo er im Entwicklungsdienst tätig war. Dort traf er einen Absolventen der Gesamthochschule Kassel, an der er später ein landwirtschaftliches Studium absolvierte. In Nepal bereits kam für ihn nur der Bio-Landbau aus ethischen und ökologischen Grün-

---

[331] Vgl. BORCHERDT, C. (1991), S. 68.

[332] Vgl. Kapitel "Bevölkerungsentwicklung und Marktgröße".

[333] Alle Angaben zum Betrieb machte Herr Merz während einer Betriebsbesichtigung im Dezember 1993. An dieser Stelle sei ihm für seine Mitarbeit nochmals herzlich gedankt.

den in Frage. Wirtschaftliche Motive spielten für ihn bei dieser Entscheidung keine Rolle.

Hubert Merz waren 1990 die Verbände DEMETER, BIOLAND und NATURLAND bekannt. Bei der Umstellungsentscheidung schied NATUR-LAND als kleinster der drei Verbände aus. Merz erschien die Vermarktung unter diesem Verband mit seinem relativ unbekannten Namen und der geringen vorhandenen Absatzinfrastruktur in dieser Region zu schwierig. Tatsächlich existierte 1993 im Regierungsbezirk Karlsruhe nur ein NATURLAND-Betrieb in Waghäusel. Der anthroposophischen DEMETER-Ausrichtung des Biolandbaus war Merz zwar prinzipiell zugetan, doch bezweifelte er die praktische Notwendigkeit der Einhaltung von Saatterminen nach astronomischen Konstellationen und den Einsatz der DEMETER-Präparate. Der hierdurch erhöhte Zeitaufwand der Bewirtschaftung war seiner Ansicht nach jedoch kein Ablehnungsgrund. Schwerer wog dagegen die Sollvorschrift der DEMETER-Richtlinien, Großvieh zu halten. Da der elterliche Hof ohne Großvieh arbeitete, fehlten die hierfür nötigen Betriebseinrichtungen.

So fiel die Entscheidung für BIOLAND, was wesentlich dadurch beeinflußt wurde, daß Merz die BIOLAND-Verbandszeitschrift bereits während seines Studiums abonnierte und sogar passives BIOLAND-Mitglied wurde. 1990 umfaßte der Betrieb 80 ha LF. 1991 werden für den Rhein-Neckarkreis zum Vergleich nur 25 Betriebe in der Klasse 75-100 ha LF ausgewiesen, in der Klasse >100 ha LF nur 16.[334]

Angebaut wurden auf dem Hof vor der Umstellung hauptsächlich Getreide, Hackfrüchte und Sonderkulturen, insbesondere Spargel, zusätzlich wurden Schweine gemästet. Die Fläche von 80 ha wurde vollständig zugepachtet. Einerseits kann dieser Umstand die EK-Rendite des Betriebs erhöhen, da nur mit einem geringen EK gewirtschaftet wird, andererseits ergibt sich hieraus eine massive Belastung der Gewinnsituation durch Pachtzahlungen. Wegen dieser Ausgangslage waren zum Zeitpunkt der Umstellung keine Ersparnisse vorhanden. Ertragseinbrüche bei allen Kulturen von ca. 30-40 % bei der Umstellung führten somit zu einer deutlichen Belastung der Liquiditätslage des Betriebs, was Merz auch als Hauptproblem seiner Umstellung sah. An zweiter Stelle der Umstellungsschwierigkeiten nennt er die fehlende Akzeptanz der Eltern. Die Umstellungsentscheidung bedeutete für sie erstens die Unterstellung, alles falsch gemacht zu haben und zweitens das 'Herunterwirtschaften' des Hofes. Auch in der Dorfgemeinschaft wurde Merz belächelt, mittlerweile wird er akzeptiert. Als letztes Problem nennt er die fachlichen Fragen der Umstellung wie Anbaukultur und Fruchtfolge, Investitionsentscheidungen (angeschafft wurde eine Getreidereinigungsmaschine für die Direktvermarktung und die Vermark-

---

[334] Vgl. STATBW (1991).

tung durch die EZG für 100.000 DM) und die ungeklärte Struktur der Vermarktung. Gespräche mit BIOLAND-Beratern zeigten sich hier hilfreich.

Der Betrieb: Heute umfaßt der Vollerwerbsbetrieb 90 ha LF. Diese, ausschließlich zugepachtete, Fläche teilt sich in 38 Schläge, die im Umkreis von 12 km um das Wohnhaus im Zentrum Neulußheims verteilt sind. Die Bodengüte ist gering, 90 % der Fläche sind sandig mit einer Bodenzahl von 28-33, 10 % der Böden sind lehmig/tonig mit einer Bodenzahl von 59-83. Auf seinem Hof beschäftigt Merz derzeit eine FAK (sich selbst) und in den Erntemonaten August bis Oktober/November noch drei Saisonarbeiter. Damit liegt seine Arbeitskräfteausstattung mit 1,75 (1 FAK + 3 Saisonarbeiter 1/4 Jahr) unter dem Schnitt ökologischer Betriebe. Zusätzlich setzt Merz diese Saisonarbeiter je nach Bedarf in seinem eigenen Lohnunternehmen, einer Mähdrescherkolonne, die auch für konventionelle Landwirte arbeitet, ein. Hierdurch sinkt die Beschäftigtenzahl seines Hofes nochmals, da die Arbeiter dann dem Lohnunternehmen zugerechnet werden müssen.

Anbau und Tierhaltung: Der Grund dieser niedrigen Arbeitskräftezahlen liegt zum einen in der guten Maschinenausstattung des Hofes, die Hubert Merz von seinen Eltern pachtet, zum anderen in der Fruchtfolge:

Tab. 30: Fruchtfolge BIOLAND-Hof Merz

1)	Grünbrache mit Weidelgras, Winterwicken und Inkarnatklee
2)	Wintergerste
3)	Sonnenblumen oder Sojabohnen
4)	Ackerbohnen oder Wickroggen
5)	Brache

Quelle: Hubert Merz

Diese getreidereiche, relativ kurze Fruchtfolge ist gerade auf großen Schlägen gut mit Maschinen zu bearbeiten.

Der Tierbesatz des Hofes besteht derzeit aus 60 Mastschweinen. Der am Wohnhaus gelegene Stall besteht aus Boxen mit jeweils ca. 6-8 Tieren pro Box (ca. 1,5 m² Raum/Tier), in Bodenhaltung auf Stroh. Zur Mast werden Ferkel aus anderen BIOLAND-Betrieben zugekauft und über 6 Monate bis zur Schlachtung gemästet (Mastzeit konventionell 3-4 Monate). Verwendet werden ältere, streßresistentere Schweinesorten, noch ohne angezüchtete Zusatzrippe. Gefüttert wird mit selbsterzeugtem Getreide, Kartoffeln und Gemüse minderer Qualität. Eine zweite Form der Tierhaltung besteht aus einer Herde von 600 Schafen Pirmasenser Schäfer, die ihre Tiere ökologisch halten, ohne aber einem AGÖL-Verband anzugehören. Im Winter werden sie per LKW- und Bahntransport nach Neulußheim gebracht, um auf Merz' Grünbracheschlägen eine bessere Winterweide zu finden, die sie wiederum im Sinne des ökologischen Kreislaufs mit Dung versehen. Fast könnte man darin eine moderne angepaßte Bio-Transhumanz erkennen. **Die Vermarktung:** Geradezu zwangsläufig sind somit Getreide und Soja Hauptumsatzträger des Betriebs. Ihre Vermarktung direkt an andere BIOLAND-Höfe (z.b. Mastbetriebe, Soja an BIOLAND-Legehennenhalter) bringt Merz 85 % seines Hofumsatzes. An zweiter Stelle steht die Gemüse- und Hackfruchtvermarktung, jedoch wird nur ein Teil (Kartoffeln, Zwiebeln, Karotten) selbst produziert, der Rest entstammte[335] einer überregionalen EZG von 30 BIOLAND-Betrieben in Saarland, BW und Rheinland-Pfalz. Sitz der EZG war Bad Kreuznach. Diese EZG war auch für Landwirte anderer AGÖL-Verbände offen. Sie rundete einerseits das Sortiment von Merz' Hofladen mit nicht selbstproduzierten Produkten ab (z.b. Eier, Gemüse, Säfte) und übernahm andererseits die Belieferung von gewerblichen Großabnehmern z.b. Einzelhändler, wie ALNATURA in Mannheim oder Veredlern, wie RUNGE (Kindernahrung, Knäckebrot, Zwieback, Vollkornpudding) in Lampertheim oder Großküchen wie die Mensa der Universität Mannheim. Aktionswochen an der Mensa mit Plakatwänden, Faltblättern und sogar lebenden Ferkeln, die Merz durchführte, stießen bei der potentiellen Hauptzielgruppe des ökologischen Landbaus (vgl. BROMBACHER-Studie) zwar auf großes Interesse, die Resonanz in Verkaufszahlen ausgedrückt war jedoch bisher spärlich. Dennoch lieferte die EZG im Schnitt alle 10 Tage an die Mensa. Insgesamt trug die Vermarktung über die EZG zu 10 % zum Umsatz des BIOLAND-Hofes Merz bei. Letzter Hauptumsatzträger ist Dosenwurst aus der Hausschlachtung der Mastschweine. Frischfleisch und Räucherwaren dürfen aus lebensmittelrechtlichen Gründen nicht direkt auf dem Hof vermarktet werden. Ein Verbindung zu Biometzgereien besteht derzeit nicht. Ihre geringe Dichte im Norden BW's stellt hier das Haupthindernis dar. Hierin und in den fehlenden Kühltheken für Frisch- und Räucherprodukte ist mit ein Grund für den schleppenden Fleischabsatz zu sehen, so daß Merz beabsichtigt, den Tierbestand soweit zu reduzieren, daß nur noch die Nachfrage der Hofdirektvermarktung befriedigt werden kann. Die Vermarktung im Hofladen (5 Stunden/Tag von der Lebensgefährtin neben ihrer Arbeit unterhalten) entstand erst im August 1993 und trägt daher nur zu 3-4 % zum Betriebsumsatz bei. Verkauft wird überwiegend an Stammkundschaft aus einem Einzugsgebiet von 30 km.

Die Fleischvermarktung und die geringe direkte wirtschaftliche Wirkung des Mensaengagements sind jedoch nicht die Hauptprobleme. Unangenehm ist für Merz die hohe Arbeitsbelastung auf seinem Hof mit einem 16 Stunden Arbeitstag von März bis Oktober. Zusätzlich leitet Merz EDV-Buchführungskurse für

---

[335] Die EZG scheiterte Anfang 1994 an ihrem Kostenmanagement. Die Vermarktungsaufgaben werden von kleineren, regionalen Erzeugerzusammenschlüssen weitergeführt.

BIOLAND-Kollegen. Der Jahresurlaub besteht aus zwei bis drei Wochen im Winter. Schwerwiegender sind jedoch wirtschaftliche Schwierigkeiten, die sich in Zukunft wohl noch verschärfen werden. Während der Umstellung erwirtschaftete der Vollerwerbsbetrieb Verluste, die mit den Gewinnen des Lohnunternehmens ausgeglichen werden mußten. Die Kapitalverzinsung im Lohnunternehmen liegt bei ca. 2,5-3 %. Aus diesen Gewinnen mußte Geld in nötige Investitionen des Hofes fließen (Getreideanlage, Geräte zur mechanischen Unkrautbekämpfung). Reinvestitionen ins Lohnunternehmen unterblieben. Der Lebensstandard hat sich durch die Umstellung nicht erhöht.

Die Betriebszukunft: Die Flurbereinigung im Raum Neulußheim (geplantes Ende 1989, also noch vor der Umstellung) wird erst bis 1996 beendet sein. Merz rechnet mit dem Austausch von 30-40 % seiner Schläge. Dies könnte dazu führen, daß sich die räumliche Verteilung seiner Felder reduziert, könnte auch seine durchschnittliche Bodenzahl anheben und sich insofern positiv auswirken. Neu in den Betrieb kommende Flächenteile müssen aber wieder im mindestens dreijährigen Zyklus umgestellt werden. Eine Entschädigung für diese wirtschaftliche Last wird es nicht geben. Ein weiteres Problem liegt in der Konkurrenz aus den östlichen Bundesländern. Nach Merz werden die privatisierten ehemaligen LPG's des Ostens mit einer entsprechenden Kapitalausstattung die Kostenführerschaft in der Getreideproduktion übernehmen. Teilweise wird dort bereits auf 1.000 ha-Betrieben produziert, nach den Richtlinien der GÄA auch ökologisch. Durch diese Konkurrenz wird sich der Strukturwandel der deutschen Agrarwirtschaft beschleunigen. Gleichzeitig sinkt der Weizeninterventionspreis, was zwar Anbieter auf dem konventionellen Markt härter trifft, aber auch für ihn, besonders für sein Lohnunternehmen, Konsequenzen hat. Unter diesen Umständen sieht Merz für den Getreideanbau im Rhein-Neckar-Raum auch auf Betrieben seiner Größe keine Zukunft mehr. Sonderkulturen und Marktfrüchte könnten sich dagegen noch lohnen. Konsequenterweise will er darum sein Lohnunternehmen drastisch reduzieren bzw. ganz aufgeben. Für 1995 plant er weiterhin eine LF von 90 ha oder leicht darunter. Zumindest flächenmäßig wird der Merz-Hof also in naher Zukunft nicht mehr wachsen. Dies muß noch nicht zwangsläufig das 'Weichen' aus dem primären Sektor bedeuten, obwohl der Öko-Markt auf der Nachfrageseite auch aus seiner Sicht nur noch langsam wächst. Schuld an dieser Entwicklung hat seiner Ansicht nach die fehlende Absatzförderung durch den Verband. Von den derzeitigen BIOLAND-Anstrengungen zur Verbesserung der Kommunikation und zur Schaffung einer Corporate Identity erwartet er daher viel. Da das Angebot nach dem Boom der Extensivierungsprogramme eher stagniert, könnten die Erzeugerpreise vielleicht trotz der steigenden Bioimporte nach Inkrafttreten der EG-Verordnung zum ökologischen Landbau zum 01.01.1993 stabil bleiben.

Vordringliche Aufgabe ist für ihn daher die Ausweitung der Direktvermarktung. Vorschläge, z.B. ein BIOLAND-Mobil einzurichten, um damit auf Wochenmärkten präsent zu sein oder Kunden auf Bestellung direkt anzufahren, lehnt er jedoch aus Zeitgründen ab. Zudem will er sich, wenn sein Lohnunternehmen nicht mehr existiert, ein zweites Standbein in der Landschaftsgestaltung und der Landschaftspflege schaffen. Als Nachfrager solcher Leistungen sieht er z.b. Privatpersonen oder Kommunen, für die er Straßenbäume bewässern und schneiden oder Biotope anlegen könnte. In geringem Umfang ist er heute bereits auf diesem Feld tätig. In diesem Fall würde aus dem derzeitigen Vollerwerbs- (>90 % des Einkommens aus der Landwirtschaft) ein Zuerwerbsbetrieb (>50 % bis <90 % Einkommen aus der Landwirtschaft). Vielleicht wird aber erst der landwirtschaftliche Nebenerwerb für Hubert Merz eine zumindest für eine gewisse Dauer stabile Wirtschaftsform. Ganz aus der Landwirtschaft ausscheiden möchte er jedenfalls nicht, es sei denn, der Markt würde diesen Schritt erzwingen.

3.2.2   Der DEMETER-Hof Philipp Schneider in Sinsheim

Die Umstellung: Der 56-jährige Philipp Schneider[336] hatte vor 40 Jahren seinen ersten Kontakt zum ökologischen Landbau. Damals stellte der Vater den elterlichen Betrieb bei Stuttgart aus persönlichen Gründen um. Schneider absolvierte gerade seine landwirtschaftliche Lehre, deren Lerninhalte nicht mit DEMETER-Anbau in Einklang zu bringen waren. Zunächst war er daher mit der Umstellung nicht einverstanden, der häufig genannte Generationskonflikt der Umstellung verlief in diesem Beispiel genau umgekehrt. Nach einem Unfall des Vaters, der diesen arbeitsunfähig machte, mußte der heutige Landwirtschafts-Meister die Umstellung weiterführen und den Betrieb übernehmen. Die Beratung durch den DEMETER-Verband sieht Schneider dabei als besonders hilfreich an. Aufgrund des Umstellungsjahres 1953 war die Entscheidung zum ökologischen Landbau gleichzeitig eine Entscheidung für DEMETER, andere Verbände existierten noch nicht. 1972 zog Schneider nach Sinsheim-Adersbach und übernahm dort den Aussiedlerhof, den er heute bewirtschaftet.

Diesen Hof stellte er sowohl wegen seiner bisherigen Erfahrung aus ökologischen als auch aus wirtschaftlichen Gründen um. "Auch ein Bio-Landwirt muß rechnen können und 40 · 80 rechnet sich besser als 80 · 40", sagt Schneider heute dazu. Gemeint ist, daß 40 dt/ha LF Getreideernte multipliziert mit einem Preis von 80 DM/dt zwar zu den gleichen Erträgen führt wie die Multiplikation von 80 dt/ha · 40 DM/dt, daß aber die variablen Kosten und besonders die Arbeitsbelastung des Betriebsleiters bei der niedrigeren Produktionsmenge geringer ausfallen. Als Anbauverband wählte Schneider wieder DEMETER. BIO-LAND (gegründet 1971) war noch zu unbedeutend und die eingespielten Kontakte zu DEMETER wollte Schneider auch nicht aufgeben. Die Größe des Ho-

---

[336] Alle Angaben zum Betrieb machte der Betriebsinhaber Philipp Schneider während einer Betriebsbesichtigung 1993. Für seine Mithilfe sei ihm an dieser Stelle nochmals gedankt.

fes betrug 1972 15 ha, davon 10 ha Pachtland. Als Hauptprobleme dieser Umstellung gibt er an, als zugereister Bauer nur schlechte Böden erhalten zu haben,
die nach Wegfall der Kunstdüngergaben entsprechende Ertragseinbußen zeigten. Dazu kam das Dorfgerede. Da er die im Kraichgau verbreiteten Zuckerrüben nicht anbaute und auch keinen Dünger zukaufte, konnte der Betrieb keine
wirtschaftliche Zukunft haben. Als die Erfolge sich dann doch zeigten, kam der
Neid auf.

Der Betrieb: Durch Zukauf später dann auch besserer Schläge wuchs der
Vollerwerbsbetrieb auf die heutige Größe von 100 ha, davon 50 ha zugepachtet.
Die Betriebsfläche verteilt sich auf 50 Schläge im Umkreis von 2 km um das
Wohngebäude. Hier zahlt sich der Aussiedlerhof durch kurze Anfahrstrecken
aus. Die Bodengüte liegt bei einer Bodenzahl (BZ) zwischen 45 und 80, im
Schnitt beträgt die BZ 60. Von den 100 ha LF sind 49 ha als Grünland angelegt,
das Acker/Grünland-Verhältnis liegt somit fast bei 1:1. Mit 132 GVE kommt
Schneider auf eine Zahl von 1,32 GVE/ha. Auf dem Hof beschäftigt Schneider
drei FAK: sich selbst, seine Frau und seine Tochter. Der Sohn befindet sich in
Ausbildung zum Landwirtschaftsmeister. Dazu kommen 4 Saisonarbeiter, die
für ca. 12 Wochen in der Erntezeit mithelfen und i.d.R. ein landwirtschaftlicher
Auszubildender. Somit erreicht Schneider einen Arbeitskräftebesatz von 3,92
AK pro Jahr auf seinem Betrieb.

Anbau und Tierhaltung: An Tieren hält Schneider derzeit 50 Milchkühe
und 100 Kälber und Bullen zur Mast in einem Boxenlaufstall (1977 gebaut) mit
4 ha Sommerweide. Die Haltung erfolgt teilweise in Tiefstreuboxen auf Stroh
und teilweise noch auf Spaltenböden (Holzbohlen, ca. 20 mm Spaltenweite).
Die Spaltenböden will Schneider innerhalb der nächsten zwei Jahre ersetzen,
obwohl sie die Arbeitsbelastung deutlich verringern. So muß für den Tiefstreu-
stall das Stroh bei der Getreideernte zu Ballen gebunden werden, bei der Spal-
tenhaltung würde es bei der Ernte direkt auf dem Getreidefeld gehäckselt. Zusätzlich fällt bei der Tiefstreuhaltung das Ausmisten alle drei bis vier Wochen
an. Die Produktion von Festmist zur Düngung statt Flüssiggülle sieht Schneider
nicht als Vorteil an. Sein Tierbesatz pro Flächeneinheit, seine Kulturpflanzen-
auswahl mit Untersaaten und die Düngezeitpunkte verhindern nach seiner Sicht
eine Belastung des Grundwassers. In der pflanzlichen Produktion setzt Schneider zwei Fruchtfolgen abhängig von der Bodengüte ein. Auf den leichteren,
besseren Böden ist dies eine Fruchtfolge mit Hackfrüchten, auf den schwereren
eine Fruchtfolge mit erhöhtem Kleeanteil, gem. der folgenden Tabelle:

Tab. 31: Fruchtfolge DEMETER-Hof Schneider

Bodengüte	
hoch	**niedrig**
1) Kleegras	1) Kleegras
2) "	2) "
3) Winterweizen	3) "
4) Hackfrucht (Kartoffeln, Karotten und Silomais)	4) Winterweizen
5) Winterweizen	5) Hafer
6) Hafer/Gerste	6) Dinkel
7) Roggen	7) Roggen
8) Hackfrucht/ Kleegras	8) Gerste
9) Kleegras	9) Kleegras

Quelle: Philipp Schneider

Die Aussaat erfolgt in Abstimmung mit dem DEMETER-Saatkalender, der Gestirnskonstellationen, insbesondere den Einfluß des Mondes berücksichtigt. Eine Ertragswirkung konnte Schneider bisher aber nicht feststellen, der Kalender dient ihm nur als zeitliches Saatplanungsfenster, das Wetter bestimmt den genauen Saattermin. Den Einklang zwischen Fruchtfolge und Tierhaltung sieht er als wichtigstes Element ökologischer Landwirtschaft. Zwischen den Verbänden existieren für ihn auch hierin keine Unterschiede. Die anthroposophische Schulung, die Beachtung von Gestirnskonstellationen bei landwirtschaftlichen Arbeiten und besonders die Ausbringung von Präparaten machen für ihn jedoch die besondere Stellung des DEMETER-Anbaus aus. Kieselpräparate (Quarzmehl, in Tierhörner/Schädel gefüllt und gelagert, später in der Konzentration 5g Mehl in 100 l Wasser gelöst, auf einen ha LF gespritzt) sollen die Harmonie zwischen Frucht und Gestirnen fördern. Dieses Präparat wird vom Verband selbst produziert und gebrauchsfertig vertrieben. Kompost- und Mistpräparate werden in Eigenarbeit bzw. in Gemeinschaft mit anderen DEMETER-Landwirten angefertigt. Hierzu werden dann auch in Gemeinschaftsaktionen in großem Umfang Kräuter auf den Feldern gesammelt. Dieser Präparateeinsatz macht den DEMETER-Anbau besonders arbeitsintensiv und ist rational kaum zu erfassen. Schneider gibt jedoch ein verblüffendes Beispiel für dessen Wirkung. Ein von ihm vor Jahren für die Produktion von Kindernahrung angebauter Spinat wies bei Stichproben einen Nitratgehalt von 800 mg/kg auf, zulässig waren bei dieser Verwendung nur 200 mg pro kg. Der Nitratgehalt mußte gesenkt werden. Dazu schlug der DEMETER-Berater den Einsatz von Kieselpräparat vor. Nach zwei Anwendungswochen ergaben die Stichproben nur noch einen Gehalt von

180 mg Nitrat/kg Spinat. Das Präparat könnte das Wachstum angeregt haben, so daß die Pflanzen das Nitrat nicht einlagerten, sondern in Wachstum umsetzten.

Die Vermarktung: Wie die getreidereichen Fruchtfolgen und die Tierhaltung vermuten lassen, steht der Betrieb umsatzseitig auf den Säulen Getreidevermarktung und tierische Produktion. Getreide trägt 25 % zum Gesamtumsatz bei. Durch langfristige Verträge gesichert, gehen 90 % des Getreides an eine Mühle, die eng mit DEMETER-Betrieben kooperiert. Die restlichen 10 % werden über die seit 20 Jahren bestehende Hof-Direktvermarktung auf dem ökologischen Markt abgesetzt. Trotz der sinkenden Preise bei Bio-Getreide bringt es Schneider noch immer die höchsten Deckungsbeiträge (Umsatz abzüglich variabler Kosten), bei gleichzeitig geringer Arbeitsbelastung im Vergleich zur Tierhaltung. Die ökologische Kreislaufwirtschaft macht die Tierhaltung jedoch unumgänglich. Auch die Vermarktung der Milcherzeugung (ca. 4000 l/Kuh und Jahr) ist über langfristige Verträge gesichert. Die Milch wird zu 95 % an die DEMETER-Molkerei Schrozberg abgesetzt. Weitere 5 % werden direkt vermarktet, müssen aber wegen der geringen Lagerkapazität und der zeitlich begrenzten Lagerfähigkeit auf dem Hof vorbestellt werden. Insgesamt trägt die Milchwirtschaft mit 25-30 % zum Hofumsatz bei. Weitere 20 % vom Umsatz erwirtschaftet Schneider aus der Fleischvermarktung. Allerdings können nur 50 % des aus der Kälber- und Bullenmast anfallenden Fleisches über einen Metzger in Bietigheim auf dem Öko-Markt untergebracht werden. Der Rest wird konventionell vermarktet. Um in diesem Produktionszweig die Deckungsbeiträge seines Betriebs zu erhöhen, wünscht sich Schneider eine höhere Dichte an Öko-Metzgern. Er steht damit, wenn auch in abgeschwächter Form, vor einem ähnlichen Problem wie Hubert Merz. Auf dem Hof sind frische oder geräucherte Fleischwaren aus hygienischen Gründen nur nach Vorbestellung erhältlich.

Ein letztes Hauptstandbein des Betriebs ist der Feldgemüseanbau (meist Karotten, Kohl) mit ebenfalls ca. 25 % Umsatzanteil. Gliedert man den Umsatz nicht nach Produktgruppen sondern nach Vermarktungsformen, zeigt sich, daß die Direktvermarktung zwar wichtig ist, eine Annäherung zwischen landwirtschaftlicher Produktion und Kunden herbeizuführen und dem Endverbraucher die Besonderheiten des ökologischen Anbaus näherzubringen, aber nur zu 10 % am Umsatz beteiligt ist. Direktvermarktung ist arbeitsintensiv (z.T. erscheinen sogar an Sonn- und Feiertagen Kunden bei Schneider) und keine fest planbare wirtschaftliche Größe. Schneider versorgt in der Direktvermarktung überwiegend Stammkundschaft aus einem Einzugsgebiet von 30 km im Raum Heidelberg - Mosbach - Sinsheim. Eine gezielte Kommunikationspolitik (z.B. über Annoncen wie Hubert Merz) betreibt er nicht. Mundpropaganda zufriedener Kunden erscheint ihm noch ausreichend. Die langfristig vertraglich abgesicherte industrielle Verarbeitung zu fairen Lieferbedingungen tragen bei Getreide und Milch zu über 90 %, die handwerkliche Verarbeitung bei Fleisch zu 50 %

zum jeweiligen Produktgruppenumsatz bei. Das Feldgemüse wird fast ausschließlich über eine Erzeugergemeinschaft an einen Safterzeuger vermarktet. Großküchen und Gastronomie tragen nur zu einem untergeordneten Teil zum Umsatz bei. Schneider beliefert zuweilen die Mensen der anthroposophisch orientierten Walldorf-Schulen. Insgesamt erwirtschaftet Schneider einen Gewinn pro Jahr in seinem Betrieb, der dem Durchschnittswert ökologischer HE-Betriebe entspricht. Angaben zur EK-Ausstattung machte er keine, doch beläuft sich das Anlagevermögen nach Investitionen von 120.000 DM in 1993 für einen neuen Schlepper und einen Melkstand auf nunmehr ca. 2 Mio. DM. Dies ist zumindest ein Indiz für die auch auf diesem Hof schlechte Kapitalverzinsung.

Dennoch glaubt Schneider, daß sein Lebensstandard sich durch das ökologische Wirtschaften verbessert habe. Als Hauptgrund sieht er das Nutzen eines höherpreisigen Marktsegments und die Direktvermarktung, die er noch ausbauen will. In der Direktvermarktung sieht er jedoch auch die Chance des konventionellen Landbaus, den Lebensstandard des Landwirts zu verbessern. Nimmt man in den Begriff "Lebensstandard" noch die Arbeitsbelastung in der Agrarwirtschaft mit hinein, sieht man, daß der Landwirt eine Vergleichserwerbsperson im sekundären oder tertiären Sektor mittelfristig nicht erreichen wird. Auch für Schneider gilt ein 16 Stunden Arbeitstag von März bis Oktober/November. Urlaub hat er noch keinen gemacht. Neben seiner Landwirtschaft ist Schneider als Funktionär im Kreisbauernverband - also einem Organ des DBV - als Vorstandsmitglied tätig. Er selbst sieht zwar derzeit keine Perspektive der Zusammenarbeit zwischen DBV und den AGÖL-Verbänden auf Bundesebene, zu sehr unterscheidet sich hier die Politik des DBV von den Zielen der AGÖL, doch hofft er einerseits mehr Informationen über die Entwicklung auf den Agrarmärkten zu erhalten, andererseits glaubt er in dieser starken Lobby gestalterischen Einfluß auf die Landespolitik, insbesondere das MEKA-Projekt, ausüben zu können. Auf den Getreidemarkt der BRD sieht Schneider in Zukunft einen starken Angebotsdruck aus dem Osten zukommen, was aber zunächst nur konventionelle Landwirte treffen wird. Die Altlasten der Böden der ehemaligen DDR lassen eine Anerkennung als ökologischer Betrieb nach nur drei Umstellungsjahren in der Mehrheit kaum zu. Dennoch wird sich auch der ökologische Getreidemarkt auf einen weiteren Preisverfall einstellen müssen. Nach der großen Wachstumswelle Ende der 80er/Anfang der 90er Jahre wird sich der Ökomarkt jetzt erst einmal beruhigen. Seit 1991 gibt es z.B. in Sinsheim, dem DEMETER-Zentrum im Rhein-Neckar-Kreis, keine Umsteller auf DEMETER-Anbau mehr. Auch die Nachfrage wächst nur noch langsam. Zwar sind die Abnahmemengen der industriellen Veredler weiterhin stabil, doch mußten drei sog. "grüne Läden" zwischen Heidelberg und Sinsheim, die er belieferte, mittlerweile schließen. Einen wachsenden Markt sieht er dagegen für die Konkurrenz des integrierten Anbaus.

Die Betriebszukunft: Für seinen eigenen Betrieb plant er für 1994 eine Ausweitung der Fläche auf 120 ha durch Zupacht von weiteren 20 ha. Zudem will er in neue Kälberställe investieren, um den derzeitigen Platzmangel zu beheben und die Stallarbeit zu erleichtern. In absehbarer Zeit werden die für den Feldgemüsebau erforderlichen Saisonarbeiter nicht mehr zur Verfügung stehen. Schneider ist noch unschlüssig, ob er für diesen Fall, zugunsten einer erweiterten Fruchtfolge, den Feldgemüseanbau beibehalten und mit einer neuen Erntemaschine rationalisieren soll oder, obwohl Feldgemüse für ihn ein wichtiger Umsatzträger ist, darauf ganz verzichtet. In diesem Fall will er sich ganz auf Getreidebau und Viehhaltung spezialisieren. Auf der erweiterten Anbaufläche sieht er Möglichkeiten, die Kosten zu senken, um dem weiteren Absinken der Getreidepreise zu begegnen. Nachteilig bei diesem Vorgehen wäre aber besonders die Verkürzung der Fruchtfolge, was zusätzliche Untersaaten erzwingen würde. Ein zweites Standbein außerhalb der Landwirtschaft kann er sich nicht vorstellen. Da auch die Hofübernahme durch den Sohn gut geregelt scheint, hält er die Zukunft seines DEMETER-Hofes für gesichert.

3.2.3 Der BIOLAND-Betrieb BIOTOPIA[337] in Mannheim

Die Geschichte: Die Biotopia e.V. fällt durch eine gänzlich andere Gründungsphilosophie und Organisation aus der Menge der Biohöfe heraus. Sie wurde als gemeinnütziger Verein im Jahre 1986 gegründet und stellt sich lt. Satzung die Aufgabe, jugendlichen Langzeitarbeitslosen Beschäftigungsmöglichkeiten und Zukunftsperspektiven zu vermitteln. Aus diesem Grund wurde als erstes Projekt der Gemüsebau in der Blumenau begründet (wenn im folgenden von Biotopia oder dem Betrieb gesprochen wird, ist dieses Projekt gemeint), dem später weitere Projekte folgten. Da die Finanzierung des Projekts, unter anderem auch die Lohnkosten, durch EG-Gelder, kommunale Zahlungen und Landeszuschüsse sowie durch das Arbeitsamt gesichert ist,[338] fällt eine Wirtschaftlichkeitsbetrachtung der Biotopia schwer und mindert die Vergleichsmöglichkeiten mit anderen ökologischen Höfen.

Der Betrieb:[339] Bei Biotopia in Mannheim-Blumenau arbeiten augenblicklich 3 festangestellte qualifizierte Gärtner sowie 13 Angestellte mit befristeten dreijährigen Arbeitsverträgen im Gartenbaubereich, von denen vier Leute abwechselnd im Hofladen eingesetzt werden und weitere zwei den Wochenmarktstand im Lindenhof betreiben. Für den weiteren Marktstand in Mannheim-In-

[337] Eine Darstellung mit Betriebsphotos und Kartenmaterial findet sich bei METZ, U. (1994), S. 65-68, das Betriebsbeispiel "BIOTOPIA" wurde dieser Quelle entnommen.
[338] Lt. Biotopia Bilanz 1993.
[339] Alle Angaben zum Betrieb machte der Geschäftsführer, Herr Nagel, während einer Betriebsbesichtigung 1994. Für seine Mithilfe möchte ich Herrn Nagel nochmals herzlich danken.

nenstadt[340] werden Aushilfskräfte (vorwiegend Studenten) eingestellt, denen die ökologische Produktionsweise durch Besichtigung des Betriebs und Verkaufsschulung (durchgeführt durch die zentrale PR-Stelle für alle Biotopia Angestellte), nahegebracht wird.

Der Gemüseanbau: Auf bisher 1 ha Anbaufläche (1,6 ha benachbartes Akkerland soll baldigst zugepachtet werden, doch steht der Vertragsabschluß noch aus) wird reiner Gemüsebau betrieben. Ein breites Anbausortiment von durchschnittlich etwa 20 Gemüsesorten auf kleinen Parzellen erfordert von Herrn Nagel, der für die Anbauplanung zuständig ist, bei der geringen zur Verfügung stehenden Anbaufläche viel Übersicht. Leichte Probleme bereitet im Sommer der dunkle, anmoorige Bruchboden, der sich stark aufheizt, zur Trockenheit neigt und dann zu Verbrennungen beim Salat führen kann. Die 10 Gewächshäuser werden kaum beheizt und zum Anbau von saisonalem Gemüse genutzt. Kopfsalat wird im Winter wegen des Problems der starken Nitratanreicherung bei der Kultur im Gewächshaus nicht angebaut. Durch die beschränkte Anbaukapazität muß auf Gründüngung verzichtet werden, Fruchtfolge wird praktiziert, wegen der Anbauvielfalt auf beschränktem Raum kann jedoch kein bestimmtes Anbausystem ermittelt werden.

Daß gerade BIOLAND als Anbauverband ausgewählt wurde, hatte keine ideologischen Motive, sondern lag an einem individuellen Problem. Ein vom Vorbesitzer auf einer Fläche von 10 Ar (1000 m²) ausgebrachtes Pestizid (Wühlmausvernichtungsmittel Endrin) hatte diese Fläche so stark verseucht, daß es noch heute (nach 9 Jahren) in Bodenproben nachweisbar ist. DEMETER ließ eine Teilnutzung der übrigen unbelasteten Fläche nicht zu, bei BIOLAND wird Biotopia als Betrieb in Umstellung geführt, bis die gesamte Betriebsfläche genutzt werden kann. Die von BIOLAND durchgeführten jährlichen Kontrollen (jeweils eine zur Überprüfung der BIOLAND- und der EG-Bio-Anbaurichtlinien) garantieren die Nichtnutzung der belasteten Fläche.

Lieferbeziehungen: Biotopia unterhält wechselseitige Lieferbeziehungen zu dem Großhändler DENNREE (größter biologischer Regionalhändler), der dreimal wöchentlich von Großostheim/Aschaffenburg kommend den Mannheimer Raum anfährt. DENNREE ist einziger Lieferant zur Aufstockung des Hofladen- und Marktsortiments. Die Anlieferung erfolgt freitags, am Hauptverkaufstag von Biotopia, die Abholung von Biotopia Obst und Gemüse geschieht montags und mittwochs. Eine weitere umsatzmäßig bedeutende Lieferbeziehung (Abholung) unterhält Biotopia zu einem Pfälzer Gärtner, der Teile der früheren überregionalen Erzeugergemeinschaft mit Sitz in Bad Kreuznach[341] übernommen hat und überwiegend Märkte im Stuttgarter Raum anfährt. Die Belieferung von Großabnehmern (Kantinen) ist für Biotopia uninteressant, da sie we-

---

[340] Quadrat G1.
[341] Vgl. das Betriebsbeispiel Hubert Merz.

der die benötigten Mengen noch die Qualitäten (Vorverarbeitung) liefern können. Zum benachbarten BIOLAND "Biohof", der von der Arbeiterwohlfahrt
geführt wird, bestehen keine Beziehungen.

Die Vermarktung: Da Freitag morgens die Ernte für den Markt- und Hof-
verkauf erfolgt, werden 80 % des Hofladenumsatzes freitags erzielt. Der Abverkauf ist bei Marktständen und Hofladen etwa gleich hoch, zusammen werden
3.000 - 3.500 DM Umsatz pro Woche erzielt. Da Kosten nur in Höhe der Aus-
hilfslöhne für den Marktstand Mannheim-Innenstadt, der Standmieten am Wo-
chenmarkt (ca. 10 DM pro Tag) und des Strombedarfs für den Kühlraum (zur
Lagerung von Obst und Gemüse übers Wochenende) und den Kühlschrank für
Milchprodukte anfallen, die übrigen Lohnkosten aber nicht durch Gewinne ge-
deckt werden müssen, ist die Direktvermarktung bezüglich der zurechenbaren
Kosten rentabel.

Hauptumsatzträger des Sortiments sind Obst und Gemüse (augenblicklich
Kartoffeln/Feldsalat), Milchprodukte und Waren des Trockensortiments werden
hauptsächlich zur Sortimentsabrundung des Hofladens geführt. Da eine Kühl-
möglichkeit bei den Marktständen fehlt, werden dort nur Obst, Eier und Gemüse angeboten. Alle Waren werden mengenmäßig so knapp kalkuliert (Ernte
und Zukauf), daß Verluste durch Überschreiten der Haltbarkeit weitestgehend
vermieden werden können. Beim Zukauf wird darauf geachtet, daß EG-Bio-
Marken möglichst vermieden werden, alle AGÖL-Marken werden akzeptiert.
Für eigene Frischprodukte werden BIOLAND-Verpackungen genutzt, PE-Beu-
tel stehen für den Verkauf von Spinat zur Verfügung.

Stammkunden kommen aus den jeweils benachbarten Stadtteilen. Jüngere
Familien im Hofladen und junge Singles in Mannheims Innenstadt stellen die
Hauptgruppe der dortigen Kunden dar. Im Lindenhof ist die Kundenstruktur
heterogener, auch "ältere Antroposophen"[342] gehören zu dieser Kundengruppe.

Kommunikationspolitik: Der Verein Biotopia hat dem Projekt Gemüsebau
ein Werbebudget von 1.500 DM jährlich zugebilligt, das auch in dieser Höhe
genutzt wird. Zu Werbezwecken werden regelmäßig Anzeigen in der Stadtteil-
zeitung geschaltet, in der Fachzeitschrift "Umwelt direkt" wurde ebenfalls verschiedene Male inseriert. Anzeigen in der regionalen Tageszeitung "Mannheimer Morgen" sind zu teuer, außerdem sind die Streuverluste zu groß. Biotopia
war mit einem Hoffest am 25./26. Juni am BIOLAND Tag beteiligt. Die Organisation (Plakate, Bekanntmachungen in der regionalen Presse) wurde selbst
durchgeführt, eine überregionale Unterstützung des BIOLAND Bundesverban-
des gab es nicht. Herr Nagel wertete dieses Hoffest als vollen Erfolg, da es zeitlich sehr günstig fiel. Im Frühling/Sommer ist der an das Landschaftsschutzge-
biet angrenzende BIOLAND-Hof ein Blütenmeer, denn der gesamte Hof ist von
einer Fliederhecke umrahmt und auf bestimmten Beeten werden Blumen ange-

---

[342] Zitat Herr Nagel.

pflanzt. Mit der Anlage und Erhaltung von Hecken und dem Bereitstellen von Nahrungsangebot und Unterschlupf für Insekten fördert Biotopia die Selbstregulation des Ökosystems Bauernhof.[343] Viele Städter verbinden Naherholung und Hofeinkauf miteinander. Da auch das Hoffest zur Erhöhung des Bekanntheitsgrades des Hofes beitrug, konnte Herr Nagel zufrieden auf eine Verdoppelung des Hofladenumsatzes seit seinem Arbeitsbeginn im Februar 1994 verweisen.

Wenn es Biotopia gelingt, durch Pacht seine Anbaufläche zu erweitern und dadurch größere Erntemengen zu erzielen (der Abverkauf ist aus heutiger Sicht kein Problem), könnte dieser Hof einen großen Teil zur Bereicherung der Ernährung der Bürger aus Mannheim und Umgebung beitragen.

3.2.4 Ein Hof an der Bergstraße

Der Betrieb: Der heute 39-jährige Betriebsinhaber[344] stellte den 1953 ausgesiedelten, elterlichen Hof 1989 auf biologisch-dynamische Wirtschaftsweise um. Der Haupterwerbsbetrieb des Landwirtschaftsmeisters, der seine Ausbildung auf dem elterlichen Hof absolvierte, umfaßt heute 50 ha LF, davon 30 ha zugepachtet. Die Fläche verteilt sich auf 30 Schläge im Umkreis von fünf Kilometer. Die Ertragsmeßzahlen der teils tonigen, teils sandigen, meistens aber lehmigen Böden schwanken zwischen 40 und 80, im Durchschnitt liegt die Ertragsmeßzahl bei 65. Der Betrieb beschäftigt drei Familienarbeitskräfte. Seit der Umstellung haben sich diese Werte nicht verändert.

Die Umstellung: Gründe die zur Umstellung führten, waren zuerst persönlicher Natur. Der Betriebsinhaber ist seit Mitte der achtziger Jahre BUND-Mitglied. Die ertragsoptimierende konventionelle Wirtschaftsweise stand nicht mehr mit seiner umweltpolitischen Überzeugung in Einklang. Zusätzlich führten Umweltkatastrophen, wie die Rheinvergiftung durch ein Schweizer Industrieunternehmen 1987 zu einem geschärften Blick für ökologische Erfordernisse. An zweiter Stelle standen gesundheitliche Aspekte. Alle am Hof eingesetzten Chemikalien treffen den ausbringenden Landwirt am stärksten. Schließlich noch führte die Brüsseler Agrarpolitik zwar durch zunehmende Intensivierung (und damit auch steigender Arbeitsbelastung) zu Ertragssteigerungen pro Hektar, gleichzeitig aber auch zu sinkenden Gewinnen in DM. Dennoch scheute der Landwirt zunächst das wirtschaftliche Umstellungsrisiko. Das Extensivierungsprogramm der EG war dann der Auslöser, der zur Umstellung führte.

---

[343] Siehe auch Bioland-Richtlinien von Mai 1994, dortiger Punkt 2.2.1.

[344] Auf eine Angabe des Namens muß hier auf ausdrücklichen Wunsch des Betriebsinhabers verzichtet werden. Alle Angaben zum Hof machte der Betriebsinhaber, für dessen Mithilfe ich mich an dieser Stelle nochmals herzlich bedanke, im Rahmen einer Betriebsführung am 20.03.1995. Angaben zur Gewinn- und Vermögenslage des Betriebs wurden nicht gemacht.

Wesentlich mit zur Umstellung beigetragen haben auch persönliche Kontakte zum Inhaber des DEMETER-Betriebs im Angelbachtal während der Ausbildung zum Landwirtschaftsmeister. Dieser Kontakt ist hauptverantwortlich dafür, daß DEMETER als Anbauverband gewählt wurde. Hinzu kam die nach der damaligen Ansicht des Betriebsleiters besser organisierte Vermarktung des älteren Anbauverbandes. Eine anthroposophische Vorbildung oder eine Vorstellung von der anthroposophischen Wirtschaftsweise, insbesondere des Gestirneinflusses oder des Präparateeinsatzes hatte der Landwirt nicht. Gegen BIO-LAND sprach auch, daß der Umstellungsberater dieses Verbands bereits ein erstes unverbindliches Informationsgespräch in Rechnung hätte stellen müssen.

Probleme im sozialen Umfeld traten nicht auf. Im Gegenteil, teilweise werden heute bewährte, typische Geräte des ökologischen Landbaus, wie z.B. der Hackstriegel, in konventionellen Betrieben eingesetzt. Die Anbautechnik war eher ein Problem, so mußte z.B. die geeignete Mischung der Futterbausaaten neu gefunden werden. Ein weiteres Problem war, daß die Region ein traditionell starkes Maisbaugebiet ist. Eine Spezialisierung auf Mais ist aber im ökologischen Landbau nicht möglich, d.h. ein sicherer Anbauzweig mußte unter hohen Opportunitätskosten zumindest teilweise aufgegeben werden.

Anbau und Tierhaltung: Der Landwirt betreibt heute folgende Fruchtfolge:

Tab. 32: Fruchtfolge des Hofes an der Bergstraße

1)	Kleegras (Jahr 1 bis 3)
2)	Futtermais (Jahr 4)
3)	Weizen (Jahr 5)
4)	Wintergerste oder Roggen (Jahr 6)

Quelle: der Hofinhaber

Hinzu kommen 60 - 70 Kühe und Jungvieh, was insgesamt einem Tierbesatz von ca. 2 GVE/ha entspricht. Für ökologische Verhältnisse wird somit sehr intensiv gearbeitet, das gerade noch zugelassene Maximum von 2 GVE/ha[345] bei Futterzukauf ist erreicht. Da der Betrieb genügend eigenes Futter erzeugt, ein Zukauf demnach unterbleibt, liegt hier ein Reibungspunkt mit dem Verband. Der Grund der relativ intensiven Wirtschaftsweise liegt in der traditionell starken Rinderhaltung, die sich von Weinheim aus bis zum Neckar-Odenwald-Kreis hinzieht. Milchkühe und Mastvieh halten sich auf dem dargestellten Betrieb etwa die Waage. Die Tiere stehen in einem 1994 neu erbauten Boxenstall auf Betonboden mit Heueinstreu. Mutterkühe und Kälber sind nicht getrennt.

---

[345] Vgl. DEMETER (1992), S. 16 "Tierbesatz".

Der Stallbau ist in fünf Bereiche untergliedert:

1) Boxenreihe links
2) Spaltenboden mit 3,2 m Breite links
3) Mittel- und Futtergang mit 4 m Breite
4) Spaltenboden mit 3,2 m Breite rechts
5) Boxenreihe rechts.

Die Spaltenweite ist so eng gewählt, daß Kälber und Mastfärsen keine Fuß-verletzungen davontragen können. Diese, vom Betriebsinhaber selbstentwik-kelte Stallkonstruktion, die an beiden Stirnseiten zu öffnen ist, erlaubt es, die Tiere zur Stallreinigung auf die Spaltenbereiche zu stellen und die Boxen mit dem Frontlader in einer Fahrt vollständig zu säubern. Hieraus resultiert eine deutliche Arbeitserleichterung. Um Verletzungen im Stall zu vermeiden, wird bereits beim Kleinkalb der Hornwuchs durch schonende Entfernung des noch weichen Horns verhindert. Auch dies stellt ein Reibungspunkt mit dem DE-METER-Verband dar. Die Richtlinien zur Aufzucht fordern ausdrücklich, daß das Enthornen der Nachzucht unterbleiben müsse.[346] Gefüttert wird Kleegras-Maissilage. Gemolken wird in einem 9-Box-Karussellmelkstand neben dem Stall.

Die Lösung von DEMETER: Der Betriebsinhaber ist heute (März 1995) immer noch Mitglied bei DEMETER, hat aber bereits seit 1993 keine Anerken-nung[347] als DEMETER-Betrieb mehr beantragt. Gründe waren z.B. die bereits angesprochenen unterschiedlichen Ansichten in der Tierhaltung, bzw. der zu hohe Tierbesatz. Desweiteren fehlt dem Landwirt ein Zugang zur Anthroposo-phie. Präparate wurden ohne Überzeugung eingesetzt. Die vom Verband ange-strebte Herstellung der Präparate auf dem eigenen Hof sieht der Bauer als zu zeitaufwendig an. Weitere Überlegungen gegen eine Verbandszugehörigkeit sind die Unabhängigkeit vom Image des jeweiligen Verbandes, das nach An-sicht des Bauern nicht immer automatisch positiv ist. Letztlich entscheidend war aber die Frage der Vermarktung.

Die Vermarktung: Der Betrieb besitzt wirtschaftlich die drei Standbeine Milcherzeugung, Getreidebau und Fleischerzeugung. Die Milchleistung von ca. 1.000 Liter Rohmilch täglich wird alle zwei Tage von Tankwagen der Molkerei-zentrale Mannheim erfaßt und zusammen mit konventioneller Milch verarbeitet und als konventionelles Produkt z.B. von der SÜDMILCH vermarktet. Kon-takte zur Molkereigenossenschaft Schrozberg-Franken, deren westlichste Milcheinzugspunkte im südlichen Rhein-Neckar-Kreis liegen, führten nicht zu einem Genossenschaftsverhältnis. Zum einen gab die Molkerei an, daß ver-kehrstechnisch für sie günstiger gelegene Betriebe bereits auf der Warteliste für

---

Vgl. DEMETER (1992), S. 15.
Die Anerkennung ist jährlich neu durch den Verband zu bestätigen, vgl, ebenda, S. 8.

ein Genossenschaftsverhältnis stehen, zum anderen hält der Landwirt selbst eine Milcherfassung über eine Distanz von ca. 150 Kilometer nicht für vereinbar mit ökologischen Zielen. Trotz ökologischer Milcherzeugung fehlt dem Betrieb somit die ökologische Verarbeitung und der Vertrieb als ökologisches Produkt. Das Aufgeld für ökologische Rohmilch von ca. 12 Pfennig/Liter ergibt bei der Jahresmilchleistung von ca. 350.000 Litern einen kalkulatorischen Minderertrag von 42.000 DM pro Jahr. Wenn ein Absatz als DEMETER-Produkt nicht möglich ist, so folgert der Landwirt, ist auch eine Anerkennung unnötig.

Zweites Standbein ist die Fleischproduktion. Abgesehen von ca. 18-20 Mastfärsen pro Jahr, die an eine konventionelle Metzgerei ca. 25 km südlich des Betriebs veräußert werden, erfolgt der gesamte Fleischumsatz auf dem Hof. Hierzu wurde 1994 ein eigener Schlachtraum und ein Kühlraum für ca. 10 geschlachtete Rinder auf dem Hof eingerichtet. Die Schlachtung erfolgt durch einen externen Metzger.

Daraus ergeben sich folgende verkaufsfördernde Argumente:

1) die Tiere sind artgerecht gehalten, ihr Futter stammt aus kbA,[348]

2) durch die Mutterkuhhaltung erfolgt keine Trennung von Kuh und Färse,

3) die Tiere werden einzeln und streßfrei geschlachtet; Tiertransporte zu einem Schlachthof sind unnötig,

4) die Schlachtung erfolgt nur auf Kundenbestellung, auf Wunsch werden die Tiere küchenfertig zerlegt.

Als anerkannter DEMETER-Betrieb müßte eine solche Direktvermarktung den Verarbeitungsrichtlinien DEMETERS entsprechen. Der Landwirt fürchtet den hierdurch steigenden bürokratischen Aufwand, was wiederum gegen eine Anerkennung spricht. Vermarktet wird, obwohl dies naheliegt, nicht an Gastronomie oder Großverbraucher, sondern ausschließlich an Privatkunden. Veräußert werden Einheiten ab 1/4 Rind. Diese ungewöhnlichen Größen erzwingen neue Absatzwege. Unter Einfluß des Landwirts formierten sich die Stammkunden aus einem Einzugsgebiet von ca. 20 Kilometer zu mehreren Verbrauchergemeinschaften, meist in Weinheim gelegen, die i.d.R ein bis zweimal im Jahr ganze geschlachtete Rinder bestellen, kaufen, einfrieren und gemeinsam verbrauchen. Hierdurch ist sichergestellt, daß das gesamte ökologisch erzeugte Fleisch verbraucht wird und der Absatz sich nicht auf ökologische Spitzenprodukte wie z.B. Lenden beschränkt. Diese Vertriebsform erspart einen arbeitsintensiven Hofladen, da nur auf Bestellung geschlachtet und in großen Einheiten verkauft wird. Die gesamte Jahresproduktionsmenge an Fleisch kann über diese Vertriebsform verkauft werden. Etwa 80 % der Kunden sehen sich den Stall an. Dieser direkte Kontakt zwischen Erzeuger und Endverbraucher ist nach Darstellung des Bauern verkaufsfördernder als ein Verbandslogo. Kommunikations-

---

[348] Nach EG-Kontrollsystem, da der Betrieb derzeit keine DEMETER-Anerkennung anstrebt.

politik betreibt der Direktvermarkter nicht. Mundpropaganda zufriedener Kunden hält er für ausreichend. Eine Vermarktung über die Umgebung von Weinheim hinaus findet nicht statt. Verkäufe nach Mannheim waren in der Vergangenheit allenfalls sporadisch. Da der Betrieb kein Gemüse anbaut, existieren auch keine Kontakte zur Firma RUNGE im benachbarten hessischen Lampertheim, ein Verarbeiter, der sich auf ökologische Kindernahrung und Säfte spezialisiert hat.

Das Getreide, das dritte Standbein, wird an eine Mühle in Bretten geliefert und das Mehl als kbA-Ware vertrieben. Im Getreide hat der Landwirt eine neue Chance für die Zukunft erkannt. Da die Müller die Lagerhaltung derzeit an die Landwirte delegieren, ohne dies durch Preiszuschläge auszugleichen, will der Betriebsleiter, wie bereits bei Fleisch, auch bei Getreide nachgelagerte Produktionsbereiche auf den Hof bringen und Getreideprodukte direkt vermarkten. Für die Zukunft sind demnach neue Investitionen im Getreidebereich geplant. Ebenso hofft der Inhaber, den Betrieb flächenmäßig aufstocken zu können, was aber angesichts der Flächenknappheit im dichtbesiedelten Gebiet zwischen Odenwald und Rhein im Hinblick auf konkurrierende Nutzungsarten des Bodens z.B. für Erholungsstätten und Besiedelung, schwierig sein dürfte.

Dieses Beispiel belegt, daß es im Einzelfall durchaus Sinn machen kann, sich von einem anerkannten AGÖL-Verband zu lösen und als Betrieb nach der EG-Bioverordnung zu wirtschaften. Voraussetzung hierfür ist, daß der Betrieb selbst sich von den Vermarktungsstrukturen der Verbände bzw. deren Vertragsverarbeitern und Großhändlern löst und die Vermarktung selbst übernimmt. Hierfür wurde in diesem Fall ein bemerkenswerter und offensichtlich erfolgreicher Ansatz gefunden, dessen Übertragbarkeit auf andere landwirtschaftliche Betriebe angesichts der nötigen Investitionen jedoch nicht sicher ist.

3.2.5 Der Babynahrungshersteller SUNVAL-GmbH in Waghäusel

Die Entstehung des Betriebs:[349] Im Jahre 1937 wurde im Remstal die Firma BERNER Konservenfabrik gegründet. Diese Unternehmung wurde 1955 vom DEMETER-Bund angesprochen, Babynahrung aus ökologisch angebauten Möhren und aus DEMETER-Spinat herzustellen und in Blechdosen abzupakken. Mit Einführung der Glas-Schraub-Verpackungen setzte Mitte der sechziger Jahre ein Wachstumsschub mit einer entsprechenden Sortimentsausweitung ein. Im Jahr 1968 wurde der Betrieb nach Reilingen im Rhein-Neckar-Kreis verlegt. 1979 wurde der Betrieb in die SUNVAL-GmbH umgewandelt mit Sitz und Pro-

---

[349] Alle Angaben zum Betrieb machte der Geschäftsführer, Herr Phillips, für dessen Mithilfe ich mich an dieser Stelle nochmals herzlich bedanke, während einer Betriebsbesichtigung am 04.07.1995. Angaben zu Umsatz, Gewinn, Vermögensausstattung, Produktionsmengen, Marktanteilen oder sonstigen betriebswirtschaftlichen Kennzahlen wurden nicht gemacht.

duktion in Waghäusel. 1987 erfolgte eine erste Erweiterung mit dem Aufbau des Trockensortiments. Derzeit entstehen neue Betriebsräume in Waghäusel als Anbau.

Die Produktion: Verarbeitet werden Agrarprodukte von DEMETER-Betrieben (diese tragen im Absatz zu 70 % am Umsatz bei), von BIOLAND-Betrieben und von anderen AGÖL-Landwirten bzw. von EG-Biobetrieben, die ca. 30 % vom Umsatz ausmachen. Schwerpunkte der Beschaffung der Rohstoffe bei Gemüse, Hackfrüchten und Getreide sind das Dreieck Heilbronn - Karlsruhe - Heidelberg, hierbei insbesondere der Raum Sinsheim,[350] Gemüse stammt hauptsächlich aus dem Bodenseeraum und dem Alten Land bei Hamburg bzw. von biologisch-dynamischen Höfen aus Südtirol. Mit der Erzeugergemeinschaft im Kraichgau[351] wird bereits vor der Aussaat die gewünschte Anbausorte festgelegt. Die Sorte ist für die Weiterverarbeitung dabei entscheidender als die Herkunft (Boden, Klima) der Rohstoffe. Die Abnahmebedingungen zwischen Sunval und der EZG sind vertraglich geregelt. Neue Umsteller müssen über die Erzeugergemeinschaft ihre Produkte an SUNVAL verkaufen, direkte Lieferbeziehungen sind nicht möglich.

Eingangskontrolle der Waren und Ausgangskontrolle der Produkte unterscheiden sich nicht von Babynahrungsmittelherstellern der konventionellen Lebensmittelbranche.

Die Verarbeitungsrichtlinien des DEMETER-Bundes verlangen jedoch Unterschiede: Die Rohstoffe müssen demnach unbestrahlt sein, Zusatzstoffe der Produktion wie z.B. Stabilisatoren und Antioxidatoren sind verboten. Außerdem müssen die Obst- und Gemüserohstoffe ausschließlich frisch verarbeitet werden. Obstkonserven oder Tiefkühlgemüse scheiden für die Produktion dementsprechend aus. Dieser Einsatz frischer Produkte wirkt sich massiv auf Produktionsrhythmus und Lagerhaltung aus: SUNVAL ist ein Saisonbetrieb. Zwischen September und März wird produziert, die Belegschaft steigt von 20 auf 30 Mitarbeiter. Die Fertigprodukte gehen ins Auslieferungslager von derzeit ca. 2000 m2 Größe. Über die restlichen sechs Monate wird nur verkauft. Dies schafft folgende Probleme:

1) Arbeitsspitze ab Erntezeitraum über das Winterhalbjahr hinweg,

2) hohe Lagerkosten,

3) das Problem, den Bedarf auf unterschiedlichen Märkten über ein Jahr hinweg planen zu müssen, da eine kurzfristige Nachproduktion ausgeschlossen ist,

---

[350] Vgl. Anhang 3, Karten der Ausbreitung des DEMETER-Landbaus C3 bis C8, im Raum Sinsheim ist eine deutliche Konzentration dieser Betriebe festzustellen.

[351] Vgl. auch das Beispiel Philipp Schneider.

4) u.U. Lieferengpässe bei bestimmten Produkten kurz vor der neuen Produktionssaison.

Das Sortiment der Firma Sunval bzw. die Zusammensetzung der Rezepturen wurde gemeinsam mit dem DEMETER-Bund und dem Arbeitskreis für Ernährungsforschung entwickelt. Konsequent wurde dabei auf den Zusatz von Zukker, Salz und Bindemitteln verzichtet. Das Angebot umfaßt heute: im Trockenbereich Flocken und Vollkornnudeln, Babynahrung in Gläschen aus Gemüse und Obst sowie Fruchtsäfte. Die 125 ml Gläschen sind dabei Einwegverpakkungen. Mehrwegsysteme sind bei Babynahrung zum einen unzulässig, zum anderen liegt diese Abgabegröße nach Ansicht SUNVALs in ihrer Energiebilanz (Rückfahrt der Gläser ins Werk, Reinigung) deutlich ungünstiger als Einwegpackungen. Mehrweg lohnt erst ab 500 ml Packungsgröße und einem 20-fachen Einsatz der Verpackung. Das Trockensortiment wird in Polypropylenbeuteln vertrieben.

Die Vermarktung: Mit über 95 % des Umsatzes vermarktet SUNVAL nahezu ausschließlich über den Großhandel. Ungefähr 40 Großhandelsbetriebe im ganzen Bundesgebiet vertreten SUNVAL-Produkte europaweit und seit kurzer Zeit in Hong-Kong. Da sich eine direkte Fakturierung nicht lohnt, erfolgt keine Direktlieferung an den Einzelhandel bzw. an direktvermarktende Landwirte. Nach dem Großhandel als Absatzmittler gliedert sich der Vertrieb wie folgt auf:

- ca. 25 % vom Umsatz werden über Reformhäuser erzielt,
- ca. 25 % über die ALNATURA-Märkte und über die mit ALNATURA kooperierenden DM-Märkte,
- ca. 25 % werden über Naturkostläden erzielt,
- ca. 25 % sind Exporte oder Inner-EG-Lieferungen.

Der Großhandel wird hierbei mit den üblichen Verkaufshilfen wie Sales-Stoppern, Plakaten, Prospekten, Dekorationshilfen und Rezeptvorschlägen unterstützt. Weitere Marketingaktivitäten laufen über Absatzmultiplikatoren wie Kinderärzte und Mütterberatungsstellen. Hinzu kommen regelmäßige, zielgruppenorientiert geschaltete, Inserate in entsprechenden Medien.

Die Betriebszukunft: Die Firma SUNVAL setzt mit ihrem Erweiterungsbau auf Expansion im Segment der Babynahrung im Lebensmittelmarkt. Dabei hält die Unternehmung ein Marktpotential von ca. 2 % - 2,5 % ökologische Lebensmittel im Gesamtlebensmittelmarkt der Bundesrepublik im Jahr 2000 für realistisch. Das derzeitige Marktvolumen wird auf ca. 0,5 % bis 1 % geschätzt. Wesentliches Element hierbei wird eine aggressive Preispolitik sein. Neben der eigenen Warenherstellung ist ein weiteres strategisches Geschäftsfeld die Übernahme der Abfüllung von Teilen des Sortiments und des Europa-Vertriebs des Gesamtsortiments der Schweizer Lebensmittelfirma HOLLE. Deren ökologisch erzeugte Produkte lassen sich von Deutschland als EU-Land wesentlich besser europaweit vermarkten. Geographisch abgegrenzt setzt man auf den Ausbau der

Märkte Spanien und Hong-Kong, nach Distributionskanälen abgegrenzt, versucht man den Absatz über Apotheken zu forcieren. Auch in Zukunft sollen DEMETER-Produkte die Hauptumsatzträger sein. Im Markenzeichen DEMETER sieht SUNVAL auch einen Schutz gegenüber der Konkurrenz konventioneller Babykosthersteller. Diese erhielten bisher von den Verbänden BIOLAND und DEMETER keine Lizenzen, den Verbandsnamen auf ihren Produkten zu führen.

3.3 Das BIOLAND-Innovationszentrum Eichstetten/Freiburg im Breisgau

Als letzte Schwerpunktregion wird das Kaiserstuhlgebiet beleuchtet. Hier fanden sich die ersten deutlichen Schwerpunkte des ökologischen Landbaus in Baden-Württemberg. Waren es bis 1970 ausschließlich DEMETER-Betriebe, die hier arbeiteten, entstand ab 1970 durch Verbandswechsel das erste Zentrum der Ausbreitung des BIOLAND-Anbaus.

3.3.1 Das Weingut Schambachhof in Bötzingen am Kaiserstuhl

Der Betrieb: Der heute 61-jährige, auf dem elterlichen Hof ausgebildete Landwirt Adolf Höfflin[352], stellte 1970 auf den organisch-biologischen Anbau BIOLANDS um. Die Anerkennung erfolgte 1974. Der Betrieb wird von ihm und seinem Sohn geführt. Der Betrieb umfaßt heute ca. 11 ha LF, davon 5,5 ha zugepachtet. Die Fläche verteilt sich auf 41 Parzellen im Umkreis von drei Kilometern, davon 9 Parzellen Obst, 11 Parzellen Ackerfrucht/Gemüsebau und 21 Wingert Weinbau. Die Ertragsmeßzahlen liegen zwischen 50 und 75. Im Betrieb arbeiten vier Arbeitskräfte.

Bei der 1978 abgeschlossenen Flurbereinigung wurden 70 % der Rebflächen getauscht, Äcker dagegen kaum. In Folge der Flurbereinigung entstanden Anbauterrassen mit größeren maschinengerechten Schlägen und ein landwirtschaftliches Wirtschaftswegesystem.

Die Umstellung: Im Jahr 1970 gehörten sieben ha LF zum Betrieb, davon drei ha zugepachtet. Gewirtschaftet wurde von ca. 2,5 Arbeitskräften. Adolf Höfflin war 1970, wie er sagte, ein "moderner" Landwirt, d.h. er probierte sämtliche Spritzmittel aus. Mit jedem neuen Spritzmittel hatte er ein Jahr lang gute Erfolge, im darauffolgenden Jahr mittlere, das dritte Jahr dagegen war immer schlechter als die Ausgangslage. Der Grund lag in der Resistenzbildung bei Schädlingen. Ohne einem Anbauverband zuzugehören, wirtschaftete ein benachbarter Winzer nach ökologischen Prinzipien und hatte damit bessere Erfolge als der experimentierende Höfflin. Der Besuch einer DEMETER-Tagung

---

[352] Alle Angaben zum Betrieb machte der Betriebsinhaber, Adolf Höfflin, für dessen Mitarbeit ich mich hiermit nochmals bedanken möchte, während einer Betriebsbesichtigung am 07.04.1995.

in Offenburg gab dann den Anstoß zur Umstellung.[353] Höfflin stellte nun ganzheitliche Denkansätze und Ökologie in den Vordergrund. Danach nahm Höfflin am später genauer beschriebenen Treffen mit HANS MÜLLER in Eichstetten[354] teil. Die Reaktion auf dieses Treffen war ein sofortiger Pestizidverzicht, der auch das gesundheitliche Risiko des Landwirts beim Pestizideinsatz ausschaltete. Höfflin meint, er habe heute im Weinbau weniger Probleme als konventionell wirtschaftende Kollegen. Als Hauptproblem der Umstellung sieht Höfflin rückblickend den schwierigen Lernvorgang. Ein Erfahrungsaustausch fand nur mit Kollegen statt, die am Bodensee ökologischen Obstbau betrieben. Für heutige Umsteller stellt sich dieses Problem aus seiner Sicht nicht mehr in diesem Umfang. Es gibt heute Umstellungsberater der Verbände und richtlinienkonforme Spritzmittel[355] werden in breitangelegten Ringversuchen erprobt.

Der Anbau: Der Haupterwerbsbetrieb besitzt seinen Schwerpunkt in den Dauerkulturen Wein und Obst. Gemüse (Möhren, Kohle, Salate, Zwiebeln) wird auf einer Fläche von ca. 2,5 ha auf 10 Schlägen, Kartoffeln auf einem Schlag angebaut. Nach zwei Jahren wird auf jeweils wechselnden Schlägen Klee zur Bodenverbesserung angebaut. Auf Freiflächen erfolgt Leguminosen-Gründüngung. Die zum Betrieb gehörenden Weinberge werden mit Wild- und Küchenkräutern, Klee, Wicken und Gräsern begrünt. Daraus ergeben sich vier Vorteile: Erosionsverluste auf den Anbauterrassen werden minimiert, die abgefalzten[356] Pflanzen bleiben als Flächenkompost liegen, die Unterpflanzung dient als Insektenweide, insbesondere auch für Nützlinge und letztlich leistet die Unterpflanzung einen touristisch wertvollen Beitrag zur Landschaftspflege.[357] In den Weinbergen wird im jährlichen Wechsel nur eine Gasse befahren, die benachbarte Gasse nicht. Hierdurch kann die Bodenverdichtung reduziert werden. Der Betrieb ist viehlos.

Die Vermarktung: Wirtschaftlicher Schwerpunkt des Betriebs ist der Vertrieb von Wein, insbesondere von Riesling, Silvaner, Gewürztraminer, Weißburgunder, Grauburgunder und Spätburgunder, wobei die Burgundersorten dominieren, sowie von selbstgebrannten Schnäpsen. Die Politik des Betriebs liegt konsequent darin, Spitzenweine in geringer Menge mit hohem Einsatz von Handarbeit zu produzieren und auf dem Markt hochpreisig zu plazieren. Heute wird freiwillig die Produktion noch gedrosselt, da geringere Erträge zu fruchti-

---

[353] Auch hier wird wieder deutlich, wie sehr der junge BIOLAND-Verband von vorhandenen DEMETER-Strukturen Nutzen zog.

[354] S. das Beispiel Rinklin.

[355] Nur in Sonderkulturen sind i.d.R. Mittel auf Schwefel- und Kupferverbindungsbasis zugelassen. S. BIOLAND-Richtlinien in der Fassung vom 02/03 Mai 1994, S. 40.

[356] Die Kräuter werden nur abgeknickt, nicht abgeschnitten, wodurch sie den Boden bei der Flächenkompostierung länger beschatten und insgesamt weit weniger Wasser verbrauchen als bei einer Neuaussaat der Unterpflanzung nach einem Abmähen.

[357] Viele Wanderer sagen, die Höfflin-Weinberge seien an ihren Blüten zu erkennen.

geren Weinen führen. An zweiter Stelle folgen Obst und Gemüse gleichauf. Die gesamte Produktion kann direktvermarktet werden.

Obst und Gemüse wird wöchentlich zweimal an sechs Naturkostläden im Umkreis von 20 Kilometer um Bötzingen vertrieben. Der Wein wird bundesweit beworben. Dazu gehören Anzeigen in BIO-Führern und in Fachzeitschriften, wie der "bio-land"[358] und der "Schrot und Korn". Adolf Höfflins Weingut Schambachhof stellt aber auch auf Messen aus. Neben der Stammkundschaft in der Region werden damit bundesweit Nachfrager angesprochen. Als Absatzmittler verfügt Höfflin über mehrere Bioläden in Norddeutschland, ansonsten wird der Wein auf Bestellung bundesweit im Direktversand vertrieben. Bisher kam es auch zu zwei Lieferungen nach Japan. Weitere Abnehmer finden sich in der hiesigen Gastronomie.

Da die Winzergenossenschaft den Höfflin-Wein nur einmal getrennt verarbeitete und dies nicht mehr wiederholen wollte,[359] trat Adolf Höfflin 1986 aus der Winzergenossenschaft aus. Der Wein[360] wird heute auf dem Hof gekeltert und ausgebaut.

In der Zukunft sind keine größeren Änderungen im Betrieb geplant. Eventuell wird allerdings der Gemüsebau aufgegeben und der Weinbau noch erweitert. Die Hofnachfolge auf die drei Kinder steht fest. Adolf Höfflin sieht im ökologischen Landbau größere wirtschaftliche Risiken als im konventionellen. Auch ist mehr Handarbeit nötig. Er sieht aber auch mehr Freude an der ökologischen Vielfalt seines Betriebs und hat im ökologischen Landbau seine Lebenserfüllung gefunden.

3.3.2 Der BIOLAND-Hof Rinklin in Eichstetten -
mit Exkurs: Die Entstehungsgeschichte BIOLANDS

Der Betrieb: Der heute 69-jährige Landwirt Wilhelm Rinklin[361] lernte seinen Beruf auf dem elterlichen Betrieb in Eichstetten. Der Haupterwerbsbetrieb ist direkt im Ortskern, an der Hauptstraße, gelegen. Nach der im Jahr 1978 abgeschlossenen Flur- und Rebflurbereinigung gehören heute 6 ha LF, davon 3 ha Weinbau zum Hof. Diese Fläche verteilt sich auf 11 Schläge im Umkreis von drei Kilometern. Das Pachtland umfaßt ca. 3 ha. Die Ertragsmeßzahlen der Schläge liegen zwischen 65 und 90, durchschnittlich bei 80. Beschäftigt werden derzeit 2 Familienarbeitskräfte.

---

[358] Verbandsorgan BIOLANDS.

[359] Die Winzergenossenschaft steht auf dem Standpunkt, der Wein aus ungespritzten Reben gefährde den konventionell angebauten.

[360] Ca. 40 Hektoliter pro Jahr.

[361] Alle Angaben zum Hof machte der Betriebsinhaber, Wilhelm Rinklin, für dessen Mithilfe ich mich an dieser Stelle nochmals herzlich bedanke, im Rahmen einer Betriebsführung am 06.04.1995.

Exkurs: Die Gründung BIOLANDS:[362]

Wilhelm Rinklin stellte 1955 auf ökologischen Landbau um. Aufgrund des Umstellungsjahres war dies zwangsläufig eine Entscheidung für DEMETER. Gründe, die für eine bewußte Umstellung sprachen, gab es nach seiner Darstellung nicht. Im Gegenteil, Rinklin selbst sagt heute, er sei ohne aktives Zutun zum ökologischen Landbau gekommen. Er selbst war anfangs ein zufriedener konventioneller Landwirt. Der DEMETER-Landwirt Hiss war es, der eine ganze Gruppe befreundeter Landwirte, und darunter eben auch Wilhelm Rinklin, zum ökologischen Landbau brachte. An Vieh wurden 1955 drei Milchkühe und drei Schweine - überwiegend zur Selbstversorgung - gehalten. Dazu bestanden Plätze zur Bullenmast. Der Betrieb besaß damals ca. 5 ha LF, davon zwei ha zugepachtet. Die Schläge waren vor der Flurbereinigung deutlich kleiner, die gegenüber heute kleinere Gesamtfläche verteilte sich auf 25 Schläge im Umkreis von drei Kilometern. Die Flurbereinigung brachte durch die Anlage von Terrassen größere Wirtschaftseinheiten, führte zu einem geschlossenen Wirtschafts- und Wanderwegenetz am Kaiserstuhl und regelte die Vorflutersysteme neu.

Zum Umstellungszeitpunkt bewirtschafteten ca. 1,5 Familienarbeitskräfte[363] und ein bis zwei Lehrlinge den Hof. Da keine chemischen Spritzmittel und synthetische Dünger nur in geringem Umfang eingesetzt wurden, waren die Probleme der Umstellung eher gering. Um 1960 existierten in Eichstetten bereits sechs DEMETER-Betriebe, von denen heute noch drei bestehen. Diese drei Betriebe, in der selben Straße gelegen wie der Rinklin-Hof, befinden sich alle im Eigentum der Familie HISS. Kontakte zum DEMETER-Landbau bekam Herr HISS, erster DEMETER-Landwirt Eichstettens,[364] in britischer Kriegsgefangenschaft, wo er auf einen Landwirt aus Ostpreußen[365] traf. Hiss war mit an der Einrichtung einer DEMETER-Arbeitsgemeinschaft in Freiburg gegen Ende der 50er Jahre beteiligt. Während der Sitzungen der Arbeitsgemeinschaft traf Rinklin mit OSWALD HITSCHFELD, DEMETER-Berater aus Ostböhmen[366] zusammen. Mit ihm hatte Rinklin teilweise heftige Diskussionen über die Umsetzung von DEMETER-Grundlagen in die Praxis. Zu nennen sind hier Präparateeinsatz und Kompostbereitung gegenüber der Flächenkompostierung sowie die Wirkungen kosmischer Einflüsse. Zusammen mit zwei anderen DEMETER-Landwirten kamen ihm Bedenken gegen die anthroposophische Ausrichtung DEMETERS.[367] Damit fehlte Rinklin nicht nur der für DEMETER-Landwirte

---

[362] Wilhelm Rinklin war selbst im Bundesvorstand BIOLANDS.
[363] Der Landwirt selbst und seine Ehefrau.
[364] DEMETER-Anerkennung 1960.
[365] Der Name ließ sich nicht recherchieren.
[366] Vgl. die Entstehungsgeschichte DEMETERS.
[367] Rinklin selbst sah sogar Parallelen zwischen Anthroposophie und Okkultismus.

wichtige anthroposophische Hintergrund, er lehnte ihn sogar innerlich ab. Dennoch war er fasziniert von dem Ansatz DEMETERS über das reine landwirtschaftliche Produktionsziel hinauszudenken und dem Boden und der Umwelt mehr Beachtung zu schenken.

Es dauerte jedoch bis 1966, bis Rinklins Entwicklung im ökologischen Landbau weiterging. Zu dieser Zeit initiierte der evangelische Dorfpfarrer SUTTER in Eichstetten Gespräche über ökologischen Landbau. Dieser Pfarrer wurde zum wichtigen Initiator des BIOLAND-Anbaus in Baden-Württemberg. Er war auch einer der ersten, der sich als Konsument kritisch zum konventionellen Landbau äußerte. Er sagte z.b. auf einer Gesprächsveranstaltung vor konventionellen Landwirten, daß es ihm auffiele, daß biologische Gülle nicht stinke, und weiter, daß die Kinder am Pfarrhof nur noch die Möhren aus DEMETER-Anbau äßen.

Ein Referent berichtete im Rahmen dieser Veranstaltung über die Erfolge HANS MÜLLERs in der Schweiz, und darüber, daß HANS MÜLLER bereits in Israel mehrere Kibuzze auf eine ökologische Produktionsweise umgestellt hatte. Direkte Kontakte Eichstettener Landwirte zur Schweiz gab es jedoch noch nicht.

Diese Kontakte schuf Ende der 60er Jahre der Pfarrdiakon MICHAEL ZENCK, der spätere erste Geschäftsführer des Vereins „BIOGEMÜSE".[368] Damals nahm die evangelische Landeskirche Baden-Württembergs bei Landwirtschaftstagungen Stellung zu Fragen des konventionellen Landbaus und nannte ökologische Landwirtschaft als Alternative. ZENCK stellte die ersten Kontakte zur Schweiz[369] her und organisierte Besichtigungen von dortigen organisch - biologischen Betrieben. Während dieser Besichtigungen trafen ZENCK, RINKLIN und der Landwirt WENZ aus dem südlichen Ortenau-Kreis mit HANS MÜLLER zusammen.

Auf Einladung des DEMETER-Arbeitskreises Freiburg kam dann 1969 eine Veranstaltung mit MÜLLER als Dozenten in Eichstetten zustande. Schwerpunkte des Vortrags waren die Zusammenhänge zwischen Bodenfruchtbarkeit, Bodenleben und Flächenkompostierung[370] bzw. die in der Schweiz schon stärker verbreitete thermische Wildkräuterregulierung. Wirkungen der Gestirne

---

[368] Vorläuferorganisation BIOLANDS.

[369] U.a. zur BIOTTA, einem ökologischen Anbau- und Vertriebsverband mit Sitz in Tägerwilen, Schweiz.

[370] Müller vertrat die Flächenkompostierung statt der Kompostbereitung unter Präparateeinsatz. Dabei werden die geschnittenen Teile auf dem Feld belassen und kompostieren direkt dort. Dies ist einfacher als die Kompostbereitung am Hof mit anschließender Ausbringung auf den Feldern und hat den weiteren Vorteil, daß es nicht zu Fäulnisprozessen während der Kompostreifung kommen kann, da die Pflanzenteile in dünner Schichtung permanenten Sauerstoffkontakt haben.

154

schloß MÜLLER zwar nicht aus, maß ihnen jedoch kaum eine Bedeutung zu.[371] In Folge dieses Vortrags in Eichstetten besuchten Rinklin und zwei seiner Eichstettener Kollegen Schulungsveranstaltungen bei HANS MÜLLER in der Schweiz, woraufhin ihnen DEMETER den Austritt aus dem Verband nahelegte. Die ökologischen Betriebe mußten damit die Vorteile ihrer Verbandsintegration (Erfahrungsaustausch, Vermarktung) aufgeben. Im Jahre 1971 fand in Waldenbuch bei Stuttgart, in Gemeinderäumen der evangelischen Landeskirche, eine Veranstaltung zum ökologischen Landbau statt. Gastredner war HANS PETER RUSCH, der dem organisch-biologischen Landbau das theoretische Gerüst lieferte. Neben Rinklin und anderen Landwirten aus Eichstetten nahmen auch Bauern aus Schwäbisch Hall und Nürnberg und Augsburg in Bayern an diesem Treffen teil. Nach dem vormittäglichen Vortrag RUSCHS wurde nachmittags von diesen Landwirten der Verein „BIO-GEMÜSE e.V. organisch-biologischer Landbau" gegründet, der ab dem 09.05.1974 durch die gemeinnützige „Fördergemeinschaft für organisch-biologischen Land- und Gartenbau" abgelöst wurde.[372] Auf Grund der Distanz zwischen Eichstetten, Schwäbisch Hall und Augsburg fanden Zusammenkünfte zukünftig im zentral gelegenen Honau bei Reutlingen statt. Wegen der marktorientierten Ausrichtung der Tätigkeit der Gemeinschaft mußte diese als reine Fördergemeinschaft schließlich aufgegeben werden. Als Nachfolger wurde der BIOLAND Bundesverband als eingetragener Verein gegründet. Landesverbände entstanden später, als die einzelnen Regionalbereiche in der Bundesrepublik wegen der Zuwachszahlen ihrer Anerkennungsbetriebe eine dezentrale Struktur erforderten. Die Entwicklung BIOLANDS zeigt damit, daß

- sie für ganz Baden-Württemberg in zwei Innovationszentren, nämlich in Eichstetten und am Bodensee entstand. Durch die Kontakte während der Gründung kann erklärt werden, weshalb in den Kreisen Schwäbisch Hall, Hohenlohe und Main-Tauber, also rund 200 Kilometer Luftlinie von Eichstetten entfernt, bis 1975 mit vier Betrieben ein weiteres, wenn auch flächenmäßig ausgedehnteres Innovationszentrum entstand. Desweiteren erklärt sich die Kette von drei BIOLAND-Betrieben entlang der Schwäbischen Alb, alle maximal 40 Kilometer von Stuttgart entfernt, durch die im Stuttgarter Raum stattfindenden Gespräche.

- das Innovationszentrum Eichstetten nicht "auf der grünen Wiese" entstand, sondern nur deshalb so stark werden konnte, weil dort bereits ökologischer Landbau nach DEMETER-Richtlinien praktiziert wurde.

---

[371] Auch bei optimalem Gestirnsstand darf z.B. ein nasser Boden nicht bewirtschaftet werden, um nicht die Verdichtung zu fördern und das Bodenleben zu gefährden. Nicht die Gestirne, sondern der Boden müssen zum Bearbeitungszeitpunkt in optimaler Ausgangslage sein.
[372] Laut Rinklin war Müller zunächst gegen einen eigenen deutschen Verband, er fürchtete, deutsche Gründlichkeit in der Organisation würde seinen Ideen keinen Raum mehr lassen.

155

- der Bodenseeraum bis 1975 in die Thurgauer Anbaugruppe integriert und damit deutlich von der Schweiz beeinflußt war
- BIOLAND von Anfang an organisatorische Unterstützung durch die evangelische Landeskirche erhielt.[373] Diese starke, flächendeckende Struktur im Hintergrund erleichterte das schnelle Wachstum des jungen Anbauverbandes.

Das nahegelegene Elsaß spielte dabei für den ökologischen Landbau in Baden-Württemberg keine Rolle. Umgekehrt existieren jedoch Kontakte, seit mehr als 15 Jahren gehört ein Elsässer Bauer[374] zur Eichstettener Gruppe organisch-biologischer Landwirte. Zurück zum Betrieb Wilhelm Rinklins.

Der Anbau: Heute werden als Vieh drei Schweine zur Abfallverwertung sowie 30 Legehennen nach den BIOLAND-Richtlinien gehalten. Milchkuh- oder Bullenmasthaltung wird nicht mehr betrieben. Eine starre Fruchtfolge hält der reine Sonderkulturbetrieb nicht ein, es wird aber darauf geachtet, die Folge einzelner Gemüsekulturen auf den Äckern möglichst weit zu gestalten. Auf einem Drittel der Äcker werden regelmäßig Leguminosen zur Stickstoffanreicherung im Boden angebaut. Hinzu kommen Sonnenblumen, die teilweise auch als Zwischenkultur eingesetzt werden. Schwerpunkt des Betriebs sind die für die Kaiserstuhlregion mit ihren Anbauterrassen, den guten Böden vulkanischen Ursprungs und dem milden Klima typischen Dauerkulturen von Obst und Wein.

Bei Obst und Gemüse werden 50 % auf dem Hof oder über den eigenen Marktstand, in der Regel an Stammkundschaft im Einzugsgebiet von ca. 25 Kilometer um Eichstetten, direkt vermarktet. Bei Wein liegt die Quote der Direktvermarktung bei 100 %. Da die getrennte Verarbeitung des Rinklin-Weines in der Winzergenossenschaft Eichstetten nur kurzfristig funktionierte, wird der Wein selbst gekeltert und ausgebaut. Die Kapazität liegt bei 250 bis 300 Hektoliter Wein pro Jahr. Der Wein wird bundesweit im Direktversand vertrieben. Kunden sind private Endverbraucher und der ökologische Lebensmittelfachhandel.

Die Betriebszukunft: Im Weinbau sieht Rinklin auch die Zukunft. Investitionen in Tanks und Flaschenlager sowie eine Aufstockung der Weinbaufläche sind geplant. Der Rest des Obstes und des Gemüses wird an ein Großhandelsunternehmen im Eichstettener Gewerbegebiet gegeben, das auf den Vertrieb ökologischer Lebensmittel spezialisiert ist. Dieses Unternehmen wird von einem Sohn Wilhelm Rinklins geführt. Der jüngste Sohn übernahm den Landwirtschaftsbetrieb.

Aufgrund der guten Absatzmöglichkeiten kann der Hof Rinklin auf kommunikationspolitische Maßnahmen verzichten, Mundpropaganda der Stamm-

---

[373] Laut Rinklin zahlte die Kirche anfangs sogar die Telefon- und Portokosten des jungen Verbandes.

[374] Der Landwirt Fredy Schmidt nahm 1973 am Einführungskurs auf dem Möschberg teil.

kundschaft ist für den Landwirt die beste Werbung. Auch wirtschaftlich betrachtet Wilhelm Rinklin heute zurückblickend den ökologischen Landbau für seinen Betrieb als Gewinn, auch wenn Wirtschaftlichkeitsüberlegungen nicht das Motiv für seine Umstellung 1955 waren.

3.3.3 Der Großhandelsbetrieb Rinklin in Eichstetten

Die Entstehung: Der heute 44-jährige Agraringenieur Wilhelm Rinklin jr.[375] kam über seinen Vater mit dem ökologischen Landbau in Kontakt. Da er nach seinem Studium 1975 aufgrund des Alters seines Vaters keine Möglichkeit hatte, den elterlichen Hof zu übernehmen, mußte er nach einer anderen Erwerbsquelle suchen. Zunächst übernahm er ein halbes Jahr lang mit halbem Debutat die Stelle für Produktvermarktung im damals noch jungen Förderverein. Ebenfalls mit halbem Debutat kümmerte er sich um die Vermarktung der BIO-LAND-Produkte im BIOLAND-Innovationszentrum Eichstetten. Im Anschluß schied er aus der Anstellung beim Verband aus und gründete mit sieben Landwirten am 4. September 1975 eine Vermarktungsgesellschaft des bürgerlichen Rechts mit Sitz in Eichstetten. Die Tätigkeit ähnelte der einer heutigen EZG, d.h. die Produkte wurden gesammelt und gemeinsam vermarktet, der anfallende Gewinn wurde auf die Anteilseigner verteilt. Da dem großen Haftungskapital[376] nur ein geringer Umsatz entgegenstand, wurde der Geschäftsbetrieb ab 05.09. 1977 von der BIOLAND-Vermarktungs-GmbH mit Sitz in Göppingen übernommen. Ausgangspunkt der Vermarktung blieb aber Eichstetten, Rinklin selbst wurde als Geschäftsführer eingestellt. 1978 wurde BIOLAND als Warenzeichen eingetragen. Ab dem 1. Januar 1981 übernahm Rinklin die Anteile des Betriebs, der heute als GmbH geführt wird. Im Jahr 1983 wurden neue Geschäftsräume und Lager im Gewerbegebiet gebaut. Bis dahin wurde der Betrieb im Privathaus Rinklins und vom elterlichen Hof aus geführt.

Nach einer Verlustphase 1985, hervorgerufen durch die geringe betriebswirtschaftliche Erfahrung Rinklins, konnte die betriebliche Situation durch Straffung der Logistik, insbesondere Neuorganisation der Auslieferungsfahrten, durch Anhebung der Preise und Verbesserung der Einkaufskonditionen gefestigt werden.

Der Betrieb: Zwischen 1985 und 1987 konnte der Umsatz um 50 % gesteigert und die Kosten annähernd gehalten werden. Heute liegt der Umsatz bei ca. 13 Mio. DM/Jahr, nach einer starken Expansion in den letzten beiden Jahren. Der Betrieb liegt nach Marktanteilen in einem Ranking des deutschen Großhandels für ökologische Agrarprodukte nach Einschätzung des Inhabers auf einem

---

[375] Alle Angaben zum Betrieb machte der Inhaber während einer Betriebsbesichtigung am 17.06.1995, an dieser Stelle sei ihm für diese Mithilfe nochmals herzlich gedankt.

[376] In der Rechtsform der BGB-Gesellschaft haften die Anteilseigner gesamthänderisch mit ihrem gesamten Vermögen.

mittleren Rang. Beschäftigt werden zur Zeit 27 Mitarbeiter, die nahezu alle familiäre Beziehungen zu BIOLAND- oder DEMETER-Höfen der Umgebung aufweisen. Auch hier zeigt sich, wie stark persönliche Kontakte auch im Vermarktungsbereich ökologischer Produkte anzutreffen sind. Eine spezielle Ausbildung für die Vermarktung ökologischer Produkte haben die Angestellten nicht. Der Großhandel ökologischer Produkte unterscheidet sich nach Rinklin nicht vom konventionellen Lebensmittelgroßhandel. Die Herkunft von ökologischen Höfen erleichtert den Angestellten jedoch die Identifikation mit den Produkten.

Die Beschaffung: Hier ist zwischen verarbeiteten und direkt handelbaren Agrarprodukten zu unterscheiden. Verarbeitete Produkte bezieht Rinklin aus ganz Deutschland. Eine Beschränkung rein auf regional verarbeitete Produkte ist zwar aus ökologischer Sicht wegen der Verringerung der Transportleistungen wünschenswert, aus Gründen der Sortimentsbreite jedoch nicht durchführbar. Insofern spielt wegen der guten Verkehrsinfrastruktur in Europa auch der Standort eines Verarbeiters für die Ansiedlung eines Großhandelsbetriebs (bzw. umgekehrt) keine Rolle. Bei der Beschaffung vom Bauern kooperiert Rinklin mit zehn Landwirten der Umgebung Eichstettens, die regelmäßig ihre Produkte an seine Unternehmung liefern. Diese Betriebe stimmen ihre Produktion auf die Verbrauchertrends ab, die ihnen der Großhandel mitteilt. Eine Vertragslandwirtschaft existiert jedoch nicht, da Rinklin die Nachteile für den Landwirt höher bewertet als die Vorteile, die Verkaufserlöse der Ernte fest planen zu können. Wenn diese zehn Landwirte bestimmte Erzeugnisse nicht liefern können, greift Rinklin auf weitere regionale BIOLAND- bzw. DEMETER-Betriebe zurück, die die Lieferengpässe ausgleichen. Durch den überregional arbeitenden Großhandelsbetrieb steht den Landwirten um Eichstetten damit ein Markt offen, der ganz Baden sowie Teile der Pfalz und Südhessens umfaßt.

Der Beschaffungsschwerpunkt bei den Landwirten liegt bei BIOLAND-Betrieben, was historisch bedingt ist. So waren die Gründer der bereits angesprochenen BGB-Gesellschaft alle BIOLAND-Landwirte. Hinzu kam die Tätigkeit im Verband. Dennoch besitzt die RINKLIN-GmbH heute keine Anerkennung als Vertragsgroßhandelsbetrieb mit BIOLAND. Bei der Beschaffung unterscheidet Rinklin nicht zwischen den AGÖL-Anbauverbänden, die er an erster Stelle in seinem Sortiment führt. Was durch AGÖL-Bauern nicht zur Verfügung gestellt werden kann, wird durch Produkte mit IFOAM-Siegel ergänzt. EG-Bioprodukte ohne AGÖL/IFOAM-Zeichen möchte Rinklin möglichst nicht im Sortiment führen. Angaben zur Warenbeschaffung aus dem Ausland erfolgen im Punkt Vertrieb.

Die Vermarktung: RINKLIN vermarktet derzeit ca. 2000 Artikel. Eine eigene Handelsmarke "RINKLIN" gibt es nicht. RINKLIN befürwortet Herstellermarken und lehnt Handelsmarken ab, da er seinen Namen für Produkte, deren

Zusammensetzung und Produktion er nicht kennt, nicht verwenden sehen möchte.

Seit 1986 wird der Einzelhandel in Aktionswochen mit Rabatten für jeweils wechselnde Produkte verschiedener Gruppen (Molkereiprodukte, Trockensortiment, Frischprodukte und Fleischwaren) unterstützt. Als weiteren Service leitet RINKLIN Verkaufshilfen der Hersteller an den Einzelhandel weiter und liefert diesem Einkaufsstatistiken.

Der Vertrieb: Die GmbH unterhält ein Lager von 1.400 m², davon 300 m² gekühlt. Sie verfügt über sechs Kühl-LKW's. Das Vetriebsgebiet umfaßt die Linie Bad Bergzabern (Westgrenze) - Worms - Darmstadt (Nordgrenze) - Pforzheim - Rottweil - Tuttlingen (Ostgrenze) sowie im Süden die Grenze zur Schweiz. Über den Rhein ins Elsaß vertreibt RINKLIN nicht. Der Grund hierfür liegt darin, daß in Frankreich und auch im Elsaß ökologische Agrarprodukte i.d.R. nicht über "Bio-Läden", also den Facheinzelhandel, sondern über Handelsketten vertrieben werden. Die Belieferung der Ketten aber wird üblicherweise durch die jeweilige Zentrale in Paris geplant und durchgeführt. Ein Vertrieb in die Schweiz findet ebenfalls nicht statt. Schwerpunkt des Vertriebs nach **Absatzkanälen** sind für RINKLIN eben die Bioläden, die zu 80 % den Umsatz des Großhändlers ausmachen. Hofläden von AGÖL-Landwirten und AGÖL-Handwerksbetriebe wie Metzger und Bäcker tragen zu ca. 15 %, die Belieferung von Kantinen und Gastronomie zu ca. 5 %[377] zum Umsatz bei. Nach **Produktgruppen** liegt der Schwerpunkt im Bereich Getreide und verarbeitete Trockenprodukte mit ca. 40 % vom Umsatz. Das Getreide stammt von einem in der Nähe gelegenen BIOLAND-Hof, der bei Bedarf selbst von anderen ökologischen Landwirten der Region Getreide zukauft, um es an die RINKLIN-GmbH weiterzuleiten. Dieses Verhalten ist notwendig, da der Kaiserstuhl wegen der geringen Betriebsgrößen und der Boden- und Klimagunst kein Getreidegebiet ist. Getreide wird nur in geringem Umfang zur Erweiterung der ökologischen Fruchtfolge und zur Steuerung der Arbeitsbelastung angebaut, so daß ein einzelner Landwirt u.U. nicht in der Lage ist, den Bedarf eines Großhändlers zu decken. An zweiter Stelle liegen Frischgemüse und Obst mit ca. 30 % Umsatzanteil. Das Obst stammt üblicherweise vom Kaiserstuhl bzw. vom Bodensee. Der größte Gemüselieferant aber ist ein elsässischer Bauer, der sowohl über eine BIOLAND-Anerkennung für die Vermarktung in Deutschland, als auch über eine Anerkennung durch NATURE ET PROGRÉS verfügt. Dieser Landwirt besuchte ebenso wie RINKLINS Vater 1971 die Veranstaltung HANS MÜLLERs. Damit zeigt sich, daß die Entwicklung des ökologischen Landbaus im Elsaß[378] nicht isoliert von der in Baden gesehen werden kann. Auch dort ist der direkte Kontakt zwischen Landwirten wesentlicher Faktor gewesen. Und

---

[377] Alle Prozentangaben sind Schätzungen des Inhabers.
[378] Vgl. Exkurs: Ökologischer Landbau im Elsaß.

auch bei diesem elsässischen Landwirt zeigt sich der direkte Einfluß der Schweiz. Einen dritten Umsatzschwerpunkt bilden Molkereiprodukte und Tofu mit 30 %. BIOLAND-Produkte stammen dabei von der Molkerei Tübingen, die zentrale Bedeutung für BIOLAND in Baden-Württemberg besitzt,[379] DE-METER-Produkte stammen von der Molkerei in Schrozberg. Tofuprodukte werden direkt in Freiburg hergestellt.

Nur etwa 1 % des Umsatzes machen Fleisch aus einer Freiburger Metzgerei, bzw. Wurstwaren eines Kölner Herstellers aus.

Aus dem **Ausland** werden aus Frankreich (ohne Elsaß), dem wichtigsten Lieferland für RINKLIN, Frühgemüse, Frühäpfel und Steinobst importiert sowie Ergänzungen des Sortiments bestellt. Wichtigste Märkte sind hierbei Avignon und Perpignan. Zweitwichtigstes Lieferland ist Spanien für Zitrusfrüchte und Frühgemüse vor Italien (gleiche Produkte wie Spanien, bzw. Spätäpfel und Kernobst aus Südtirol) und dem Raum Israel/Ägypten. Von dort bezieht RINKLIN hauptsächlich Möhren, Kartoffeln und Zwiebeln aus ökologischem Anbau zu der Zeit, wenn die alte heimische Ernte verkauft ist und die neue noch nicht zur Verfügung steht. Aufgrund der notwendigen Lieferbereitschaft eines Großhändlers und dem Kundenwunsch, auch ökologisch erzeugte Produkte außerhalb der heimischen Saison zu erhalten, bzw. nicht heimisches Obst und Gemüse kaufen zu können, sind damit auch im Großhandel ökologischer Produkte Lieferstrecken wie im konventionellen Lebensmittelgroßhandel nicht zu vermeiden.

Nach RINKLINs Sicht wird der Markt für ökologische Lebensmittel weiterhin schnell wachsen. Damit dürfte sich in der nächsten Zeit ein Ausgleich der Marktstörung durch das Extensivierungsprogramm mit der schnellen Erhöhung des Angebots ohne entsprechende Nachfrageentwicklung einstellen.

3.4 Der Neubeginn des DEMETER-Anbaus in Baden-Württemberg[380]

Schon kurze Zeit nach dem bereits erwähnten landwirtschaftlichen Kurs Rudolf Steiners begann sich die biologisch dynamische Arbeit in Baden-Württemberg zu entwickeln.[381] Ausgangspunkte waren Schwäbisch Gmünd, mit dem Sitz der Heilmittelfirma WELEDA, die DEMETER-Auskunftstelle in Stuttgart, der Arbeitskreis Bodensee und in enger Zusammenarbeit der Arbeitskreis Markgräflerland. Alle genannten Orte belegen, wie wichtig persönliche Kontakte für die Ausbreitung der anthroposophischen Gedanken waren: Im Bodenseegebiet ver-

---

[379] Lt. Mitteilung BIOLAND Baden-Württemberg 1993.

[380] Obwohl die nachfolgende Darstellung auf Literaturangaben beruht, ist sie logisch dennoch innerhalb der Beispiele, im Anschluß an die Entstehungsgeschichte BIOLANDS in den Text dieser Arbeit einzuordnen.

[381] Alle Angaben diese Kapitels entstammen der Quelle: HEYNITZ v., K. et al. (1990), für deren Überlassung ich Herrn von Heynitz nochmals herzlich danke.

mittelte Gerhard Bäuerle, ein Fabrikant aus Steißlingen, die ersten Erfahrungen des DEMETER-Anbaus aus Ostdeutschland an die dortigen Bauern; im Markgräflerland baute der Landwirt Ernst Jacoby eine Arbeitsgemeinschaft auf, nachdem er den landwirtschaftlichen Kurs auf Gut Koberwitz besucht hatte. Der Heilpflanzengarten der Firma WELEDA wurde von Franz Lippert betreut, der ebenfalls am landwirtschaftlichen Kurs in Schlesien teilgenommen hatte. Lippert begann mit Schulungen, Vorträgen und Besichtigungen die Arbeit der anthroposophischen Landwirte zu verbreiten, was direkt zur Umstellung des Talhofs bei Heidenheim/Brenz im Jahr 1929 führte. Im Jahr 1941 wurde der "Reichsverband für Biologisch-Dynamische Wirtschaftsweise" verboten, die Arbeit auf den Höfen Baden-Württembergs konnte jedoch z.T. weitergeführt werden. Im Jahr 1946 wurde der "Forschungsring für Biologisch-Dynamische Wirtschaftsweise" mit Sitz in Stuttgart gegründet. Der Forschungsring, dessen Sitz seit 1962 in Darmstadt liegt, stellt eine Vereinigung von Landwirten, Forstwirten und Wissenschaftlern dar. Er ist Inhaber der heutigen Warenzeichen DEMETER bzw. BIODYN für Umstellungsprodukte. Die Vergabe dieser Warenzeichen an Erzeuger, Verarbeiter und Großhändler obliegt dem DEMETER-Bund, mit Sitz in Stuttgart. Die DEMETER-Dienste-GmbH versucht, Hilfen für ein einheitliches Vermarktungs- und Vertriebskonzept von DEMETER-Produkten zu geben.

Nach dem Krieg begann die Ausbreitung DEMETERS von Stuttgart aus. HEYNITZ weißt dabei ausdrücklich auf die Bedeutung von Reisen der DEMETER-Berater, den sog. "Bauernhelfern" zu Landwirten in ganz Baden-Württemberg hin. Durch den Zuwachs der ökologischen Betriebe in Baden-Württemberg, der wesentlich auf die Kontakte der Bauernhelfer zurückzuführen ist, wurde die Einrichtung eines eigenen DEMETER-Landesverbandes in Baden-Württemberg notwendig. Dieser wurde im Mai 1960 gegründet.

Die Kurzbiographie einiger dieser Bauernhelfer erklärt, warum persönliche Kontakte für die Ausbreitung des DEMETER-Anbaus wichtiger waren als sonstige Faktoren: ALMAR von WISTINGHAUSEN war einer der ersten, der sich nach der Übersiedlung von Ost- nach Westdeutschland der DEMETER-Beratung in Baden-Württemberg annahm. KRAFFT VON HEYNITZ, in Sachsen aufgewachsen, wurde nach der Enteignung im Osten ab 1952 Bauernhelfer im Hohelohischen und betreute von 1959 bis 1967 die Jugendarbeit der Landwirtschaftsschule Weckelweiler.[382] OSWALD HITSCHFELD war ab 1933 Landwirt in Ostböhmen. Nach der Vertreibung war er in verschiedenen Orten Baden-Württembergs wohnhaft und berichtete in Artikeln und auf Vorträgen von den Erfolgen der ökologischen Landwirtschaft. Zudem war er auf der Schwäbischen Alb als Klauenschneider tätig, was zu vielen Kontakten zu dortigen Landwirten führte und den Diffusionsverlauf DEMETERS in dieser Region erklärt. Im Jahr

---

[382] Vgl. das Beispiel der Landwirtschaftsschule.

1955 erwarb HITSCHFELD eine Nebenerwerbslandwirtschaft im Oberrheintal. Dort setzte er seine beratende Tätigkeit fort.[383] HITSCHFELDs Platz auf der Schwäbischen Alb wurde ab 1955 von NOTHART VON WITTICH eingenommen. WITTICH war Landwirt in Ostpreußen und hatte dort Verbindungen zum DEMETER-Anbau.

Diese Einzelbeispiele zeigen, wie stark der Einfluß ostdeutscher Landwirte und Gutsbesitzer auf den Aufbau des ökologischen Landbaus in Baden-Württemberg war. Die Wirkung ging zudem über die Landesgrenzen hinaus. In der Schweiz hat der spätere Mitbegründer BIOLANDS, HANS MÜLLER, zunächst den biologisch-dynamischen Landbaukurs vertreten und im südbadischen Raum darüber Vorträge gehalten, ehe er mit HANS PETER-RUSCH den eigenen Anbauverband BIOLAND mitinitiierte, um den Landwirten eine undogmatische Alternative im ökologischen Landbau zu bieten.[384]

Nach Österreich, Sizilien und auf Kaffeeplantagen des mexikanischen Hochlands wurden ebenfalls DEMETER-Berater aus Baden-Württemberg gerufen. Auch dort entstand ökologischer Landbau demnach nicht unabhängig, sondern durch direkte Kontakte, die sich im Rahmen einer statistisch-kartographischen Untersuchung wie z.B. einer Nearest-neighbour-Analyse, insbesondere im Fall Mexiko, nicht mehr nachweisen lassen.

---

[383] Vgl. die Ausbreitungsgeschichte BIOLANDS.
[384] Vgl. SIMON, B. (1995), S. 15-18.

4. Schlußbetrachtung und Ausblick

4.1 Die Tragfähigkeit eines Standorts für Betriebe des ökologischen Landbaus

Zum Abschluß der Arbeit soll der Frage nachgegangen werden, wieviele ökologische Betriebe überhaupt auf einem Standort einer bestimmten Größe existieren können, woraufhin sich eine Hochrechnung der zukünftigen Entwicklung des ökologischen Landbaus in Baden-Württemberg anschließt.

Die Umstellungsentscheidung eines Betriebs werde im folgenden Modell durch drei Faktoren beeinflußt: der Ausstattung mit Produktionsmitteln, der Situation auf dem Absatzmarkt und sonstigen Faktoren, als deren wichtigster hier die Lage zum nächsten ökologischen Nachbarn gilt. Dieses Modell zeigt die folgende Abbildung graphisch:

Abb. 13: Einflußfaktoren einer Umstellung

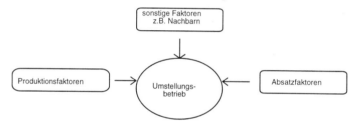

Quelle: eigene Darstellung

Auf die Produktionsfaktoren wie Arbeitskräfte und Bodenausstattung wird nicht eingegangen, da sie lediglich limitierende Faktoren ohne großen Praxisrelevanz darstellen. Dies hat folgenden Grund: Ökologische HE-Betriebe sind mit ca. 21 ha LF im Schnitt 50 % größer als konventionelle. Selbst wenn man einbezieht, daß geschätzte 20 % der Landwirtschaftsfläche in Baden-Württemberg bis zum Jahr 2000 gegenüber dem Stand 1989 mit 1.753.000 ha LF[385] nicht mehr zur Verfügung steht, bleibt dennoch genügend LF für maximal 66.800[386] ökologische Betriebe in Baden-Württemberg. Eine ähnliche Rechnung läßt sich für die in der Landwirtschaft Beschäftigten durchführen. Ökologische HE-Betriebe beschäftigten mit 1,69 Arbeitskräften[387] im Wirtschaftsjahr 1994 10 % mehr als konventionelle. Im Land wären demnach, zieht man 30 %[388] von der

---

[385] Vgl. STATBW (1992), S. 18-19.

[386] 66.800 Betriebe = 0,8 · 1.753.000 ha LF / 21 ha pro ökologischem Betrieb.

[387] Vgl. Tab. 2.

[388] Hier wird davon ausgegangen, daß aufgrund weiterer Mechanisierung die Zahl der Arbeitskräfte in der Landwirtschaft schneller sinkt, als die LF selbst.

Zahl der 1991 in der Landwirtschaft beschäftigten Personen (=257.800)[389] bis ins Jahr 2000 ab, genügend Arbeitskräfte für 106.781[390] ökologische Betriebe vorhanden. Arbeitskräfte wie Flächenausstattung des Landes stellen bei realistischer Betrachtung somit keine limitierenden Faktoren für eine allgemeine Umstellung der Landwirtschaft auf eine ökologische Form dar. Beide Faktoren können daher in der weiteren Überlegung vernachlässigt werden.

Zur Analyse der maximalen Zahl ökologischer Betriebe eines Standorts werden daher nachfolgend zwei Techniken eingesetzt, die auf der Wirkung der Nachbarn, bzw. des Absatzmarktes aufbauen. Als Untersuchungsstandorte dienen bei beiden Techniken

a) das Land Baden-Württemberg,

b) der Raum Stuttgart, bestehend aus den Kreisen Stuttgart, Ludwigsburg, Böblingen, Esslingen und Rems-Murr,

c) der Raum Freiburg mit Emmendingen, Freiburg und Breisgau-Hochschwarzwald und

d) der Raum Hohenlohe mit Hohenlohe, Main-Tauber und Schwäbisch Hall. Diese unterschiedlichen Gebiete lassen differenziertere Untersuchungen zu als die Beschränkung auf Landesebene.

Die erste Methode wählt ausschließlich Marktgröße und Marktpotential als Untersuchungsobjekt. Aus dem Modell wird daher lediglich der Faktor "Markt" einbezogen. Es wird von der Annahme ausgegangen, daß ein Potential von 2,5 % (gegenüber z.Z. 0,5 %) auf den Lebensmittelmärkten für das Jahr 2000 für ökologische Agrarprodukte erreicht werden kann. Das Marktvolumen ermittelt sich demnach zu 2,5 % der Einwohner der Untersuchungsgebiete,[391] wenn man zur Vereinfachung unterstellt, daß sich Menschen entweder ausschließlich ökologisch oder ausschließlich konventionell ernähren. In den Annahmen des Modells wird lediglich eine regionale Distribution der Agrarprodukte über Direktvermarktung und regionalen Einzelhandel bzw. regionale Verarbeiter vorgesehen. Eine zweite Stufe des Modells mit überregional agierenden Großhändlern bzw. Verarbeitern ist nicht vorgesehen. Dies liegt daran, daß sich dadurch lediglich das Marktpotential erhöhen würde. Dieses Marktpotential aber abzuschätzen, erscheint kaum möglich. Im Maximalfall kann dieses Marktpotential sich aus dem Weltmarkt für ökologische Agrarprodukte ermitteln.[392]

---

[389] Vgl. STATBW, 1992, S. 86.

[390] 106.781 Betriebe = 0,7 · 257.800 Arbeitskräfte / 1,69 AK pro ökologischem Betrieb.

[391] Die Schätzung von 2,5 % ist identisch mit der der SUNVAL-GmbH und deckt sich auch mit einer Veröffentlichung des AID. Vgl hierzu AID, 1995, S. 7. Dort findet sich auch die Angabe 0,5 % derzeitiges Marktvolumen.

[392] Vgl. die Beispiele Rinklin-Großhandel, bzw. SUNVAL mit europaweiter bzw. weltweiter Vermarktung.

Erinnert man sich nochmals an die Ausführungen zur Technologie-S-Kurve der Landwirtschaft, findet man, daß im Jahr 1990 von einem Landwirt 70 Personen ernährt wurden. Wegen der extensiveren Wirtschaftsweise und den geringeren Erträgen der ökologischen Betriebe wird hier von einer Zahl von 50 ernährten Personen pro ökologischem Betrieb ausgegangen.[393] Diese Zahl soll nicht durch Intensivierung der Produktion ökologischer Betriebe beeinflußt werden können. Eine Vermarktung der ökologischen Agrarprodukte soll ausschließlich innerhalb des Beobachtungsraumes stattfinden können.

Tab. 33: Wachstumspotential der Beobachtungsräume

Beobachtungs-raum	Einwohner 1991[394]	davon 2,5 % Markt-potential	maximale Zahl ökologischer Betriebe	reale Anzahl ökologischer Betriebe 1994	Wachstums-potential
Baden-Württemberg	9.822.000	245.550	4.911	962	3.949
Stuttgart	2.241.000	56.025	1.120	117	1.003
Freiburg	547.500	13.689	274	62	212
Hohenlohe	385.000	9.625	192	144	48

Quelle: STATBW (1992), S. 15-16 bzw. eigene Berechnung

Es zeigt sich, daß Baden-Württemberg und insbesondere die Region Stuttgart noch ein großes Tragfähigkeitspotential für ökologische Betriebe besitzt. Am niedrigsten liegt die Wachstumschance in der Hohenloher Ebene. Dieses rein absatzmarktbezogene Ergebnis zeigt aber auch den Schwachpunkt der Analyse: Es wurde im zweiten Teil der Arbeit festgestellt, daß die Marktgröße nur einen geringen Einfluß auf die Ansiedlung ökologischer Höfe besitzt. Daher scheint der Wert für den Raum Stuttgart zu hoch, für den Raum Hohenlohe zu niedrig angesetzt.

Bei der zweiten Technik erfolgt daher die Schätzung anhand der historischen Entwicklung der Umstellungszahlen in Relation zu den bereits vorhandenen Betrieben. Dieses Vorgehen nimmt den Einfluß des nächsten Nachbarn als wichtigsten Förderfaktor an, solange bis das Maximum ökologischer Betriebe an einem Standort erreicht ist. Das Maximum ist erreicht, wenn die Zahl der Umsteller gleich Null ist. Implizit werden dabei auch die Wirkungen der Betriebsgrößen, der Absatzmärkte, der Boden- bzw. Klimagüte und der anderen

---

[393] Dies sind ungefähr 70 % der ernährten Personen des konventionellen Betriebs. Die Zahl 70 % leitet sich aus Berechnungen in WIPPEL, P. (1993) Anhang A15 her, wo die Mengen-Erträge von Getreide, Kartoffeln, Milch und Ferkel zwischen ökologischen und konventionellen Betrieben verglichen werden.

[394] Vgl. STATBW (1992), S. 15-16.

Faktoren, die in dieser Arbeit untersucht wurden, berücksichtigt, da diese Einflußgrößen die Wachstumsfunktion ökologischer Betriebe an einem bestimmten Standort prägten. Insbesondere die Vermarktungssituation wird dadurch mit einbezogen, daß eine Umstellung nur noch dort Sinn macht, beschränkt man sich auf rein ökonomisch handelnde Landwirte, wo die Absatzkanäle (Direktvermarktung, Absatzmittler und Verarbeiter) noch nicht gesättigt sind. Diese Analyse benutzt aus dem Modell somit den Faktor "Markt" und die sonstigen Einflußfaktoren. Die Ergebnisse dürften somit für die Praxis eine höhere Aussagekraft besitzen.

Tab. 34: Das Wachstum ökologischer Betriebe in ausgewählten Regionen

Region		1975	1985	1991	1992	1993	1994	Zuwachsfunktion ab 1991 (bzw. 1992)	Maximum im Jahr[395]	max. Anzahl
Land	A	81	286	808	880	931	962			1049
	Z	---	205	135	72	51	31	$40907,8333 ./.$ $20,49999999 \cdot X$	Juni 1995	
Stuttgart	A	8	52	109	---	---	117			124
	Z	---	44	57	---	---	8	$32576,^{2/3} ./.16,^{1/3} \cdot X$	1995	
Freiburg	A	9	25	52	---	---	62			64
	Z	---	16	27	---	---	10	$11.309,^{1/3} ./.5,^{2/3} \cdot X$	1996	
Hohen-lohe	A	22	44	127	---	---	144			144
	Z	---	22	83	---	---	17	$43885 ./. 22 \cdot X$	1995	

Anm.: A = Anzahl und Z = Zuwachs[396]

Quelle: eigene Berechnung

Die Grafiken im Anhang 7 zeigen in allen Regionen den für Wachstumsprozesse typischen S-Kurven-Verlauf. Ebenso wird deutlich, daß bis zum Jahr 2000 die Zuwachsfunktionen, sprich die ersten Ableitungen der Wachstumskurven, den Nullpunkt erreicht haben werden. Das heißt, alle Regionen werden die Maximalzahl ökologischer Betriebe vor dem Jahr 2000 erreicht haben.

Wegen des nicht stetigen Kurvenverlaufs der ersten Ableitung wird der weitere Verlauf der Ableitung anhand einer einfach linearen Regression über die

---

[395] Das Maximaljahr errechnet sich als Nullstelle der Zuwachsfunktion.
[396] Die maximale Betriebszahl errechnet sich als y-Wert der Wachstumsfunktion ökologischer Betriebe, ermittelt durch einfach lineare Regression, zum Maximumjahr.

Jahre 1991 **und** 1994 (für das Land über die Jahre 1992 **bis** 1994)[397] in die Zukunft projiziert. Es wird dabei davon ausgegangen, daß kein äußeres Ereignis (wie z.B. das Extensivierungsprogramm) diesen Verlauf verändern wird. Als Ergebnis zeigt sich, daß die Zunahme ökologischer Betriebe bis zum Jahr 2000 nur noch gering sein wird. Baden-Württemberg wird demnach ebenso wie die Regionen Stuttgart und Hohenlohe im Jahr 1995 das Maximum der Anzahl ökologischer Betriebe erreicht haben, Freiburg wird das Maximum 1996 erreichen.

Fazit: Aus der historischen Sicht ist der Markt für ökologische Betriebe demnach nahezu gesättigt. Die Region Hohenlohe würde demnach stagnieren, das Land wäre tendenziell schwach steigend in der Zahl der DEMETER- und BIOLAND-Betriebe und insbesondere die Region Stuttgart und die Region Freiburg, die nach dieser Rechnung am längsten wachsen würde, würden noch eine Zunahme der ökologischen Betriebe verzeichnen. Es wird aber auch deutlich, betrachtet man nochmals die erste Analyse, welchen Umstellungsschub bereits eine kleine Veränderung des Einkaufverhaltens der Nachfrager bewirken kann. Bereits eine Steigerung des Marktanteils von z.Z. ca. 0,5 % auf 1,25 % am Lebensmittelmarkt ließe Raum für eine Verdoppelung der Zahl der ökologischen Betriebe im Land. Landwirtschaftsfläche und Personal sind dabei keine Beschränkungsfaktoren für die Ausbreitung des ökologischen Landbaus bei realistisch geschätzten Marktanteilen.

4.2 Die zukünftige Entwicklung des ökologischen Landbaus in Baden-Württemberg

Das vorhergehende Kapitel zeigte, welches Potential der ökologische Landbau in Baden-Württemberg noch besitzt. Nachfolgend werden die realen Umstellungszahlen und die Regionen, wo Nulljahrbetriebe derzeit gehäuft auftreten, dagegengestellt. Diese Überlegungen werden rein visuell anhand des Karteneindrucks durchgeführt und nicht näher statistisch untersucht. Hierzu dient die Karte "Nulljahr-Betriebe".[398] Nulljahrbetriebe[399] verdienen ein besonderes Interesse, denn die Betriebe, die 1994 unter dem Nulljahresstatus geführt werden, sind die anerkannten Betriebe der Jahre ab 1996.[400] Ihre Anzahl gibt den wich-

---

[397] Die abweichenden Zeiträume ergeben sich aus der Tatsache, daß die Zuwachsfunktion des Landes erst ab 1992 wieder stetig verläuft. Eine lineare Regression über unstetige Funktionsstellen würde zu starken Schätzfehlern führen. Vgl. Anhang 7.

[398] Vgl. Kartensammlung, Anhang 3, Karte C17 "Nulljahr-Betriebe des BIOLAND- bzw. DEMETER-Verbandeszum Stand 01.01.1994".

[399] Also Betriebe im ersten Jahr der Umstellungsphase.

[400] Da die Umsteller und die Nulljahrbetriebe in den Karten BIOLAND 1994 bzw. DEMETER 1994 ebenso enthalten sind, wie in den statistischen Angaben der Anhänge

tigsten Hinweis auf die Anzahl der Anerkennungsbetriebe der nächsten Zukunft.

Zum Stand Januar 1994 existieren im Land 73 Umstellungsbetriebe,[401] davon 60 mit BIOLAND-Vertrag und 13 mit DEMETER-Vertrag. Dazu kommen
nochmals 31 Nulljahresbetriebe, davon 27 mit BIOLAND- und 4 mit DE-
METER-Vertrag. Dies zeigt, daß der BIOLAND-Verband bis in die jüngste Vergangenheit deutlich schneller gewachsen ist. Stellen in Zukunft keine Betriebe
die Tätigkeit ein, bzw. wechseln die Landwirte nicht zu einem der anderen Anbauverbände oder zum EG-Kontrollsystem,[402] ist demnach, wegen des deutlichen Rückgangs der Nulljahrbetriebe, mit einer realen Zahl von ca. 1000
DEMETER und BIOLAND-Betrieben im Jahr 1996 zu rechnen.

Dies entspricht weit stärker der historisch-mathematischen Abschätzung als
der rein marktorientierten. Die Karten zeigen, daß vom jüngsten Wachstum des
ökologischen Landbaus der Schwarzwald und die südliche Schwäbische Alb
weiterhin ausgenommen blieben. Die vier DEMETER-Nulljahr-Betriebe liegen
jeweils in zwei Zweiergruppen um die DEMETER-Zentren Hohenlohe bzw.
Sinsheim-Karlsruhe. Die Nulljahresbetriebe liegen i.d.R eher marktfern.

Der Schwerpunkt zeigt sich in Nordwürttemberg. Die Verteilung der Betriebe im Raum deutet eher auf eine zufällige Anordnung hin.[403] Nach Kreisen
ergibt sich für die stärkste Zunahme das folgende Bild:

Tab. 35: Nulljahrbetriebe nach Kreisen

| Kreis | Verband | |
	BIOLAND	DEMETER
Neckar-Odenwald	3	0
Schwäbisch Hall	2	1
Bodensee	3	0
Karlsruhe - Land	2	1

Quelle: eigene Erhebung

Mit dem Bodenseekreis und dem Kreis Schwäbisch Hall zeigt sich in Gebieten noch ein Wachstum, die bereits 1985 zu den Gebieten einer erhöhten Konzentration von BIOLAND-Betrieben zählten. Das alte Zentrum am Kaiserstuhl
zeigt nur noch einen Nulljahr-Betrieb und nähert sich damit ebenfalls der Sätti-
gungsgrenze.

---

zum 01.01.1994, ergibt sich keine Verschiebung der Relation 510 BIOLAND zu 452
DEMETER-Höfe. Lediglich der Status der Betriebe wird sich ändern.

[401] Also Betriebe im zweiten Jahr der Umstellungsphase.
[402] Vgl. Betriebsbeispiele: "Ein Hof an der Bergstraße".
[403] Vgl. Nearest-neighbour-Analyse der Umsteller ab 1992.

4.3 Ergebnisse der Arbeit und Ausblick

Nachfolgend werden die Ergebnisse des ersten Teils zusammengefaßt. Zur abschließenden Darstellung des zweiten Teils genügt eine tabellarische Auflistung, die danach kurz besprochen wird. Darauf folgt eine Verallgemeinerung der Einzeldarstellungen des Praxisteils. Als letzter Teil der Arbeit wird versucht, einen Ausblick auf die Zukunft zu geben. Dieser entwickelt sich im wesentlichen aus den Ergebnissen der beiden letzten Kapitel.

Theoretische Ergebnisse des ersten und zweiten Teils der Arbeit:

Verglichen mit den Einflüssen der konventionellen Landwirtschaft auf ihre Umwelt trägt die ökologische Agrarwirtschaft ihr Attribut zu Recht. Besonders in den Bereichen Luft- und Gewässerbelastung, Erosion und Artenvielfalt zeigt sie sich überlegen. Aus diesem Grund ist sie gerade auch in Ballungsgebieten besonders wünschenswert. Ökologische Motive sind nach RANTZAU auch Hauptauslöser der Umstellung. An zweiter Stelle nennt RANTZAU wirtschaftliche Motive. Im Rahmen dieser Arbeit wurde gezeigt, daß die ökologische Landwirtschaft bei einer Überprüfung mit betriebswirtschaftlich-strategischen Konzepten durchaus erfolgversprechend ist. Bei einer zukünftigen Verschärfung des umweltrechtlichen Rahmens zeigt insbesondere das Technologie-S-Kurven-Konzept die Überlegenheit eines frühen Umstellers. Aber auch ALBACHs Kosten-Nutzen-Portfolio zeigt die strategische Überlegenheit des ökologischen Landbaus, die sich auf operativer Ebene in den Daten der Agrarberichte widerspiegelt. Trotz der geringeren Naturalerträge gegenüber der konventionellen Vergleichsgruppe ergeben sich für die ökologischen Betriebe höhere Gewinne pro Jahr und Anzeichen für einen höheren Lebensstandard der ökologischen Landwirte. Dieser Vorteil resultiert aus den höheren Erzeugerpreisen auf einem Markt kleinen Volumens.

In Baden-Württemberg stellen die Hohenloher-Haller-Ebene, der Verdichtungsraum Stuttgart, der Verdichtungsraum Freiburg und die Linie Bodensee - Allgäu die wesentlichen Zentren des ökologischen Landbaus dar. Freiburg ist hierbei das älteste Zentrum. Aus einer Ansammlung von sechs DEMETER-Betrieben entstand hier auch durch Verbandswechsel der BIOLAND-Verband. Die folgende Tabelle zeigt die wesentlichen Resultate der Untersuchung der Fragenkreise.

170

Tab. 36: Ergebnissynopse

Nr.	Fragenkreis - Stichwort	Ergebnis deskriptiv :	Ergebnis quantifiziert :
1	Bevölkerung und Marktgröße	Die Nähe zu bevölkerungsstarken Märkten stellt einen Förderfaktor für die Umstellung auf ökologische Agrarwirtschaft dar. Zukünftig geht der Umstellungstrend aber eher weg von Verdichtungsräumen.	Konzentrationszahl $\approx 1,25$ Tendenz fallend
2	Betriebsgröße	Ökologische Höfe finden sich vornehmlich in Gebieten mit überdurchschnittlicher Betriebsgröße.	Konzentrationszahl $\approx 1,6$ bis 2
3	Betriebsform	Die meisten ökologischen Betriebe sind Futterbaubetriebe. Konzentrationen ergeben sich aber nur bei Dauerkulturbetrieben.	Konzentrationszahl $\approx 1,5$ (durchschnittlich)
4	Bodengüte und Klimagunst	Ökologische Betriebe finden sich vornehmlich auf mittleren Böden. Schlechte Böden mit einer EMZ <30 zeigen kaum ökologische Höfe. Gute Böden zeigen geringe Konzentrationstendenzen. Leichte Konzentrationen finden sich in landwirtschaftlichen Gunsträumen. Ungunsträume werden gemieden.	Konzentrationszahl $\approx 1,3$ bezüglich des Bodens bzw. $\approx 1,2$ bezüglich der Raumgunst
5	Absatzmöglichkeiten	Es zeigt sich keine Konzentration ökologischer Betriebe um Verarbeiter oder Absatzmittler. Bei Betrieben, die bereits ökologisch wirtschaften, fördert die Nähe zu Verdichtungsräumen die Direktvermarktung.	Konzentrationszahl nicht ermittelt
6	Ausbildungsmöglichkeiten	Ausbildungsmöglichkeiten wie Landwirtschaftsämter und Landwirtschaftsschulen sowie Walldorfschulen führen nicht zu einer räumlichen Konzentration ökologischer Landwirte. Ausnahme: Landwirtschaftsschule Hohenlohe	Konzentrationszahl nicht ermittelt
7	Lage zu anderen ökologischen Landwirten	Ökologische Betriebe zeigten in der Vergangenheit zueinander räumliche Konzentrationstendenzen. Zukünftig wird dieser Trend schwächer. Betriebsbeispiele unterstützen die Vermutung, daß andere ökologische Betriebe die wichtigsten Förderfaktoren einer neuen Umstellung darstellen. Bestehende ökologische Betriebe sind für Umsteller wichtiger als andere Umsteller.	R-Wert : $1960 \approx 0,59$ $1975 \approx 0,71$ $1985 \approx 0,85$ ab $1992 \approx 1,05$

Quelle: eigene Darstellung

Abb. 14: Bedeutung der Faktoren für die Umstellung

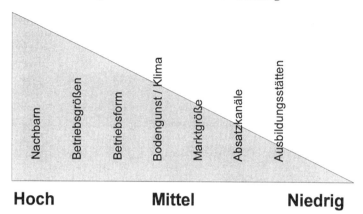

Quelle: eigene Darstellung

Diese Einordnung der Einflußfaktoren ist sicherlich insofern problematisch, als daß das ganzheitliche Zusammenwirken mehrerer Komponenten an einem Standort nicht gemessen werden kann. So treffen beispielsweise in der Hohenloher Ebene große Betriebsgrößen, Verarbeiter wie die Molkerei Schrozberg und insbesondere die Landwirtschaftsschule Hohenlohe zusammen. Alle diese Einflüsse begünstigen die Ansiedlung ökologischer Betriebe. Ein Ranking ist aber nur im Rahmen einer Partialanalyse möglich. Dennoch gibt es allgemein, bezogen auf das Land Baden-Württemberg, einen guten Überblick. Die Einordnung erfolgt nach den quantifizierten Ergebnissen.

Dabei fällt sofort auf, daß kein Faktor eine Konzentrationszahl aufweist, die allein eine Ansammlung ökologischer Betriebe an einem Standort erklären könnte. Dies heißt auch, daß kein Faktor so dominant ist, daß ökologischer Landbau nicht an jedem Standort betrieben werden könnte, wo landwirtschaftlich gewirtschaftet wird. Einzig auf die Bedeutung des Faktors der Kommunikation zwischen Verband und Landwirt (vgl. den Aufbau DEMETERS) bzw. unter den Landwirten wird in den Beispielen immer wieder hingewiesen. Die Kommunikation dürfte hierbei eine wesentlich größere Rolle für die Ausbreitung des ökologischen Landbaus gespielt haben, als es durch eine Nearestneighbour-Analyse quantifizierbar ist. Dies liegt daran, daß Umstellungshöfe fix mit ihrem Standort verbunden sind, die bewirtschaftenden Landwirte dagegen sind mobil.

Praktische Ergebnisse:

Die Hof- und Verarbeiterbeispiele gaben einen Einblick in die Vielfalt der ökologischen Agrarwirtschaft. Einzelne Regionen des Landes wurden schwerpunktartig beleuchtet. Dabei zeigt sich die Innovationsbereitschaft der Landwirte insbesondere in der Direktvermarktung und ihre Anpassung an gegebene Standortfaktoren. Ebenso wird deutlich, daß jeder der befragten Landwirte seine eigenen Umstellungsmotive und seine eigene Umstellungsgeschichte aufweist. Keiner der Befragten nannte die untersuchten natürlichen oder anthropogenen Standortfaktoren mit Ausnahme persönlicher Kontakte als umstellungsentscheidend. Standortfaktoren mußten naturgemäß als exogene Größen akzeptiert werden. Auch die dargestellte Aufgabe des Anerkennungsstatus eines Betriebs durch einen AGÖL-Anbauverband ist auf persönliche Gründe zurückzuführen und nicht auf Gründe, die im Standort des Betriebs lagen.

Im praktischen Beispiel wurde die Entstehungsgeschichte BIOLANDS dargestellt und auf die ehemals enge historische Verflechtung der Verbandsgeschichte mit der historischen Entwicklung DEMETERS hingewiesen.

Die Betriebsbeispiele zeigten, daß eine Umstellung nicht schlagartig die wirtschaftlichen Probleme eines Hofes lösen kann. Ebenso wurde ein Beispiel genannt, das zeigt, warum es im Einzelfall Sinn machen kann, daß ein Betrieb keine Anerkennung durch einen ökologischen Verband mehr anstrebt.

Die Beispiele zur Verarbeiter- und Handelsseite zeigten die Besonderheiten der Herstellung von Lebensmitteln aus BIOLAND- oder DEMETER-Rohstoffen bzw. die Besonderheiten der Vermarktung sowie die Wege der Fertigprodukte über die Grenzen Baden-Württembergs hinaus. Die Beschaffung der Rohstoffe bzw. Handelswaren zeigt, daß alle Handels- und Verarbeitungsbetriebe bestrebt sind, regionalen Beschaffungsquellen den Vorzug zu geben.[404]

Ausblick:

Der ökologische Landbau in Baden-Württemberg kann an der Schwelle zum nächsten Jahrtausend entweder zum Modell einer veränderten Landwirtschaft werden oder seine bisherige Nischenstellung beibehalten. Aufgrund der ökologischen, betriebs- und volkswirtschaftlichen Überlegenheit des Landbaus im Sinne der AGÖL-Rahmenrichtlinien wäre ein deutlicher Anstieg der Betriebszahlen und eine gleichzeitige Verschiebung der Kaufgewohnheiten der Verbraucher hin zu ökologischen Agrarprodukten wünschenswert.

Nach DEMETER- oder BIOLAND-Richtlinien arbeiten in Baden-Württemberg derzeit ca. 960 Betriebe. Der Ausblick auf die Zukunft zeigt, daß nur noch ein geringer Anstieg über die gegenwärtige Zahl in den nächsten Jahren zu erwarten ist. Diese Prognose setzt voraus, daß kein Anreiz von außen, insbesondere durch eine veränderte Landwirtschaftspolitik des Bundes und des Landes in Umsetzung europäischer Landwirtschaftsentwicklungsziele die Umstellung derzeit konventionell wirtschaftender Betriebe veranlaßt. Daß politische Maßnahmen als Förderfaktor höchst wirksam sind, bewies das 1992 ausgelaufene Extensivierungsprogramm. Unter dieser Prämisse ist die Gleichung "ökologi-

---

[404] Vgl. dessen ungeachtet das gegenteilige Ergebnis der Untersuchung zu Fragenkreis 6.

scher Landbau = allgemein praktizierter Landbau" äußerst unwahrscheinlich. Damit scheint dem ökologischen Landbau weiterhin die Besetzung einer landwirtschaftlichen Produktionsnische zuzukommen. Dies scheint nach der Zahl der Nulljahrbetriebe und der geschätzten Erhöhung des Absatzpotentials auf nur ca. 2 % - 3 % am Gesamtlebensmittelmarkt und wegen des Fehlens eines gezielten Förderprogramms im Gegensatz zur ersten Überlegung sehr wahrscheinlich. Um weitere Betriebsumstellungen zu erreichen, bleiben drei Strategien:

Erstens kann die bestehende Nische "Ökologische Agrarprodukte" im Lebensmittelmarkt ausgebaut werden:

Die Hochrechnung bezogen auf die Absatzmärkte zeigt, daß es in der Hand der Verbraucher liegt, Zeichen für eine weitere Ökologisierung der Landwirtschaft zu geben. Um den Verbraucher hierbei zu unterstützen, müßten die ökologischen Anbauverbände Signale setzen, z.B.

- den Einbezug bisher wenig genutzter Absatzkanäle, insbesondere der Supermärkte,[405]
- den Ausbau der Verbandsnamen DEMETER und BIOLAND zu Premium-Dachmarken im Lebensmittelbereich, durch gezielten Einsatz des Marketing-Mix, insbesondere durch Betonung des Genußwerts ökologischer Agrarprodukte.[406]

Zweitens können neue Nischen im Lebensmittelmarkt geschaffen und von ökologischen Höfen besetzt werden. Impulse hierzu könnten aus der Einführung der EG-Bio-Verordnung für pflanzliche Erzeugnisse bzw. der noch anstehenden Schaffung und Umsetzung einer EG-Bio-Verordnung für tierische Produkte kommen. Dies könnte zu einer Ausweitung der ökologischen Betriebe insbesondere außerhalb der etablierten Anbauverbände führen. Möglicherweise könnte dies aber auch einen Anreiz für Betriebsleiter schaffen, aus einem AGÖL-Verband auszuscheiden.[407] Eine weitere Überlegung liegt darin, daß EG-Bioprodukte, sofern sich die AGÖL-Verbände weiterhin sperren, Supermärkte zu beliefern, diesen Distributionskanal besetzen könnten und u.U. für den Verbraucher günstiger zu erstehen wären. Damit könnte möglicherweise eine neue Verbraucherschicht erschlossen werden, die bisher über Naturkostläden nicht angesprochen wurde.

Drittens könnten, jenseits der reinen Produktnachfrage, die Verbraucher durch die Verbände angeregt werden, sich an ökologischen Höfen, vielleicht sogar mit der Mehrheit des Eigenkapitals, zu beteiligen. Der Landwirt wird zum angestellten Gutsverwalter seiner Nachfragergruppe. Dies würde dem Stadtmenschen als landwirtschaftlichem Mitunternehmer eine enge Beziehung zu

---

[405] Vgl. HAMM, U. (1994).
[406] Vgl. METZ, U. (1994), S. 32-37.
[407] Vgl. das Beispiel: "Ein Hof an der Bergstraße".

"seinem" ökologischen Hof ermöglichen. Verbunden damit könnte ein anteiliger Anspruch auf ökologische Agrarprodukte sein, und das Recht Freizeit auf dem Hof zu verbringen. Gerade verdichtungsraumnah ergäben sich aus dieser Idee Chancen für den ökologischen Landbau.

Für DEMETER und BIOLAND in Baden-Württemberg, wie in ganz Deutschland, ergeben sich zukünftig viele Chancen, aber auch Problemfelder. Wie die reale Entwicklung verlaufen wird, hängt daher maßgeblich von den Entscheidungen innerhalb der AGÖL-Verbände und wesentlich von deren kommunikativer Unterstützung durch die AGÖL selbst ab. Eine enge Zusammenarbeit der Verbände untereinander ist hierzu notwendig. Lobbyarbeit bei Politikern und Verbraucheraufklärung sind gefordert.

ANHANG

Anhang 1: Struktur der für diese Arbeit erhobenen Daten

Die Datenbank, die lediglich derzeit noch existente Betriebe zeigt, besitzt folgende Struktur:

Status Umstellungsjahr PLZ Ort Verband Direktvermarkter Erwerbsform Produktionszweig

wobei

Status angibt, ob es sich um einen Nulljahres-, Umstellungs- oder Anerkennungsbetrieb, einen Großhändler, Veredler oder eine Institution i.s. ANHANG 2 (Landwirtschaftsamt/Landwirtschaftsschule) handelt.

Umstellungsjahr bezieht sich jeweils auf das erste Jahr der Anerkennung als Umsteller auf die Wirtschaftsweise eines Verbandes. Diese Angabe existiert nur für Landwirte.

Verband: Die Eintragung lautet entweder DEMETER oder BIOLAND bei den Landwirten, Veredler werden - auch wenn sie mit mehreren Verbänden zusammenarbeiten - dem Verband zugeordnet, von dem der Veredler genannt wurde.

Direktvermarkter: Dieses Feld kann bei Landwirten die Einträge ja oder nein aufweisen, je nachdem ob Direktvermarktung auf diesem Hof betrieben wird, oder nicht.

Erwerbsform: Aufgrund der erhaltenen Angaben kann ausschließlich bei DEMETER-Landwirten zwischen Haupterwerbs- und Nebenerwerbsbetrieben unterschieden werden.

Produktionszweig: Aufgrund der erhaltenen Angaben kann ausschließlich bei DEMETER-Landwirten zwischen Landwirtschaftlichen Gemischtbetrieben, Obstbau-, Gemüsebau- und Weinbaubetrieben unterschieden werden.

Quellen:

BIOLAND: Status bei Landwirten, Umstellungsjahr bei Landwirten, PLZ, Ort, und Verband lt. schriftlicher Mitteilung des Landesverbandes BIOLAND Baden-Württemberg; Direktvermarktung lt. Direktvermarkterlisten[1] Status bei Veredlern lt. Direktvermarkterlisten

DEMETER: Status bei Landwirten, Großhändlern und Veredlern, Umstellungsjahr bei Landwirten, PLZ, Ort, Verband, Direktvermarkter, Erwerbsform und Produktionszweig lt. schriftlicher Mitteilung des Landesverbandes DEMETER-Baden-Württemberg.

Aus datenschutzrechtlichen Gründen muß von einem Abdruck der Datensätze abgesehen werden.

---

[1] S. BIOLAND (1994 a); (1994 b); (1994 c); (1994 d) im Literaturverzeichnis.

Anhang 2: Landwirtschaftsschulen und Landwirtschaftsämter in Baden-Württemberg

PLZ	Ort	Institution
68526	Ladenburg	Landwirtschaftsamt
70599	Stuttgart	Landwirtschaftsschule
70599	Stuttgart	Landwirtschaftsschule
70599	Stuttgart	Landwirtschaftsschule
71083	Herrenberg	Landwirtschaftsamt
71229	Leonberg	Landwirtschaftsamt
71522	Backnang	Landwirtschaftsamt
71634	Ludwigsburg	Landwirtschaftsamt
72108	Rottenburg	Landwirtschaftsamt
72160	Horb	Landwirtschaftsamt
72218	Wildberg	Landwirtschaftsamt
72336	Balingen	Landwirtschaftsamt
72525	Münsingen	Landwirtschaftsamt
72622	Nürtingen	Landwirtschaftsamt
72760	Reutlingen	Landwirtschaftsamt
72810	Stockach	Landwirtschaftsamt
73033	Göppingen	Landwirtschaftsamt
73249	Wernau	Landwirtschaftsschule
73430	Aalen	Landwirtschaftsamt
73525	Schwäbisch Gmünd	Landwirtschaftsamt
74072	Heilbronn	Landwirtschaftsamt
74523	Schwäbisch Hall	Landwirtschaftsamt
74564	Crailsheim	Landwirtschaftsamt
74572	Blaufelden	Landwirtschaftsamt
74592	Kirchberg-Weckelweiler	Landwirtschaftsschule
74613	Öhringen	Landwirtschaftsamt
74638	Hohebuch-Waldenburg	Landwirtschaftsschule
74653	Künzelsau	Landwirtschaftsamt
74722	Buchen	Landwirtschaftsamt
74821	Mosbach-Neckarelz	Landwirtschaftsschule
74889	Sinsheim	Landwirtschaftsamt

PLZ	Ort	Institution
75031	Eppingen	Landwirtschaftsamt
75172	Pforzheim	Landwirtschaftsamt
76131	Karlsruhe-Augustenburg	Landwirtschaftsamt
76646	Bruchsal	Landwirtschaftsamt
77652	Offenburg	Landwirtschaftsamt
77652	Bühl	Landwirtschaftsamt
77933	Lahr	Landwirtschaftsamt
78166	Donaueschingen	Landwirtschaftsamt
78315	Radolfzell	Landwirtschaftsamt
78532	Tuttlingen	Landwirtschaftsamt
78628	Rottweil	Landwirtschaftsamt
79098	Freiburg	Landwirtschaftsamt
79283	Bollschweil	Landwirtschaftsschule
79312	Emmendingen-Hochburg	Landwirtschaftsamt
79379	Müllheim	Landwirtschaftsamt
79539	Lörrach	Landwirtschaftsamt
79713	Säckingen	Landwirtschaftsamt
79761	Waldshut	Landwirtschaftsamt
79761	Waldshut-Tiengen	Landwirtschaftsschule
79822	Titisee-Neustadt	Landwirtschaftsamt
88069	Tettnang	Landwirtschaftsamt
88239	Wangen	Landwirtschaftsamt
88299	Leutkirch	Landwirtschaftsamt
88299	Leutkirch	Landwirtschaftsschule
88339	Bad Waldsee	Landwirtschaftsschule
88400	Biberach	Landwirtschaftsamt
88471	Laupheim	Landwirtschaftsamt
88630	Pfullendorf	Landwirtschaftsamt
88662	Überlingen	Landwirtschaftsamt
89073	Ulm	Landwirtschaftsamt
89518	Heidenheim	Landwirtschaftsamt
97980	Bad Mergentheim	Landwirtschaftsamt

Anhang 3:

Kartensammlung[2]

Alle Karten zeigen nur noch existierende Betriebe.
Betriebe, die auf einen anderen Verband wechselten, sind mit dem Umstellungsjahr des derzeit gültigen Verbandes dargestellt. Nicht mehr existente Betriebe sind in den Karten nicht erfaßt.

---

[2] Alle Karten wurden in Gauß-Krüger-Projektion erstellt.

181

Karte A1: Ammoniakemissionen der Landwirtschaft in den Regierungs-bezirken der alten BRD (Stand 1988)

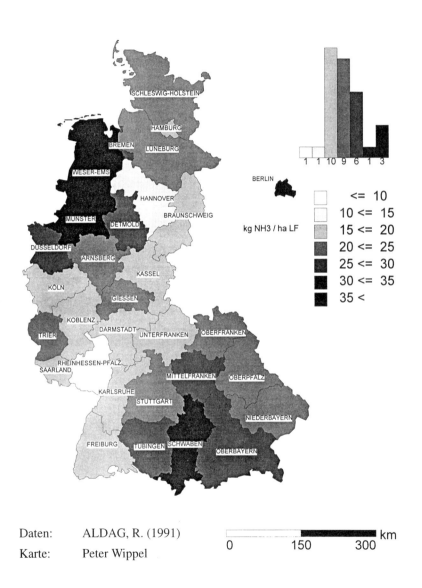

Daten: ALDAG, R. (1991)

Karte: Peter Wippel

Karte A2: Ökologische Betriebe und ihre LF in den alten Ländern der BRD (Stand 1993)

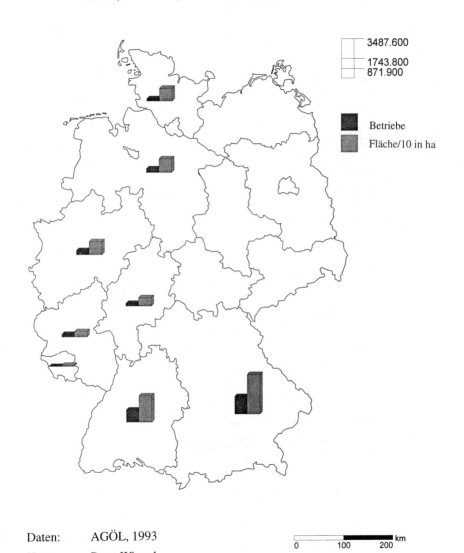

Daten: AGÖL, 1993

Karte: Peter Wippel

Karte B1: **Anteil der Landwirtschaftsfläche an der Gemarkungsfläche in den Stadt- und Landkreisen Baden-Württembergs in Prozent** (Stand 1991)

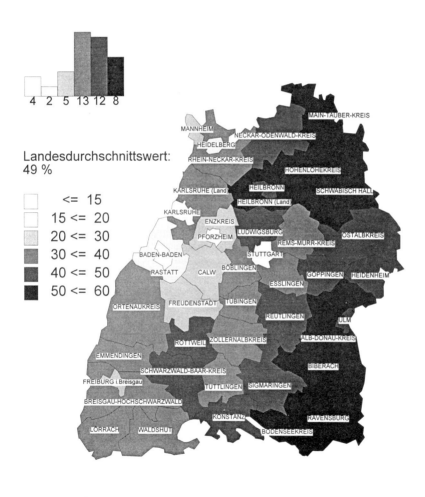

Landesdurchschnittswert: 49 %

☐ <= 15
☐ 15 <= 20
▨ 20 <= 30
▨ 30 <= 40
▨ 40 <= 50
■ 50 <= 60

Daten: Statistik von BW, 1991

Karte: Peter Wippel

0   50   100 km

Karte B2: **Stillgelegte Flächen in Prozent der Ackerfläche in den Land-**
kreisen (Stand 1988)

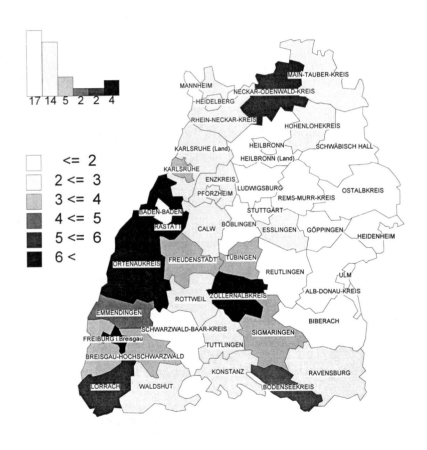

Daten: HMLFM, 1990

Karte: Peter Wippel

Karte B3: Schwerpunktregionen des MEKA

1 = Grundwasserschutzbereiche
2 = Erosionsschutzbereiche
3 = Bereiche zur Pflege und Erhaltung der Kulturlandschaft

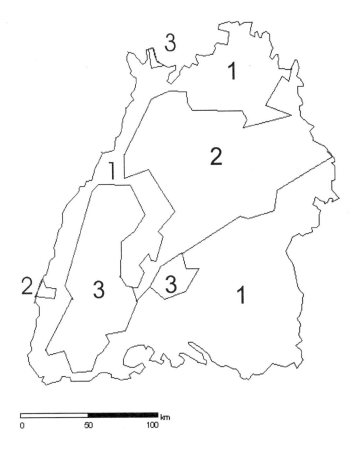

| Daten: | Schwäbischer Bauer, 1992 |
| Karte: | Peter Wippel |

Karte B4: Anzahl der Betriebe ab 30 ha LF in den Kreisen (Stand 1991)

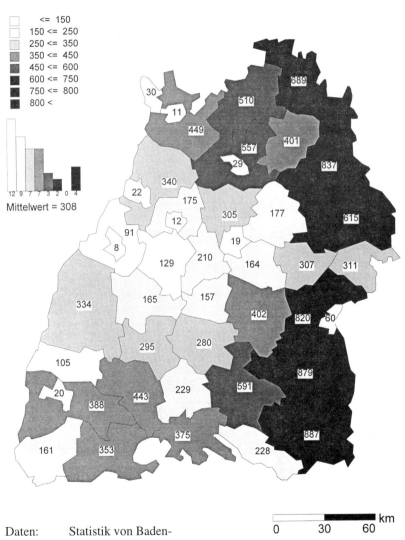

Legende:
- ☐ <= 150
- ☐ 150 <= 250
- ▦ 250 <= 350
- ▤ 350 <= 450
- ▨ 450 <= 600
- ■ 600 <= 750
- ■ 750 <= 800
- ■ 800 <

Mittelwert = 308

12 9 7 7 3 2 0 4

km
0   30   60

Daten: Statistik von Baden-
          Württemberg 1991

Karte: Peter Wippel

Die Zahlen geben die Anzahl
der Betriebe über 30 ha LF an

Karte B5: Ökologische Betriebe nach Kreisen 1991

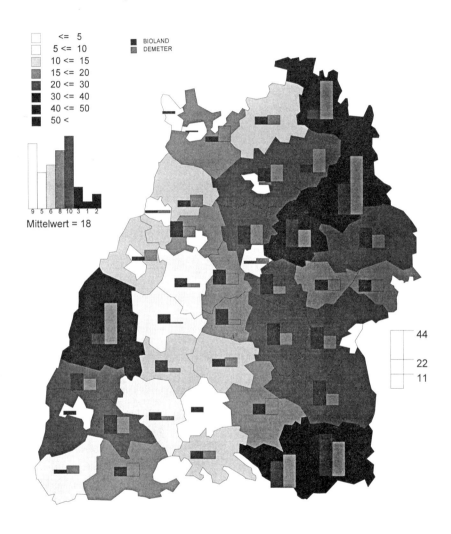

Daten: BIOLAND / DEMETER
Baden-Württemberg 1994

Karte: Peter Wippel

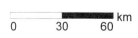

188

Karte B6: Ökologische Betriebe nach Kreisen 1994

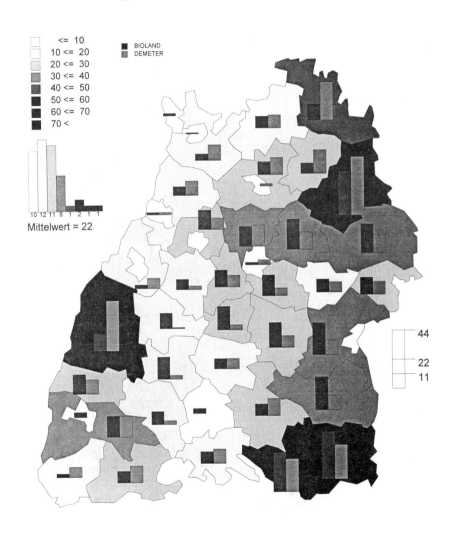

Daten: BIOLAND / DEMETER
               Baden-Württemberg 1994

Karte: Peter Wippel

189

Karte B7: Zunahme ökologischer Betriebe nach Kreisen zwischen 1991 und 1994

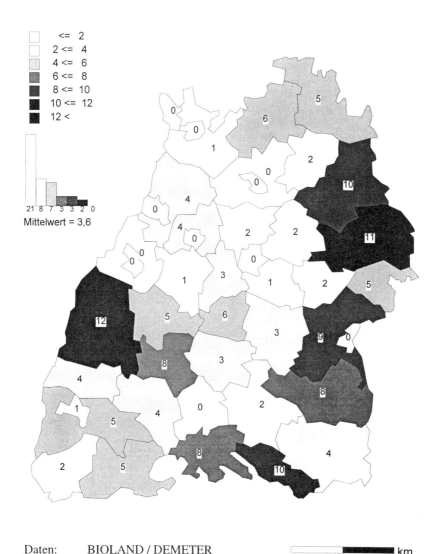

Daten: BIOLAND / DEMETER
         Baden-Württemberg 1994

Karte: Peter Wippel

Karte B8: **Strukturwandel in der Landwirtschaft in den Kreisen: Abnahme der LF zwischen 1971 und 1991**

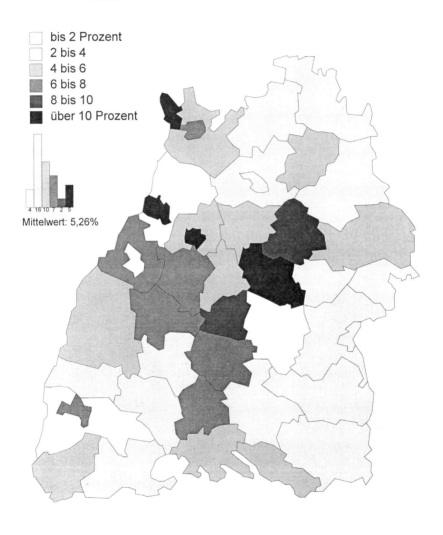

bis 2 Prozent
2 bis 4
4 bis 6
6 bis 8
8 bis 10
über 10 Prozent

Mittelwert: 5,26%

Daten: Statistik von Baden-
Württemberg 1991

Karte: Peter Wippel

0   30   60 km

Karte C1: Entwicklung der DEMETER-Landwirte in Baden-Württemberg bis 1955

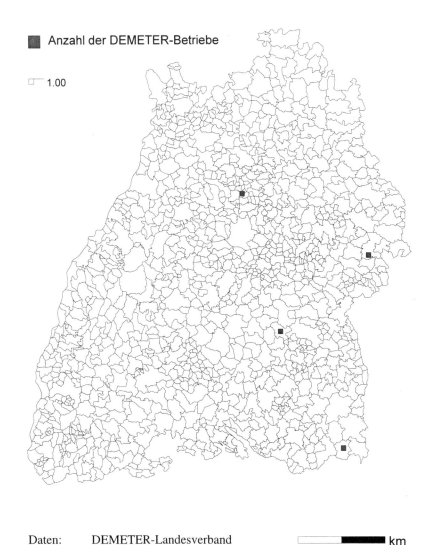

Anzahl der DEMETER-Betriebe

1.00

Daten: DEMETER-Landesverband
           in Baden-Württemberg 1994
Karte: Peter Wippel

0   25   50 km

Karte C2: Entwicklung der DEMETER-Landwirte in Baden-Württemberg bis 1960

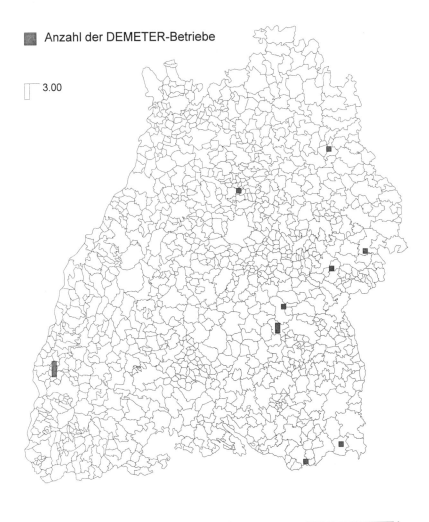

Anzahl der DEMETER-Betriebe

3.00

Daten: DEMETER-Landesverband
          in Baden-Württemberg 1994

Karte: Peter Wippel

km
0   25   50

**Karte C3: Entwicklung der DEMETER-Landwirte in Baden-Württem-
berg bis 1965**

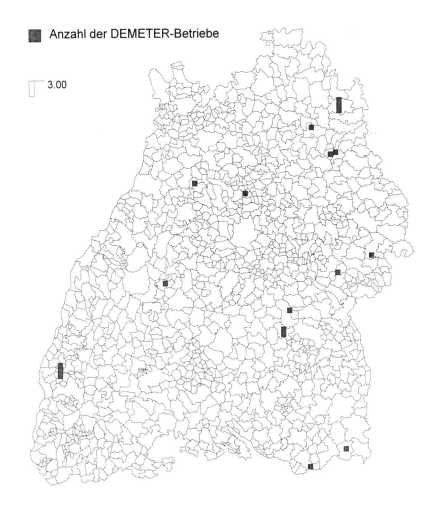

Anzahl der DEMETER-Betriebe

3.00

Daten: DEMETER-Landesverband
           in Baden-Württemberg 1994

Karte: Peter Wippel

0   25   50   km

Karte C4: Entwicklung der DEMETER-Landwirte in Baden-Württemberg bis 1970

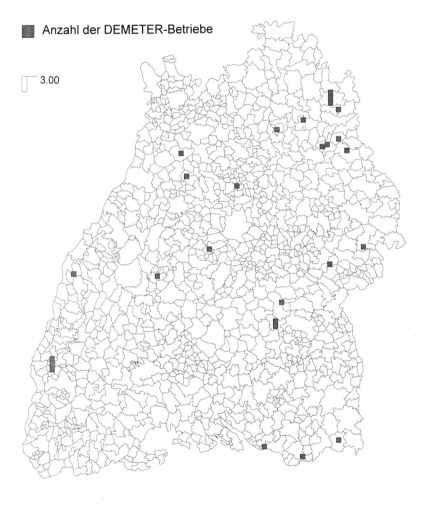

Anzahl der DEMETER-Betriebe

3.00

Daten: DEMETER-Landesverband
           in Baden-Württemberg 1994

Karte: Peter Wippel

0   25   50 km

195

**Karte C5: Entwicklung der DEMETER-Landwirte in Baden-Württem-
berg bis 1975**

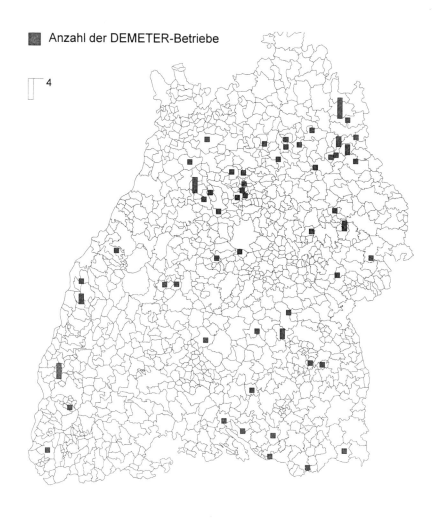

Anzahl der DEMETER-Betriebe

4

Daten: DEMETER-Landesverband
          in Baden-Württemberg 1994

Karte: Peter Wippel

0   25   50 km

Karte C6: **Entwicklung der DEMETER-Landwirte in Baden-Württemberg bis 1980**

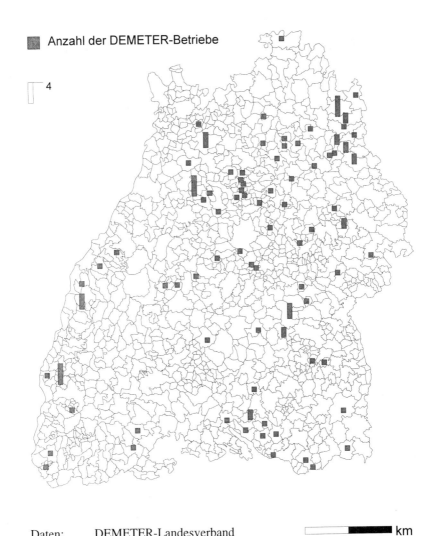

Anzahl der DEMETER-Betriebe

4

Daten: DEMETER-Landesverband
           in Baden-Württemberg 1994

Karte: Peter Wippel

0   25   50 km

Karte C7: **Entwicklung der DEMETER-Landwirte in Baden-Württemberg bis 1985**

Anzahl der DEMETER-Betriebe

5.00
2.50

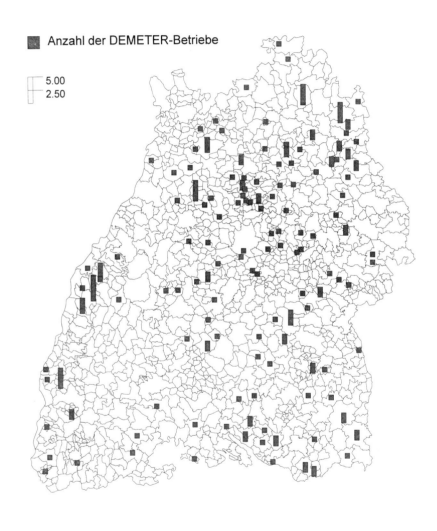

Daten: DEMETER-Landesverband
in Baden-Württemberg 1994

Karte: Peter Wippel

0   25   50 km

Karte C8: Entwicklung der DEMETER-Landwirte in Baden-Württemberg bis 1990

Anzahl der DEMETER-Betriebe

7.00
3.50
1.75

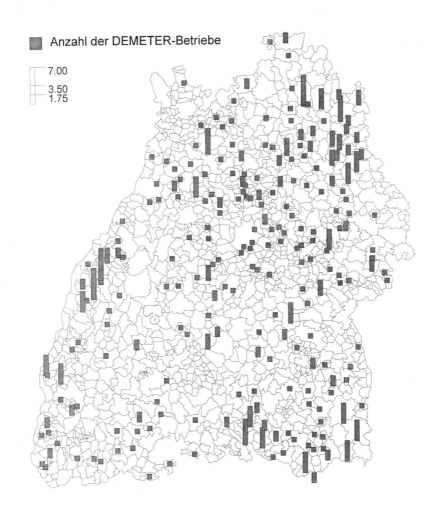

Daten: DEMETER-Landesverband
           in Baden-Württemberg 1994

Karte: Peter Wippel

0   25   50 km

199

Karte C8a: Entwicklung der DEMETER-Landwirte in Baden-Württemberg bis 1991

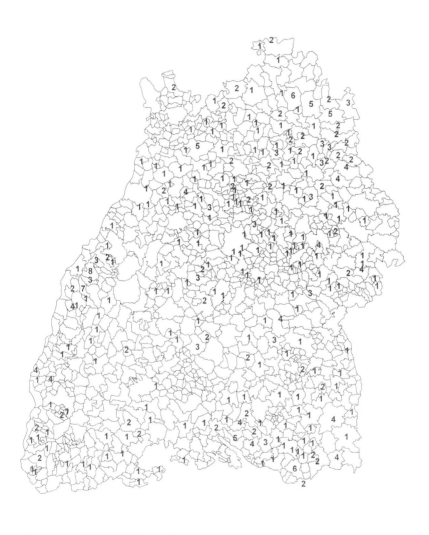

Daten: DEMETER-Landesverband
            in Baden-Württemberg 1994

            0   25   50 km

Karte: Peter Wippel

Karte C9: Entwicklung der DEMETER-Landwirte in Baden-Württemberg bis 1994

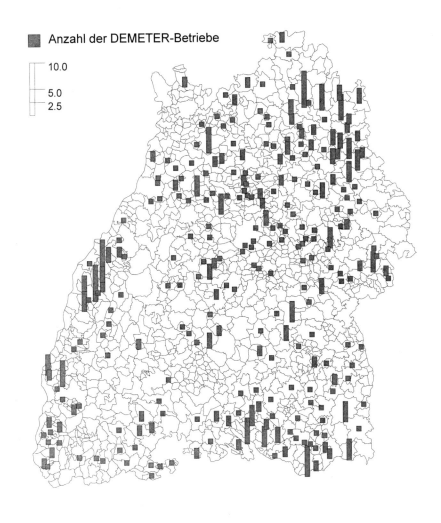

Anzahl der DEMETER-Betriebe

10.0

5.0
2.5

Daten: DEMETER-Landesverband
in Baden-Württemberg 1994

Karte: Peter Wippel

0 25 50 km

**Karte C10:   Entwicklung der BIOLAND-Landwirte in Baden-Württem-
berg bis 1975**

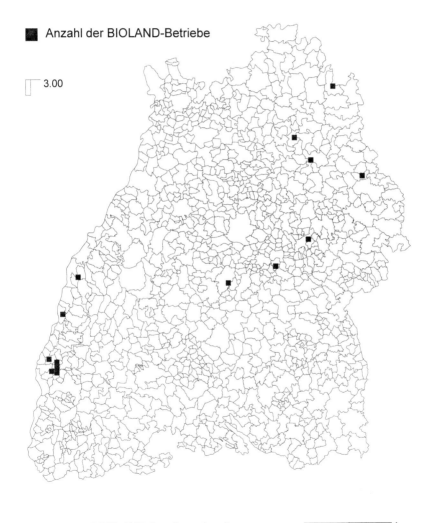

Anzahl der BIOLAND-Betriebe

3.00

Daten: BIOLAND-Landesverband
            in Baden-Württemberg 1994

Karte: Peter Wippel

0   25   50   km

Karte C11: Entwicklung der BIOLAND-Landwirte in Baden-Württemberg bis 1980

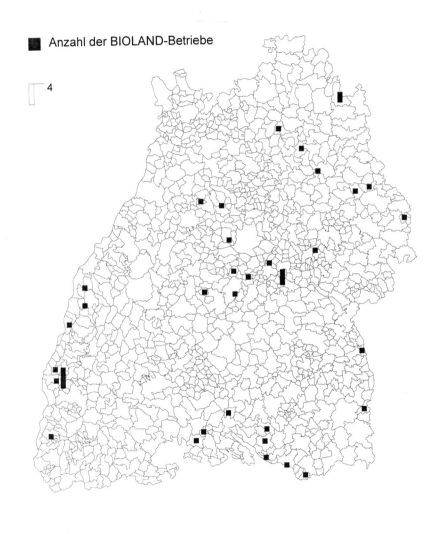

Anzahl der BIOLAND-Betriebe

4

Daten: BIOLAND-Landesverband
          in Baden-Württemberg 1994

Karte: Peter Wippel

0   25   50   km

Karte C12: Entwicklung der BIOLAND-Landwirte in Baden-Württemberg bis 1985

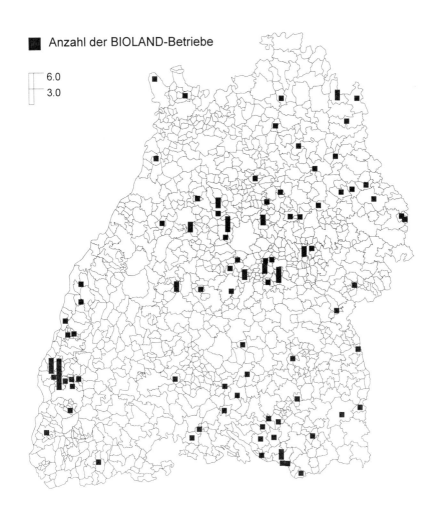

Daten: BIOLAND-Landesverband
           in Baden-Württemberg 1994
Karte: Peter Wippel

Karte C13: Entwicklung der BIOLAND-Landwirte in Baden-Württemberg bis 1990

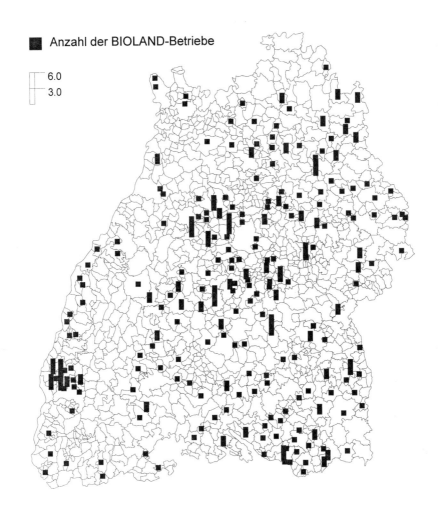

Anzahl der BIOLAND-Betriebe

6.0
3.0

Daten: BIOLAND-Landesverband
in Baden-Württemberg 1994

Karte: Peter Wippel

km
0   25   50

Karte C13a: Entwicklung der BIOLAND-Landwirte in Baden-Württemberg bis 1991

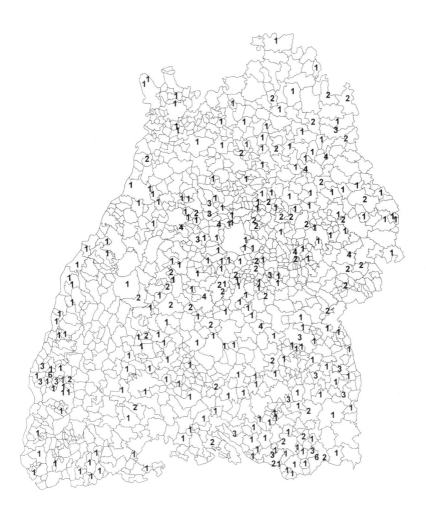

Daten: BIOLAND-Landesverband
           in Baden-Württemberg 1994

Karte: Peter Wippel

0   25   50 km

Karte C14: **Entwicklung der BIOLAND-Landwirte in Baden-Württemberg bis 1994**

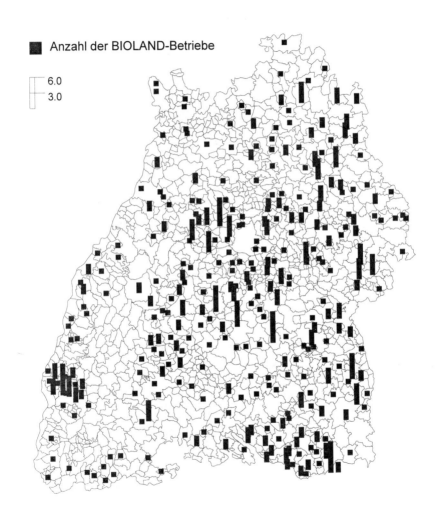

Anzahl der BIOLAND-Betriebe

6.0
3.0

Daten: BIOLAND-Landesverband
           in Baden-Württemberg 1994

Karte: Peter Wippel

0   25   50   km

Karte C15: Zukünftige Entwicklung der DEMETER-Landwirte in Baden-Württemberg: Innovationspunkte ab 1992

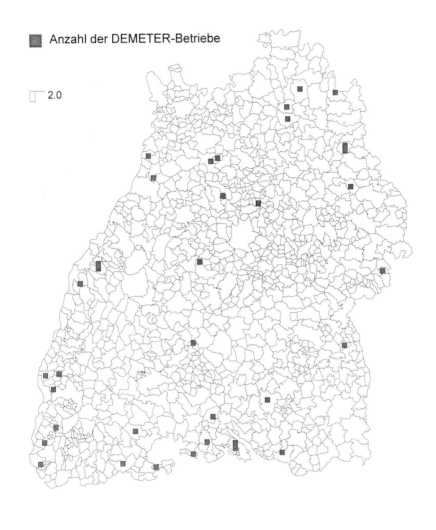

Daten: DEMETER-Landesverband
         in Baden-Württemberg 1994

Karte: Peter Wippel

Karte C16: **Zukünftige Entwicklung der BIOLAND-Landwirte in Baden-Württemberg: Innovationspunkte ab 1992**

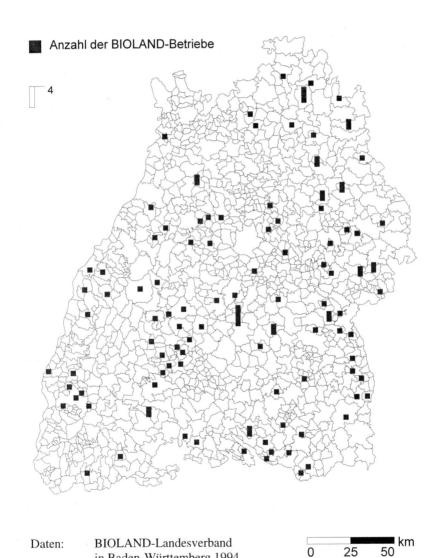

Daten: BIOLAND-Landesverband
           in Baden-Württemberg 1994

Karte: Peter Wippel

Karte C17: Nulljahrbetriebe des BIOLAND- bzw. DEMETER-Verbandes zum Stand 01.01.1994

BIOLAND-Null-Betriebe
DEMETER-Null-Betriebe

1.00

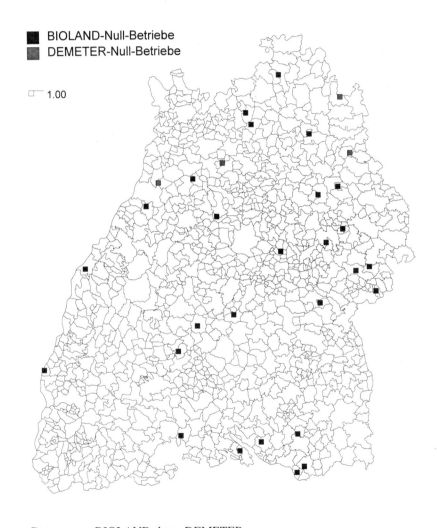

Daten: BIOLAND- bzw. DEMETER-
          Landesverband in
          Baden-Württemberg 1994

Karte: Peter Wippel

0   25   50   km

Karte C18: **Umstellungen auf DEMETER-Anbau während der EG-Extensivierungsprogramme 1988-1993**

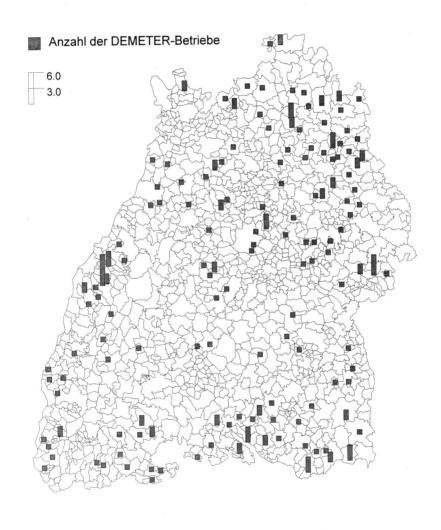

Anzahl der DEMETER-Betriebe

6.0
3.0

Daten: DEMETER-Landesverband
in Baden-Württemberg 1994

Karte: Peter Wippel

0   25   50 km

Karte C19:   Umstellungen auf BIOLAND-Anbau während der EG-Extensivierungsprogramme 1988-1993

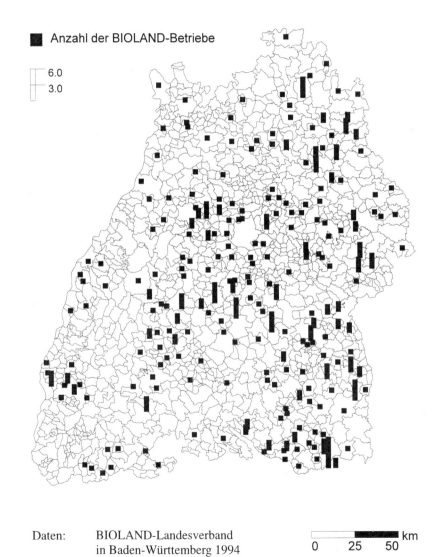

Anzahl der BIOLAND-Betriebe

6.0
3.0

Daten: BIOLAND-Landesverband
in Baden-Württemberg 1994

Karte: Peter Wippel

km
0   25   50

Karte C20: DEMETER-Direktvermarktung Stand 1994

■ Betriebe mit Direktvermarktung
■ Betriebe ohne Direktvermarktung

7.00
3.50
1.75

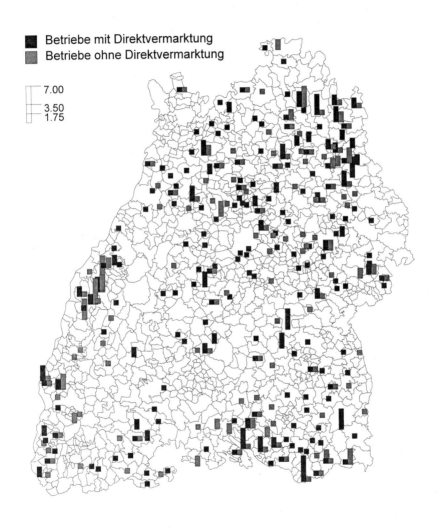

Daten: DEMETER-Landesverband
           in Baden-Württemberg 1994

Karte: Peter Wippel

0   25   50 km

Karte C21: BIOLAND-Direktvermarktung Stand 1994

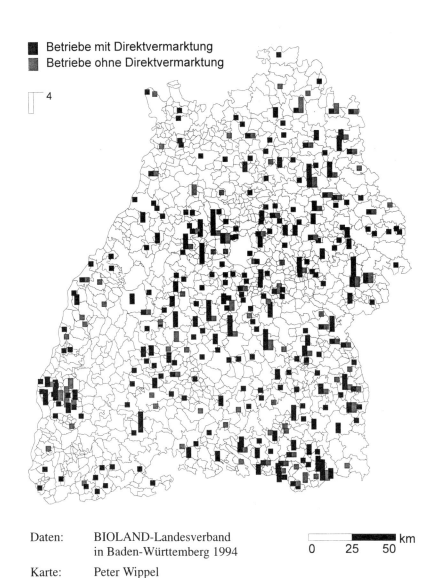

■ Betriebe mit Direktvermarktung
■ Betriebe ohne Direktvermarktung

4

Daten: BIOLAND-Landesverband
        in Baden-Württemberg 1994

Karte: Peter Wippel

km
0   25   50

Karte C22: DEMETER-Landwirte im Haupt- und Nebenerwerb in Baden-Württemberg

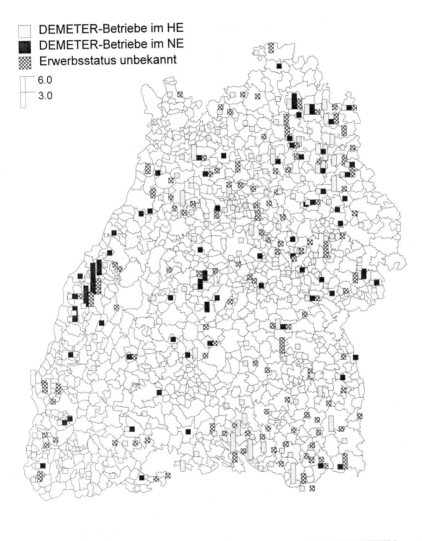

☐ DEMETER-Betriebe im HE
■ DEMETER-Betriebe im NE
▨ Erwerbsstatus unbekannt

6.0
3.0

Daten: DEMETER-Landesverband
            in Baden-Württemberg 1994
Karte: Peter Wippel

0   25   50 km

Karte C23: Sonderkulturen im DEMETER-Landbau:
Betriebe mit Obstanbau Stand 1994

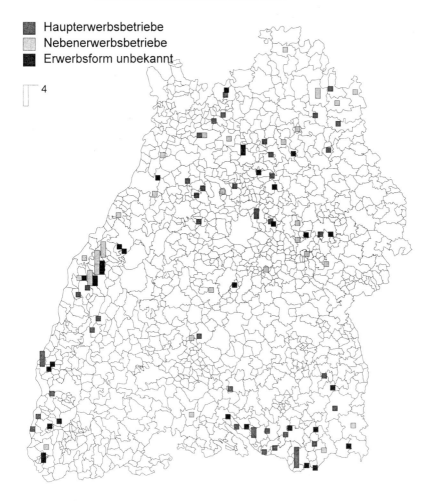

Haupterwerbsbetriebe
Nebenerwerbsbetriebe
Erwerbsform unbekannt

4

Die Daten zu DEMETER-Betrieben enthalten als Betriebsschwerpunkte Landwirtschaft,
Obstbau, Gemüsebau und Weinbau. Die Bedeutung eines Schwerpunkts für den Einzelbetrieb
läßt sich aber aus den erhaltenen Daten nicht ableiten.

Daten: DEMETER-Landesverband
in Baden-Württemberg 1994

Karte: Peter Wippel

0   25   50 km

Karte C24: Sonderkulturen im DEMETER-Landbau:
Betriebe mit Gemüseanbau Stand 1994

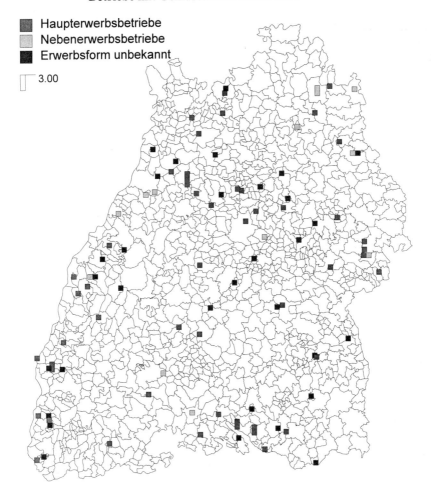

Hauperwerbsbetriebe
Nebenerwerbsbetriebe
Erwerbsform unbekannt

3.00

Die Daten zu DEMETER-Betrieben enthalten als Betriebsschwerpunkte Landwirtschaft,
Obstbau, Gemüsebau und Weinbau. Die Bedeutung eines Schwerpunkts für den Einzelbetrieb
läßt sich aber aus den erhaltenen Daten nicht ableiten.

Daten: DEMETER-Landesverband
           in Baden-Württemberg 1994

Karte: Peter Wippel

km
0   25   50

Karte C25: DEMETER-Direktvermarktung Stand 1994

Betriebe mit Direktvermarktung
Betriebe ohne Direktvermarktung

7.00
3.50
1.75

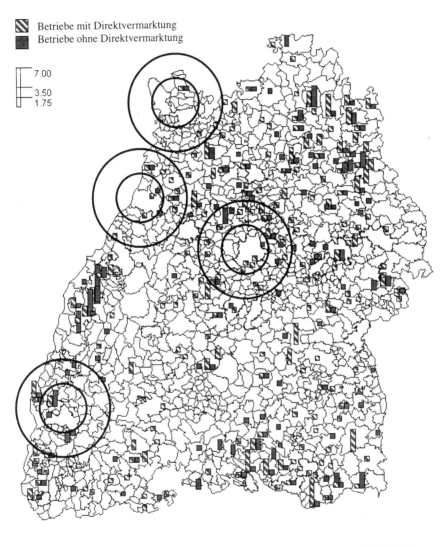

Daten: DEMETER-Landesverband
in Baden-Württemberg 1994

Karte: Peter Wippel

km
0   25   50

Karte C26: BIOLAND-Direktvermarktung Stand 1994

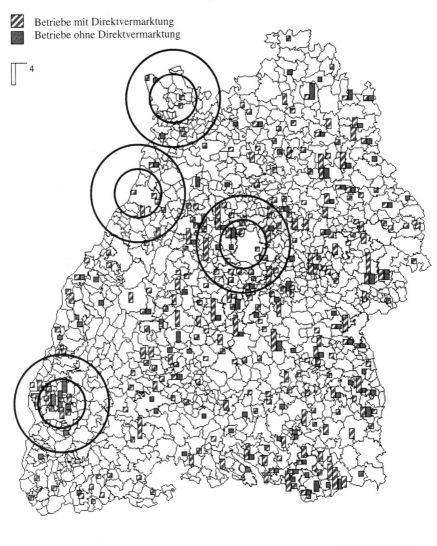

Betriebe mit Direktvermarktung
Betriebe ohne Direktvermarktung

4

Daten: BIOLAND-Landesverband
           in Baden-Württemberg 1994

Karte: Peter Wippel

km
0   25   50

Karte C27: DEMETER-Betriebe in diversen Distanzzonen

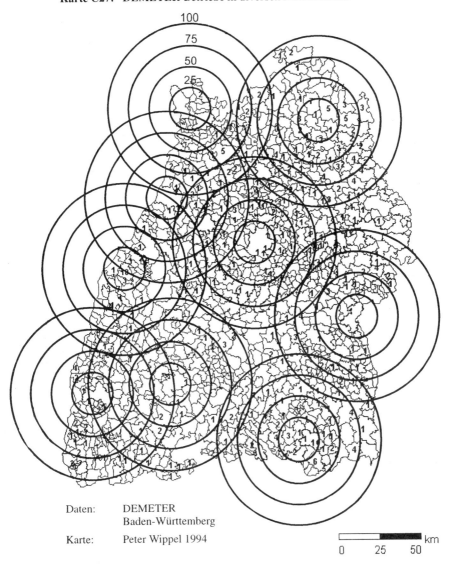

Daten: DEMETER
Baden-Württemberg

Karte: Peter Wippel 1994

km
0   25   50

Karte C28: BIOLAND-Betriebe in diversen Distanzzonen

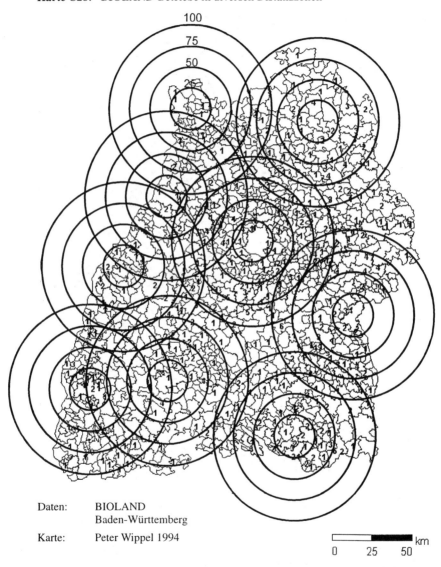

Daten: BIOLAND
        Baden-Württemberg

Karte: Peter Wippel 1994

Karte C29:   Ökologische Betriebe in Baden-Württemberg Stand 1994

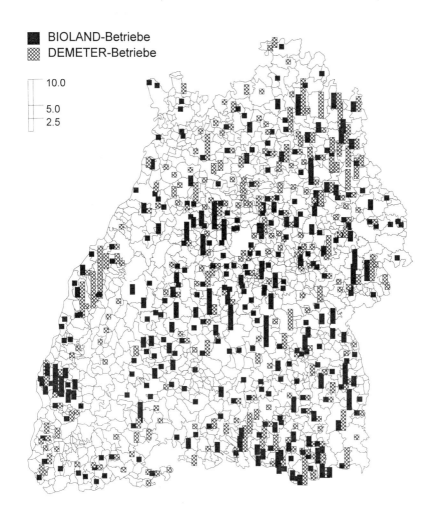

Daten: BIOLAND-/DEMETER-
            Landesverband in
            Baden-Württemberg 1994

Karte: Peter Wippel

Karte D1: Landwirtschaftsämter, Landwirtschaftsschulen und Walldorf-schulen (Stand 1994)

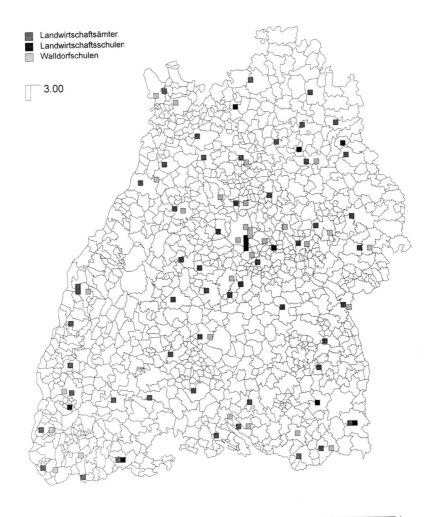

Daten: statistisches Landesamt Baden-
Württemberg bzw. Adreßverzeichnis
Anthoposophie 1994/95

Karte: Peter Wippel

Karte D2: Großhandels- und Verarbeitungsbetriebe der ökologischen Agrarwirtschaft (Stand 1994)

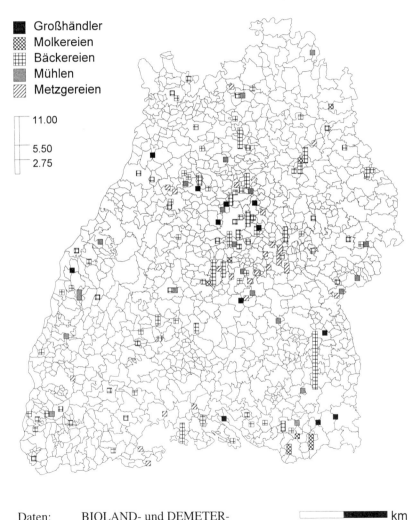

Großhändler
Molkereien
Bäckereien
Mühlen
Metzgereien

11.00

5.50
2.75

Daten: BIOLAND- und DEMETER-
Landesverbände in
Baden-Württemberg 1994

Karte: Peter Wippel

0   25   50   km

Karte E1: Verbreitung der ländlichen Erbsitten

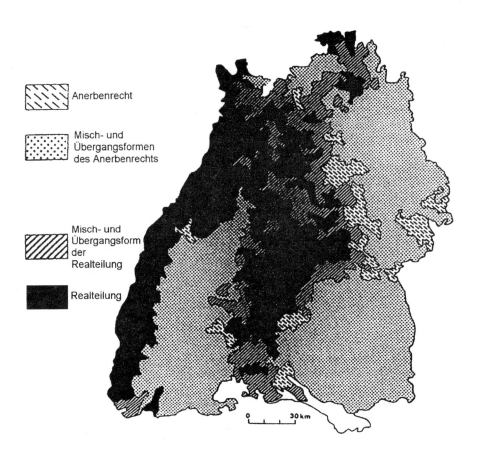

Quelle: BORCHERDT, C. (1991)

Karte E2: Baden-Württemberg nach Ertragsmeßzahlen

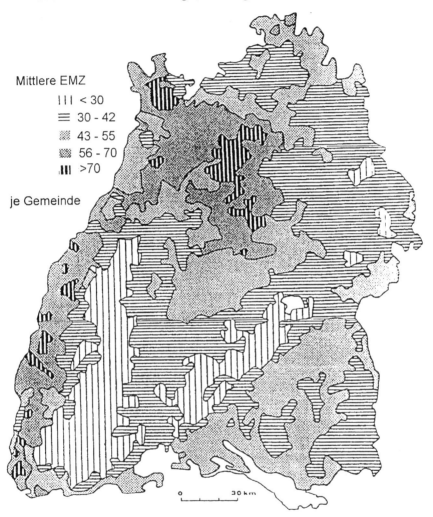

Mittlere EMZ

  ‖‖ < 30

  ≡ 30 - 42

  ▓ 43 - 55

  ▓ 56 - 70

  ‖‖ >70

je Gemeinde

0   30 km

Quelle: BORCHERDT, C. (1991)

Karte E3: Ländliche Gunst- und Ungunsträume

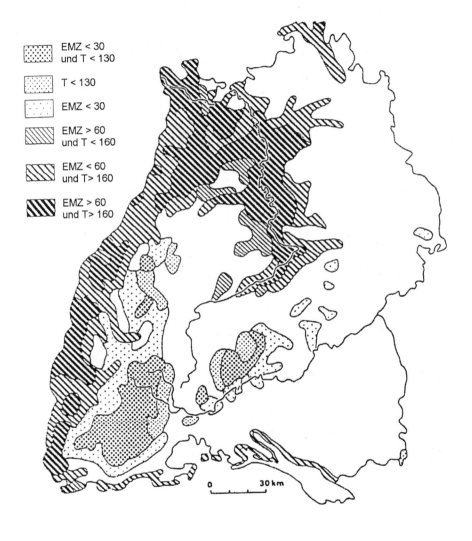

EMZ < 30
und T < 130

T < 130

EMZ < 30

EMZ > 60
und T < 160

EMZ < 60
und T> 160

EMZ > 60
und T> 160

0   30 km

Quelle: BORCHERDT, C. (1991)

Karte E4:   Landwirtschaftliche Betriebsformen 1983

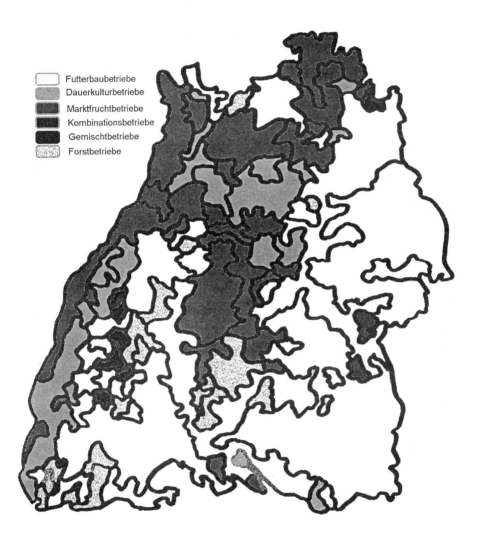

Futterbaubetriebe
Dauerkulturbetriebe
Marktfruchtbetriebe
Kombinationsbetriebe
Gemischtbetriebe
Forstbetriebe

Quelle: vereinfachte Darstellung nach BORCHERDT, C. (1991), S. 201

Anhang 4: Ökologische Betriebe nach Landkreisen
(Der Datenstand 1991 entspricht dem Datenstand der letzten Landwirtschaftsstatistik)

Kreis / Regierungsbezirk / Land	BIOLAND 1975	DEMETER 1975	BIOLAND 1985	DEMETER 1985	BIOLAND 1991	DEMETER 1991	BIOLAND 1994[3]	DEMETER 1994
Stuttgart				1	2	4	2	4
Böblingen		1	4	5	11	8	13	9
Esslingen	1	1	7	5	15	6	16	6
Göppingen	1		3	3	8	8	10	8
Ludwigsburg		5	6	11	14	15	15	16
Rems-Murr-Kreis			6	7	21	13	23	13
Heilbronn Stadt				2	0	2	0	2
Heilbronn Land		3	2	5	10	13	10	13
Hohenlohe	1	5	1	8	6	18	8	18
Schwäbisch Hall	1	10	5	16	23	44	33	44
Main-Tauber	1	4	3	11	7	29	12	29
Heidenheim		1		2	9	9	13	10
Ostalbkreis	1	4	4	4	15	10	22	14
Reg. Bez. Stuttgart	6	34	41	80	141	179	177	186
Baden-Baden Stadt					0	0	0	0
Karlsruhe Stadt					2	2	2	2
Karlsruhe Land		1	1	3	5	9	7	11
Rastatt		1		1	3	8	3	8
Heidelberg Stadt					1	0	1	0
Mannheim Stadt					2	0	2	0
Neckar-Odenwald			1	1	5	7	9	10
Rhein-Neckar		1	2	7	5	12	8	12
Pforzheim Stadt					0	0	0	0
Calw		1	2	2	7	3	8	3
Enzkreis		5	4	7	12	8	13	9
Freudenstadt		1		1	7	1	11	1
Reg. Bez. Karlsruhe	0	10	10	22	49	50	64	56

---

[3] Die Angabe für 1994 differenziert nicht zwischen Anerkennungsbetrieben, Umstellungs- und Nulljahrbetrieben.

Kreis / Regierungs-bezirk / Land	BIOLAND 1975	DEMETER 1975	BIOLAND 1985	DEMETER 1985	BIOLAND 1991	DEMETER 1991	BIOLAND 1994[4]	DEMETER 1994
Freiburg Stadt			1		3	0	4	0
Breisgau-Hochschwarzwald	1	1	4	3	14	13	16	16
Emmendingen	4	3	11	6	13	9	15	11
Ortenaukreis	2	3	5	15	8	31	13	38
Rottweil			1		9	3	17	3
Schwarzwald-Baar				1	6	3	10	3
Tuttlingen					4	0	4	0
Konstanz		1	3	3	6	6	9	11
Lörrach		1		3	3	6	3	8
Waldshut			1	2	7	10	9	13
Reg. Bez. Freiburg	7	9	26	33	73	81	100	103
Reutlingen		4	3	7	16	9	19	9
Tübingen	1		1	2	12	4	18	4
Zollernalb		1		4	6	7	8	8
Ulm Stadt					0	0	0	0
Alb-Donau		1	2	5	16	10	24	11
Biberach		2	2	7	19	9	25	11
Bodenseekreis		4	9	11	20	25	30	25
Ravensburg		1	4	6	32	26	36	26
Sigmaringen		1	6	5	8	12	9	13
Reg. Bez. Tübingen	1	14	27	47	129	106	169	107
Land Baden-Württemberg	14	67	104	182	392	416	510	452

Quelle: eigene Erhebung

Die Angaben beziehen sich auf Betriebe, die im jeweiligen Jahr existierten **und** auch heute noch existieren. Zwischenzeitlich aufgegebene Betriebe werden statistisch nicht erfaßt.

---

[4] Die Angabe für 1994 differenziert nicht zwischen Anerkennungsbetrieben, Umstellungs- und Nulljahrbetrieben.

**Anhang 5: Ökologische Betriebe in Baden-Württemberg in den Jahren
1955 bis 1994**

Jahr	BIOLAND	DEMETER	Karte ?
1955	-----	4	ja
1960	-----	12	ja
1965	-----	19	ja
1970	-----	27	ja
1972	4	41	
1974	9	61	
1975	14	67	ja
1976	20	75	
1978	32	88	
1980	40	104	ja
1982	59	134	
1984	91	161	
1985	104	182	ja
1986	132	219	
1988	187	287	
1989	227	315	
1990	299	374	ja
1991	392	416	ja
1992	449	431	
1993	484	447	
1994[5]	510	452	ja

Die Angaben beziehen sich auf Betriebe, die im jeweiligen Jahr existierten **und**
auch heute noch existieren. Zwischenzeitlich aufgegebene Betriebe werden statistisch nicht erfaßt.

---

[5] Die Angabe für 1994 differenziert nicht zwischen Anerkennungsbetrieben, Umstellungs-
und Nulljahrbetrieben.

Anhang 6:

Berechnungen im Rahmen der Nearest-neighbour-Analyse

1 cm in der Karte = 14,6 km in der Natur
R bezogen auf 35.741 Quadratkilometer Landesfläche

Zunächst wurden die Distanzen zwischen den Nachbarn ermittelt, danach wurde die Anzahl der Betriebe in einem Postleitzahl-Bezirk durch Anhängen von Null-Distanzwerten berücksichtigt.

Beispiel: ein Postleitzahl-Bezirk zeigt 5 Betriebe, im ersten Schritt wurde dafür einmal die Distanz Null in die Berechnung einbezogen. Da 5 Betriebe in einer Postleitzahl aber eine Kette von 4 Paaren bilden, wurde die Berechnungsliste anschließend um 3 Null-Distanzen ergänzt.

Zeigt ein Postleitzahl-Bezirk zwei Betriebe wurde im ersten Schritt einmal die Distanz Null in die Berechnung einbezogen. Da zwei Betriebe nur eine Kette bilden, erfolgte im zweiten Schritt keine Korrektur.

Anhang 6 (Fortsetzung)

Distanz in cm lt. Karte zum nächsten Nachbarn	Distanz in der Natur in km	mittlere Distanz	R	vgl. Karte	Distanz in cm lt. Karte zum nächsten Nachbarn	Distanz in der Natur in km	mittlere Distanz	R	vgl. Karte
4,6	67,15								
5,1	74,45								
5,4	78,83	73,48	1,55 bei N:= 4	DEMETER 1955					
1,7	24,82								
0	0,00								
0,9	13,14								
1,5	21,90								
3,7	54,01								
0	0,00								
0	0,00	16,27	0,60 bei N:= 12	DEMETER 1960					
1,7	24,82								
0	0,00								
0,9	13,14								
1,5	21,90								
0,3	4,38								
1,3	18,98								
0	0,00								
2	29,20								
4	58,39								

Distanz in cm lt. Karte zum nächsten Nachbarn	Distanz in der Natur in km	mittlere Distanz	R	vgl. Karte
0	0,00			
0	0,00			
0	0,00			
		14,23	0,66 bei N:= 19	DEMETER 1965
1,8	26,28			
1,7	24,82			
0	0,00			
0,9	13,14			
1,5	21,90			
0	0,00			
3,3	48,18			
2,2	32,12			
0,9	13,14			
2	29,20			
0	0,00			
0,4	5,84			
0,2	2,92			
0,6	8,76			
1,1	16,06			
0	0,00			
0	0,00			
		14,26	0,78 bei N:= 27	DEMETER 1970

Distanz in cm lt. Karte zum nächsten Nachbarn	Distanz in der Natur in km	mittlere Distanz	R	vgl. Karte
0	0,00			
1,2	17,52			
1,8	26,28			
0	0,00			
0,8	11,68			
1,8	26,28			
0,5	7,30			
0,8	11,68			
0,8	11,68			
1,7	24,82			
0,4	5,84			
0	0,00			
1	14,60			
0,9	13,14			
2	29,20			
0,9	13,14			
1,5	21,90			
0	0,00			
0,8	11,68			
1,2	17,52			
0,7	10,22			
0,4	5,84			
0	0,00			

Distanz in cm lt. Karte zum nächsten Nachbarn	Distanz in der Natur in km	mittlere Distanz	R	vgl. Karte
0	0,00			
0,2	2,92			
0,5	7,30			
1,5	21,90			
1,9	27,74			
1,6	23,36			
2,1	30,66			
1	14,60			
2,5	36,50			
0	0,00			
		16,50	0,65	BIOLAND
			bei N:= 14	1975

Distanz in cm lt. Karte zum nächsten Nachbarn	Distanz in der Natur in km	mittlere Distanz	R	vgl. Karte	Distanz in cm lt. Karte zum nächsten Nachbarn	Distanz in der Natur in km	mittlere Distanz	R	vgl. Karte
1,1	16,06								
1,1	16,06								
0,3	4,38								
0,2	2,92								
0,2	2,92								
0,4	5,84								
0,5	7,30								
0,8	11,68								
0,3	4,38								
0,5	7,30								
0,7	10,22								
0,2	2,92								
0	0,00								
0	0,00								
0,4	5,84								
0,7	10,22								
0	0,00								
0,7	10,22								
0	0,00								
0	0,00								
0	0,00								
0	0,00	8,86	0,77						

bei N:= 67

DEMETER 1975

Anhang 7: Das Wachstum ökologischer Betriebe in ausgewählten Regionen

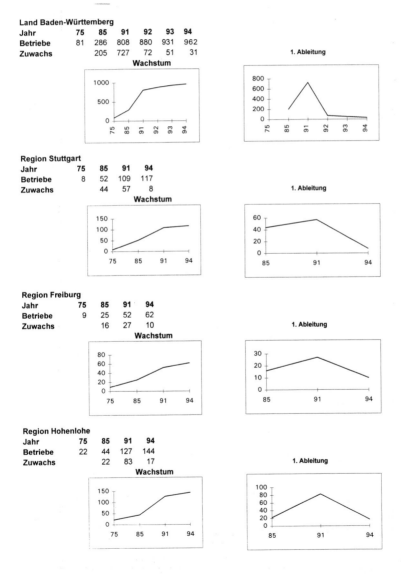

Land Baden-Württemberg

Jahr	75	85	91	92	93	94
Betriebe	81	286	808	880	931	962
Zuwachs		205	727	72	51	31

Wachstum

1. Ableitung

Region Stuttgart

Jahr	75	85	91	94
Betriebe	8	52	109	117
Zuwachs		44	57	8

Wachstum

1. Ableitung

Region Freiburg

Jahr	75	85	91	94
Betriebe	9	25	52	62
Zuwachs		16	27	10

Wachstum

1. Ableitung

Region Hohenlohe

Jahr	75	85	91	94
Betriebe	22	44	127	144
Zuwachs		22	83	17

Wachstum

1. Ableitung

LITERATURVERZEICHNIS

AGÖL (1990): Rahmenrichtlinien der AGÖL, in: AGÖL (Hrsg.), SÖL-Sonderausgabe Nr. 17, Aufl., Bad Dürkheim

AGÖL (1993): Jahresbericht 1992, Darmstadt, S. 23

AID (1990): Landbau - alternativ und konventionell, H. 1070, S. 10-38

AID (1992): Nahrungsmittel aus ökologischem Anbau - kleine Warenzeichenkunde, H. 1218, S. 3-14

AID (1995): Wirklich Öko oder Werbung?, in: Schwetzinger Zeitung vom 15.06.1995, S. 7

ALDAG, R. (1991):Schutzkonzepte zur Vermeidung von Belastungen für den Bereich Inhaltsstoffe der Luft, in: Dachverband wissenschaftlicher Gesellschaften der Agrar-, Forst-, Ernährungs-, Veterinär- und Umweltforschung e.V. (Hrsg.): Agrarspectrum - Umweltgerechte Agrarproduktion, Bd. 18, Frankfurt/Main, S. 39 ff.

ANDREAE, B. (1977): Agrargeographie, Berlin und New York, S. 50 ff.

anonym (1989): Extensivierung - viel Bürokratie, wenig Hilfe, in: Schwäbischer Bauer, 41. Jg., Nr. 39, S. 21-25

anonym (1992a): MEKA für Landschaftspflege und Extensivierung, in: Schwäbischer Bauer, 44. Jg., Nr. 14, S. 38-41

anonym (1993): Verbraucher werden wieder konservativer, in: FAZBW, Nr. 130, vom 09.07.1993, Frankfurt/Main, S. 7

anonym (1994): Standortfaktor : konsequenter Umweltschutz hilft der Wirtschaft, in: WIRTSCHAFTSBILD, Bonn, S. 7-9

anonym (1994a): Umweltgerechte Umgestaltung der europäischen Agrarpolitik, in: FAZBW, Nr. 88, vom 06.05.1994, Frankfurt/Main, S. 7

anonym (1994b): Ein Gewichtsverlust der Landwirtschaft? - die Pläne des künftigen Ministerpräsidenten stoßen in Mainz auf Kritik, in: Schwetzinger Zeitung, Nr. 247, 25/10/1994, S. 2

ANTHROPOSOPHISCHE GESELLSCHAFT DEUTSCHLAND, (1994): Adressverzeichnis Anthroposophie 1994/1995, Frankfurt

BENECKE, J. (1988): Bauern stellen um - Praxisberichte aus dem ökologischen Landbau, in: Georg Michael Pfaff Gedächtnisstiftung (Hrsg.), Bauern stellen um, Karlsruhe, S. 17-21

BERGMANN, E. (1992): Räumliche Aspekte des Strukturwandels in der Landwirtschaft, in: GR, 44. Jg., H. 3, S. 143

BIOLAND (1991): Die Gründer des organisch-biologischen Landbaus, in: bioland, H. 2, S. 5

BIOLAND (1993): Bioland - Richtlinien für Pflanzenbau, Tierhaltung und Verarbeitung, Fassung vom Dezember 1993

BIOLAND (1994a): Bioland - Produkte direkt vom Erzeuger - Baden-Württemberg Norden 1994, Stuttgart

BIOLAND (1994b): Bioland - Produkte direkt vom Erzeuger - Baden-Württemberg Mitte 1994, Stuttgart

BIOLAND (1994c): Bioland - Produkte direkt vom Erzeuger - Baden-Württemberg Süd-Westen 1994, Stuttgart

BIOLAND (1994d): Bioland - Produkte direkt vom Erzeuger - Baden-Württemberg Süd-Osten 1994, Stuttgart

BML (1987): BML-Information Nr. 47, Bonn, Nr. 6

BML (1993): Agrarbericht der Bundesregierung, Bonn, S. 34-40

BML (1993a): Agrarbericht der Bundesregierung - Materialband, Bonn, S. 127-266

BML (1994): Agrarbericht der Bundesregierung, Bonn, S. 34-36

BML (1994a): Agrarbericht der Bundesregierung - Materialband, Bonn, S. 238-240

BML (1995): Agrarbericht der Bundesregierung, Bonn, S. 34-36

BML (1995a): Agrarbericht der Bundesregierung - Materialband, Bonn, S. 240-242

BMU (1992): Umweltpolitik - Chancen für unsere Zukunft, 3. Aufl., Bonn, S. 51

BOGUSLAWSKI, E. von (1966): Standortforschung, in: Forschungsrat für Ernährung, Landwirtschaft und Forsten (Hrsg.), Standortforschung, Bad Godesberg, S. 21 ff.

BORCHERDT, C. (1961): Die Innovation als agrargeographische Regelerscheinung, in: Universität des Saarlandes (Hrsg.), Arbeiten aus dem geographischen Institut, Bd. 6, Saarbrücken, S. 13-50

BORCHERDT, C. (1991): Baden-Württemberg - eine geographische Landes-kunde, in: Wissenschaftliche Länderkunden Bd. 8/V, Darmstadt, S. 68-214

BRAUNEWELL, R., et al. (1986): Der biologische Landbau - auch eine Alternative für Flora und Fauna? Arbeitsberichte des Fachbereichs Stadtplanung und Landschaftsplanung der Gesamthochschule Kassel, H. 1, Kassel

BURR, W. (1992): Alternative Landwirtschaft - Differenzierte Formen der Agrarwirtschaft und der Vermarktung landwirtschaftlicher Erzeugnisse, Bonn, S. 1

BROMBACHER, J. (1992): Ökonomische Analyse des Einkaufsverhaltens bei einer Ernährung mit Produkten des ökologischen Landbaus, in: Schriftenreihe des Ministeriums für Ernährung, Landwirtschaft und Forsten (Hrsg.), Reihe A, angewandte Wissenschaft, H. 406, Münster - Hiltrup, S. 26-118

CITIBANK (1993): Wirtschaft im Schaubild, S. 33

CLOSS, H.M (1992): Landwirtschaft, in: Schaab, M. (Hrsg.), 40 Jahre Baden-Württemberg, Stuttgart, S. 333-353

CONRAD, K. (1989): Mikroökonomik III, Mannheim

DABBERT, S. (1990): Zur optimalen Organisation alternativer landwirtschaftlicher Betriebe -Untersucht am Beispiel organisch-biologischer Haupterwerbsbetriebe in Baden Württemberg, in: Agrarwirtschaft, SH. 124, Hohenheim, S. 60

DABBERT, S., und BRAUN, J. (1993): Auswirkungen des EG-Extensivierungsprogramms auf die Umstellung auf ökologischen Landbau in Baden-Württemberg, in: Agrarwirtschaft, 42. Jg., H. 2, S. 90-99

DBV (1993): Argumente - Situationsbericht 1992, Bonn, S. 82-116

DEMETER (1992): Allgemeine Richtlinien für die Anerkennung der DEMETER-Qualität, Fassung vom 20.10.1992, S. 8-19

DEUTSCHER BUNDESTAG (1994): Bericht der Enquete-Kommission »Schutz der Erdatmosphäre« des deutschen Bundestags (Hrsg.), Nr.: 12/8350

DIERCKE WELTATLAS (1977), S. 33, Karte 1

DIEZ, T. (1985): Grundlagen und Entwurf einer Erosionsgefährdungskartierung von Bayern, in: Mitteilungen der bodenkundlichen Gesellschaft, Bd. 43, H. 2, S. 833-840

EHLERS, E. (1988): Die Agrarlandschaft der Bundesrepublik Deutschland und ihr Wandel seit 1949, in: GR, 40. Jg., H. 1, S. 30-31

FAHN, H.J. (1985): Wirtschaftsgeographische Aspekte der alternativen Landwirtschaft, in: Zeitschrift für Wirtschaftsgeographie, Bd. 29, H. 3/4, S. 210 ff.

FREYER, B. (1988), Forschungsprojekt zur Umstellung, in: bio-land, H. 3, S. 39-40

GATZWEILER, H.P. (1979): Der ländliche Raum - benachteiligt für alle Zeiten, in: GR, 31. Jg., H.1, S. 10-11

HAEGERSTRAND, T. (1951): Migration and the growth of cultural regions, in: Lund (Hrsg.), studies in geographie, Reihe B, Nr. 3

Ders. (1952): The propagation of innovationwaves, in: Lund (Hrsg.), studies in geographie, Reihe B, Nr. 4

HÄRLE, J. (1992): Landwirtschaft und Umwelt in Baden-Württemberg, in: GR, 44. Jg., H. 5, S. 303-310

HAMM, A. et al. (1991): Schutzkonzepte zur Vermeidung von Belastungen für den Bereich Wasserhaushalt und Wasserqualität, in: Dachverband wissenschaftlicher Gesellschaften der Agrar-, Forst-, Ernährungs-, Veterinär- und Umweltforschung e.V. (Hrsg.): Agrarspectrum - Umweltgerechte Agrarproduktion, Bd. 18, Frankfurt/Main, S. 39-42

HAMM, U. (1986), Absatzbedingungen bei Produkten aus alternativer Erzeugung, in: Berichte über Landwirtschaft Bd. 64, H.1, S. 74-153

HAMM, U. (1987): Der alternative Landbau - ein interessantes Betätigungsfeld für Agrarökonomen und Agrarpolitiker, in: Agrarwirtschaft, 36. Jg., H. 7/8, S. 255-260

Ders. (1991): 20 Jahre Vermarktung von BIOLAND-Produkten aus der Sicht eines Ökonomen, in bio-land, H. 2, S. 32 ff.

Ders. (1994): Haben die AGÖL-Verbände noch eine Zukunft ?, in bio-land, H. 3, S. 30-32

HANF, C.H. (1980): Wirtschaftliche Zwänge, die die Landbauentwicklung beeinflussen werden, in: DLG, Deutsche Landwirtschaftsgesellschaft (Hrsg.), Alternativen zum gegenwärtigen Landbau, Arbeiten der DLG, Bd. 169, Frankfurt/Main, S. 144

HANTSCHEL, R., und THARUN, E. (1980): Anthropogeographische Arbeitsweisen, Braunschweig, S. 142-198 ff.

HERMANOWSKI, R. (1989): Vergleich alternativer und konventioneller landwirtschaftlicher Betriebe in Hessen, in: Hartwig Spitzer (Hrsg.), Regionalpolitik und Umweltschutz im ländlichen Raum, Bericht Nr. 25, Gießen

HEYNITZ v., K., et al. (1990): Biologisch-Dynamische Wirtschaftsweise in Baden-Württemberg - 30 Jahre Vereinigung der Arbeitsgemeinschaften, in: Vereinigung der Arbeitsgemeinschaften für Biologisch-Dynamische Wirtschaftsweise Baden-Württemberg (Hrsg.), Biologisch-Dynamische Wirtschaftsweise, Pforzheim

HMLFN (1990): Flächenstillegungen in der Landwirtschaft - Auswirkungen auf den Naturhaushalt, Wiesbaden, S. 9

HOTZELT, A. (1984): Der ökologische Landbau in Mittelfranken - Ablauf, Gunst- und Hemmfaktoren einer Innovation, Erlangen, Nürnberg

IDW (1991): Zahlen zur wirtschaftlichen Entwicklung der Bundesrepublik Deutschland, Köln, Tabelle 44

JAEP, A. (1986): Konventionelle und alternative Landbaumethoden im betriebswirtschaftlichen Vergleich, in: Berichte über Landwirtschaft, Bd. 64, H. 1, S. 70

KESSELER, T. (1994): Fluch oder Chance ? - Produkte des kontrolliert biologischen Anbaus im konventionellen Lebensmitteleinzelhandel, in: Ökologie & Landbau, H. 90, 22. Jg., S. 45

KÖNIG, M. (1991): zum Flächenstillegungsgesetz 1991, in: AID-Informationen, 40. Jg., H. 29, Bonn, S. 2-16

KÖNIG, M. (1993): Einjährige Flächenstillegung im Wirtschaftsjahr 1991/1992 - Ergebnisse für die Bundesrepublik Deutschland, in AID-Informationen, 42. Jg., H. 7, Bonn, S. 2-4

KÜHL, U. (1992): Naturschutz, in: SCHAAB, M. (Hrsg.), 40 Jahre Baden-Württemberg, Stuttgart, S. 281-288

LEBENDIGE ERDE (1994): Siebzig Jahre biologisch-dynamischer Landbau, H. 5, S. 390

LIETH, H., und KRAMER, M. (1991): Das Osnabrücker Agrarökosystemmodell, in: GR, 43. Jg., H. 4, S. 231 ff.

LÖSCH, R. und MEIMBERG, R. (1986): Der alternative Landbau in der Bundesrepublik Deutschland, in: IFO-Studie zur Agrarwirtschaft, Nr. 24, München

LÜNZER, I. (1992): Rohstoff- und Energiebilanzen aus ökologischer Sicht, in: Hartmut Vogtmann (Hrsg.), Ökologische Landwirtschaft, 2. Aufl. Karlsruhe, S. 319 ff.

LÜNZER/PADEL/VOGTMANN et. al. (1991): Ökologischer Landbau, Daten - Fakten - Zusammenhänge, in: SÖL: (Hrsg.) , Sonderausgabe Nr. 4, Bad Dürkheim, S. 3-21

MAIER, J., et al. (1987): Neuere Entwicklungen in der Landwirtschaft des Landkreises Bayreuth und ihre räumlichen Auswirkungen - peripherer Wirtschaftsraum im oberfränkischen Grenzland, Bayreuth, S. 17

MEIER-PLOEGER, A. (1991): Lebensmittelqualität, in: SÖL (Hrsg.), Ökologischer Landbau: Daten, Fakten, Zusammenhänge, SÖL-Sonderausgabe Nr. 4, Bad Dürkheim, S. 7

METZ, U. (1994): Besonderheiten der Vermarktung ökologisch erzeugter Agrarprodukte - unter Einbezug von ausgewählten Beispielen zur Distribution im Rhein-Neckar-Raum, Diplomarbeit am Lehrstuhl für Anthropogeographie und Länderkunde der Universität Mannheim, Ludwigshafen, S. 18-37

NIGGLI, URS (1995): Mangel an Bioprodukten in der Schweiz, in: Ökologie & Landbau, H. 93, 23. Jg., S. 17-19

ÖB (1992): Die Folgen der Flächenstillegung im Westen, in: ÖB (Hrsg.), Nr. 19/20, 05/1992, S. 15-16

PERLITZ, M. (1993): Internationales Management, Stuttgart und Jena, S. 38-409

Ders. (1988): Wettbewerbsvorteile durch Innovation, in: Simon, H. (Hrsg.): Wettbewerbsvorteile und Wettbewerbsfähigkeit, Stuttgart, S. 47 ff.

PORTER, M. E. (1991): Nationale Wettbewerbsvorteile, München, S. 35

RANTZAU, R. (1990): Umstellung auf ökologischen Landbau, in: Bundesminister für Ernährung, Landwirtschaft und Forsten (Hrsg.), Reihe A, angewandte Wissenschaft, H. 389

REICH, E., und ZEDDIES, J. (1977): Einführung in die landwirtschaftliche Betriebslehre, Bd. 2, Stuttgart, S. 18

REICHEL, H. (1973): Überprüfung der Ergebnisse der Reichsbodenschätzung auf ihren ökonomischen Aussagewert unter heutigen Produktionsbedingungen, Dissertation, Hohenheim, S. 93-127

RICHTER, G. (1978): Bodenerosion und Bodenschutz, in: Olschowy, G. (Hrsg.), Natur- und Umweltschutz in der Bundesrepublik Deutschland, Hamburg und Berlin, S. 98-111

RÖHM, H. (1957): Die Vererbung des landwirtschaftlichen Grundeigentums in Baden-Württemberg, in: Forschungen zur deutschen Landeskunde, Bd. 102, Stuttgart

SATTLER, F., und v. WISTINGHAUSEN, E. (1985): Der landwirtschaftliche Betrieb - biologisch-dynamisch, Hohenheim, S. 16 ff.

SATTLER, F. (1990): Der Talhof, in: Vereinigung der Arbeitsgemeinschaften für Biologisch-Dynamische Wirtschaftsweise Baden-Württemberg (Hrsg.), Biologisch-Dynamische Wirtschaftsweise, 30 Jahre Vereinigung der Arbeitsgemeinschaften, Pforzheim, S. 13-14

SATTLER, F. (1995): Die Geburt einer Landwirtschaft mit Zukunft - Zur Geschichte des biologisch-dynamischen Landbaus in: Ökologie & Landbau, H. 95, 23. Jg., S. 12-15

SCHILLING v., H. (1982): Regionale Schwerpunkte intensiver Landbewirtschaftung, in: GR, 34. Jg., H. 3, S. 89

SCHLÜTER, C. (1985): Arbeits- und betriebswirtschaftliche Verhältnisse in Betrieben des alternativen Landbaus, in: Agrar- und Umweltforschung in Baden-Württemberg, Bd. 10, Stuttgart, S. 167

SCHMIDT, A., und van DORP (1995): Nährstoffe - Weniger ist mehr, in: Wattenmeer International, H. 1, 13. Jg., Husum, S. 7-8

SCHUMPETER, J. (1912): Theorie der wirtschaftlichen Entwicklung, München-Leipzig

SCHULZE-PALS, L. (1994), Weniger Vieh - mehr Kartoffeln - eine vorläufige Bewertung des Extensivierungsprogrammes aus einzelbetrieblicher Sicht, in: Ökologie & Landbau, 22. Jg., S. 10-14

SICK, W.D. (1983): Agrargeographie, Braunschweig

Ders. (1985): Der alternativ-biologische Anbau als agrargeographische Innovation am Beispiel des südlichen Oberrheingebietes, in: Tübinger geographische Studien, H. 90, Festschrift für H. Grees, Tübingen, S. 255-266

Ders. (1985a): Die alternativ-biologische Landwirtschaft im Elsaß, in: Recherches géographiques à Strasbourg, SH. 25/26, S. 75-81

SIMON, B. (1995): Organisch-Biologisch: Zur Geschichte des Landbaus nach Müller-Rusch, in: Ökologie & Landbau, H. 95, 23. Jg., S. 15-18

SPIELMANN, H. (1989): Agrargeographie in Stichworten, Unterägeri

SPITZER, H. (1975): Regionale Landwirtschaft, Hamburg/Berlin, S. 45

STADELBAUER, J. (1986): Umweltforschung und geographische Wissenschaft in der Bundesrepublik Deutschland, in: STADELBAUER, J. und HILLERS, E. (Hrsg.), Die Bundesrepublik Deutschland und die Sowjetunion - Fachdidaktik und Fachwissenschaft bei Schulbuchgesprächen in Geographie, 1983 - 1986, Frankfurt/Main, S. 323-340

STATBW (1992): Die Land- und Forstwirtschaft 1991, in: Statistik von Baden-Württemberg, Bd. 452, Stuttgart, S. 16-84

STAUB, H. (1981): Alternative Landwirtschaft, Frankfurt/Main, S. 90 ff.

STICHMANN, W. (1986): Naturschutz mit der Landwirtschaft, in: GR, 38. Jg., H. 6, S. 297 ff.

THOMAS, F. und VÖGEL, R. (1993): Gute Argumente - ökologische Landwirtschaft, 2. Aufl., München, S. 47-85

THÜNEN, J.H., von (1875): Der isolierte Staat in Beziehung auf Landwirtschaft und Nationalökonomie, Berlin

THUNEKE, H. J. (1993): Subventionen - neues Überlebenskonzept für Bio-Bauern?, in bio-land, Nr. 2, 1993, S. 37

VARIAN, H. (1989): Grundzüge der Mikroökonomik, Oldenburg, S. 541-565

VOGT, G. (1995), Zwischen Lothringen und Baden: Ökolandbau im Elsaß, in: Ökologie & Landbau, H. 2, S. 30-31

WEINSCHENCK, G., und GEBHARD, H.J. (1985): Möglichkeiten und Grenzen einer ökologisch begründeten Begrenzung der Intensität der Agrarproduktion, in: Rat von Sachverständigen für Umweltfragen (Hrsg.), Materialien zur Umweltforschung, H. 11, Stuttgart und Mainz, S. 95

WENDT, H. (1989): Bio-Nahrungsmittel in der Bundesrepublik Deutschland - Marktstruktur und Absatzwege, in FAL: (Hrsg.), Wissenschaftliche Mitteilungen, SH. 108, Braunschweig, S. 46-73

WICKE, L., et al. (1991): Neue Wege in der europäischen Umweltpolitik, bzw. Der Einsatz marktwirtschaftlicher Instrumente in der Umweltpolitik der europäischen Gemeinschaft , in: Umwelt Europa - der Ausbau zur ökologischen Marktwirtschaft, Gütersloh, S. 9-184

WIEGAND, S. (1989): Absatz von Agrarprodukten aus kontrolliert ökologischer Erzeugung, Diplomarbeit am Institut für Agrarpolitik und Marktforschung der Universität Gießen, Gießen

WILLER, H. (1992): Ökologischer Landbau in der Republik Irland - Die Ausbreitung einer Innovation in einem Peripherraum, Diss., Freiburg

WINDHORST, H.W. (1974): Spezialisierung und Strukturwandel in der Landwirtschaft, in: Himmelstoß (Hrsg.), Fragenkreise, Osnabrück, S. 1-3

Ders. (1986): Das agrarische Intensivgebiet Südoldenburg - Entwicklungen, Strukturen, Probleme und Perspektiven, in: Zeitschrift für Agrargeographie, 4. Jg, S. 354-365

WIPPEL, P. (1993): Ökologische Agrarwirtschaft in der Bundesrepublik Deutschland - unter besonderer Beachtung der Angebots- und Nachfragesituation im Rhein-Neckar-Raum, Diplomarbeit am Lehrstuhl für Anthropogeographie und Länderkunde der Universität Mannheim, Schwetzingen

WÖHE, G. (1987): Bilanzierung und Bilanzpolitik, 7. Aufl., München, S. 329-337

QUELLENVERZEICHNIS DER KARTEN

An dieser Stelle werden die Kartenquellen, die sich ebenfalls auf den Karten selbst finden, detaillierter genannt:

Karte A1:
eigene Karte; Quelle der Daten: s. Literaturverzeichnis: ALDAG, R., 1991, S. 71

Karte A2:
eigene Karte; Quelle der Daten: schriftliche Mitteilung der AGÖL, 1993

Karte B1:
eigene Karte; Quelle der Daten: s. Literaturverzeichnis: STATBW (1992), S. 15 bzw. S. 21-23

Karte B2:
eigene Karte; Quelle der Daten: s. Literaturverzeichnis: HMLFM (1990)

Karte B3:
eigene Karte; Quelle der Daten: s. Literaturverzeichnis: anonym (1992a), S. 38-41

Karte B4:
eigene Karte; Quelle der Daten: s. Literaturverzeichnis STATBW (1992)

Karte B5 bis Karte C28:
eigene Karte; Quelle der Daten: eigene Datenbank nach Angaben von DEMETER- bzw. BIOLAND Landesverband Baden-Württemberg; vgl. jeweils die Kartenlegende

Karte D1:
eigene Karte; Quelle der Daten: Statistisches Landesamt Baden-Württemberg bzw. Adressverzeichnis Anthroposophie

Karte D2:
eigene Karte; Quelle der Daten: eigene Datenbank nach Angaben von DEME-TER- bzw. BIOLAND Landesverband Baden-Württemberg

Karte E1 bis E3:
entnommen aus s. Literaturverzeichnis BORCHERDT, C. (1991) Karte E1 s. Seite: S. 162; Karte E3 s. Seite: S. 68; Karte E2 s. Seite: S. 100

Karte E4:
vereinfachte Darstellung der Karte in BORCHERDT, C. (1991), S. 201. Die Karte E4 ist nicht identisch mit der BORCHERDT-Karte, die als Arbeitsgrundlage zur Ermittlung des Zusammenhangs Ökologische Betriebe <--> Betriebsformen eingesetzt wurde. Aus technischen Gründen mußte jedoch vom Abdruck der Original-Karte abgesehen werden.

Publikationsverzeichnis

INSTITUT FÜR LANDESKUNDE UND REGIONALFORSCHUNG
und
GEOGRAPHISCHES INSTITUT DER UNIVERSITÄT MANNHEIM

SÜDWESTDEUTSCHE SCHRIFTEN

Heft 1: Rhein-Neckar-Raum an der Schwelle des Industrie-Zeitalters. - 348 S., 3 Abb., 1984 — DM 32.-

Heft 2: IRMTRAUT GENSEWICH: Die Tabakarbeiterin in Baden - 1870-1914. 497 S., 1 Abb., 1986 — DM 34.-

Heft 3: BARBARA HAHN: Der geförderte Wohnungsbau in Mannheim 1850-1985. - 238 S., 33 Abb., 16 Fotos, 1986 — DM 27.-

Heft 4: DOROTHEA HAALAND: Der Luftschiffbau Schütte-Lanz - Mannheim-Rheinau (1909-1925). - 237 S., 15 Abb., 3 Tab., 13 Fotos, 4 Karten, überarbeitete und aufwendig ausgestattete Neuauflage, 1996 — DM 32.-

Heft 5: RAINER JOHA BENDER (Hrsg.): Pfälzische Juden und ihre Kultuseinrichtungen. - 165 S., 13 Abb., 20 Fotos, 1988 — DM 20.-

Heft 6: THOMAS WIRTH: Adelbert Düringer - Jurist zwischen Kaiserreich und Republik. - 259 S., 3 Fotos, 1989 — DM 27.-

Heft 7: KURT BECKER-MARX/GOTTFRIED SCHMITZ: Raumplanung im Dienst neuer gesellschaftspolitischer Aufgaben. - 74 S., 3 Abb., 1989 — DM 10.-

Heft 8: GÜNTHER SEEBER: Kommunale Sozialpolitik in Mannheim 1888-1914. 210 S., 6 Abb., 1989 — DM 26.-

Heft 9: WOLFRAM FÖRSTER: Wirtschaft, Gesellschaft und Verkehr in Nordostbaden 1806-1914. - 372 S., 70 Abb., 18 Fotos, 1990 — DM 35.-

Heft 10: PETER NEUMANN: Der Gründungsvertrag der Parkbrauerei AG Pirmasens / Zweibrücken. - 210 S., 1 Abb., 11 Fotos, 1992 — DM 26.-

Heft 11: CHRISTOPH JENTSCH (Hg.): Europäische Region Oberrhein. Kooperation an einer historischen Grenze. - 80 S., 14 Abb., 1992 — DM 12.- (vergriffen)

Heft 12: PIRMIN SPIESS (Hg.): Mannheim im Umbruch. Die frühe badische Zeit. - 120 S., 15 Abb., 1992 — DM 15.-

Heft 13: BARBARA HAHN (Hg.): Mannheim - Analyse einer Stadt. - 133 S., 27 Abb., 19 Tab., 1992 — DM 17.-

Heft 14:	C. GROSSER/T. GROSSER/R. MÜLLER/S. SCHRAUT: Flüchtlingsfrage - das Zeitproblem. Amerikanische Besatzungspolitik, deutsche Verwaltung und die Flüchtlinge in Württemberg-Baden 1945-1949. - 271 S., 1993	DM 32.-
Heft 15:	KLAUS MEISTER: Wanderbettelei im Großherzogum Baden 1877 - 1913. - 187 S., 22 Abb., 1994	DM 28.-
Heft 16:	WOLFGANG V. HIPPEL: Maß und Gewicht in der bayerischen Pfalz und in Rheinhessen um 1800. - 132 S., 1 Abb., 7 Tab., 1994	DM 30.-
Heft 17:	VERA STÜRMER/RALF HUNDINGER: „Wir kommen wieder!" - Ende und Wiederaufbau der pfälzischen SPD 1929-1933 und 1945-1947. - 279 S., 6 Abb., 19 Tab., 1995	DM 39.-
Heft 18:	CHRISTOPH JENTSCH (Hg.): Städtetourismus Stuttgart. Ergebnisse eines Forschungsprojekts des Geographischen Instituts der Universität Mannheim. - 353 S., 83 Abb., 38 Tab., 1996	DM 35.–
Heft 19:	WOLFGANG V. HIPPEL: Maß und Gewicht im Gebiet des Großherzogtums Baden am Ende des 18. Jahrhunderts. -353 S., 83 Abb., 38 Tab., 1996	DM 36.–
Heft 20:	FRANK SWIACZNY: Die Juden in der Pfalz und in Nordbaden im 19. Jahrhundert und ihre wirtschaftlichen Aktivitäten in der Tabakbranche. Zur historischen Wirtschafts- und Sozialgeographie einer Minderheit. -216 S., 36 Abb., 41 Tab., 1996	DM 20.-
Heft 21:	KURT BECKER-MARX, CHRISTOPH JENTSCH (Hrsg.): Es ist Zeit für den Oberrhein. Fehlstellen grenzüberschreitender Kooperation. - 186 S., 21 Abb., 10 Tab., 1996	DM 24.-
Heft 22:	MERVE FINKE: Siebenpfeiffers Verwaltungshandbuch (1831-1833). - 487 S., 1997	DM 50.-
Heft 23:	PETER WIPPEL: Ökologische Agrarwirtschaft in Baden-Württemberg.- 246 S., 14 Abb., 36 Tab., 47 Karten, 1997	DM 30.-

MANNHEIMER GEOGRAPHISCHE ARBEITEN

Heft 1:	CHRISTOPH JENTSCH (Hrsg.): Beiträge zur geographischen Landeskunde. Festgabe für Gudrun Höhl. - 473 S., 44 Abb., 1977	DM 27.- (vergriffen)
Heft 2:	JÜRGEN BÄHR/GUDRUN HÖHL/CHRISTOPH JENTSCH (Hrsg.): Beiträge zur Landeskunde des Rhein-Neckar-Raumes I. - 197 S., 36 Tab., 25 Abb., 4 Fotos, 1979	DM 19.50
Heft 3:	INGRID DÖRRER: Morphologische Untersuchungen zum zentralen Limousin (Französisches Zentralmassiv). Ein Beitrag zur Reliefentwicklung einer Rumpfflächenlandschaft durch tertiäre, periglazial-glaziale und rezente Formungsvorgänge. - 342 S., 11 Karten, 50 Abb., 1980	DM 30.-

Heft 4:	JÜRGEN BÄHR: Santiago de Chile. Eine faktorenanalytische Untersuchung zur inneren Differenzierung einer lateinamerikanischen Millionenstadt. - 100 S., 20 Abb., 1978	DM 12.50
Heft 5:	RAINER JOHA BENDER: Wasgau/Pfalz. Untersuchungen zum wirtschaftlichen und sozialen Wandel eines verkehrsfernen Raumes monoindustrieller Prägung. - 312 S., 32 Abb., 20 Fotos, 1979	DM 29.- (vergriffen)
Heft 6:	CHRISTOPH JENTSCH/RAINER LOOSE: Ländliche Siedlungen in Afghanistan. - 130 S., 2 Abb., 70 Fotos, 2 Farbkarten, 1980	DM 16.50
Heft 7:	WOLF GAEBE/KARL-HEINZ HOTTES (Hrsg.): Methoden und Feldforschung in der Industriegeographie. - 212 S., 53 Abb., 1980	DM 20.-
Heft 8:	KARL F. GLENZ: Binnen-Nachbarhäfen als geographisch-ökonomisches Phänomen. Versuch einer funktionell-genetischen Typisierung am Beispiel von Mannheim und Ludwigshafen sowie Mainz und Wiesbaden. 205 S., 24 Tab., 21 Abb., 1 Farbkarte, 1981	DM 25.-
Heft 9:	Exkursionen zum 43. Deutschen Geographentag Mannheim 1981. 236 S., 32 Abb.,1981	DM 20.- (vergriffen)
Heft 10:	INGRID DÖRRER (Hrsg.): Mannheim und der Rhein-Neckar-Raum. Festschrift zum 43. Deutschen Geographentag Mannheim 1981. 434 S., 48 Tab., 73 Abb., 11 Karten, 9 Farbkarten, 6 Fotos, 1981	DM 40.- (vergriffen)
Heft 11:	VOLKER KAMINSKE: Der Naherholungsraum im Raum Nordschleswig. Wahrnehmungs- und entscheidungstheoretische Ansätze. 210 S., 63 Tab., 18 Abb., 1981	DM 26.-
Heft 12:	KURT BECKER-MARX/WOLF GAEBE (Hrsg.): Beiträge zur Raumplanung. Perspektiven und Instrumente. - 132 S., 1 Farbkarte, 1981	DM 15.-
Heft 13:	WOLF GAEBE: Zur Bedeutung von Agglomerationswirkungen für industrielle Standortentscheidungen. - 132 S., 34 Tab., 16 Abb., 1981	DM 15.-
Heft 14:	INGRID DÖRRER/FRITZ FEZER (Hrsg.): Umweltprobleme im Rhein-Neckar-Raum. Beiträge zum 43. Deutschen Geographentag Mannheim. 1981. - 202 S., 17 Tab., 58 Abb., 6 Fotos, 1983	DM 27.-
Heft 15:	INGO STÖPPLER: Funktionale und soziale Wandlungen im ländlichen Raum Nordhessens. - 194 S., 20 Abb., 1982	DM 25.-
Heft 16:	Carl Ritter. Neuere Forschungen von Ernst Plewe. - 81 S., 4 Abb., 1982	DM 10.-
Heft 17:	RAINER JOHA BENDER (Hrsg.): Neuere Forschungen zur Sozialgeographie von Irland - New Research on the Social Geography of Ireland. - 292 S., 42 Tab., 50 Abb., 15 Fotos, 1984	DM 29.-
Heft 18:	BRUNO CLOER/ULRIKE KAISER-CLOER: Eisengewinnung und Eisenverarbeitung in der Pfalz im 18. und 19. Jahrhundert. 542 S., 66 Tab., 28 Abb., 38 Fotos, 1984	DM 32.-

Heft 19:	WOLFGANG MIODEK: Innerstädtische Umzüge und Stadtentwicklung in Mannheim 1977 - 1983. Ein verhaltensbezogener Analyseansatz des Wohnstandortwahlverhaltens mobiler Haushalte. - 244 S., 34 Tab., 27 Abb., 1986	DM 28.-
Heft 20:	EBERHARD HASENFRATZ: Gemeindetypen der Pfalz. Empirischer Versuch auf bevölkerungs- und sozialgeographischer Basis. - 202 S., 36 Tab., 36 Abb., 1986	DM 27.-
Heft 21:	KLAUS KARST: Der Weinbau in Bad Dürkheim/Wstr. Strukturwandel in Vergangenheit und Gegenwart. - 251 S., 47 Tab., 19 Abb., 1986	DM 28.-
Heft 22:	REINER SCHWARZ (Hrsg.): Informationsverarbeitung in Geographie und Raumplanung. - 166 S., 10 Tab., 25 Abb., 1987	DM 19.-
Heft 23:	GUDRUN HÖHL: Gesamtinhaltsverzeichnis der Verhandlungen des 35.-43. Geographentages 1965 - 1981 und der aus Anlaß der Geographentage erschienenen Festschriften. - 245 S., 3 Tab., 1987	DM 16.-
Heft 24:	PETER FRANKENBERG (Hrsg.): Zu Klima, Boden und Schutzgebieten im Rhein-Neckar-Raum. Beiträge zur Landeskunde des Rhein-Neckar-Raumes II - 325 S., 47 Tab., 42 Abb., 1988	DM 15.-
Heft 25:	RAINER JOHA BENDER (Hrsg.): Landeskundlicher Exkursionsführer Pfalz. - 475 S., 105 Abb., 24 Tab., 1989, 2. Aufl. 1990	DM 35.-
Heft 26:	WILFRIED SCHWEINFURTH: Geographie anthropogener Einflüsse. Das Murgsystem im Nordschwarzwald. - 351 S., 10 Abb., 39 Tab., 28 Karten, 1990.	DM 30.-
Heft 27:	JULIA BRENNECKE: Raummuster der bayerischen Viehwirtschaft 1971-1983 und ihrer Bestimmungsgründe. - 456 S., 52 Abb., 42 Tab., 1989	DM 35.-
Heft 28:	SEBASTIAN LENTZ: Agrargeographie der bündnerischen Südtäler Val Müstair und Val Poschiavo. 296 S., 71 Abb., 2 Beilagekarten, 50 Tab., 1990	DM 30.-
Heft 29:	KARLHEINZ BOISELLE: Fremdenverkehrsentwicklung und sozio-ökonomischer Wandel an der Riviera di Ponente. - 360 S., 97 Abb., 2 Beilagekarten, 1990	DM 34.-
Heft 30:	PETER FRANKENBERG/MARTIN KAPPAS: Temperatur- und Wetter- lagentrends in Westdeutschland. - 185 S., 56 Abb., 2 Tab., 1991	DM 23.-
Heft 31:	RAINER JOHA BENDER: Sozialer Wohnungsbau und Stadtentwicklung in Dublin 1886-1986. - 363 S., 43 Abb., 22 Fotos, 1991	DM 34.-
Heft 32:	PETER FRANKENBERG/MANFRED SPITZ (Hrsg.): Zu Stadtklima und Lufthygiene in Mannheim. - 120 S., 62 Abb., 9 Tab., 1991	DM 15.-
Heft 33:	HENNY ROSE: Der KÖP-Wert in der ökologisch orientierten Stadtplanung. - 184 S., 20 Abb., 3 Tab., 8 Beilagekarten, 1991	DM 25.-
Heft 34:	RAINER JOHA BENDER (Hrsg.): Studien zur Bevölkerungs- und Sozial- geographie. - 191 S., 1991	DM 23.-
Heft 35:	RALF SCHEFFEL: Kennziffern im Tourismus am Beispiel der Deutschen Weinstraße. - 222 S., 50 Abb., 29 Tab., 1993	DM 29.-

Heft 36:	INGO-HANS HOLZ: Stadtentwicklungs- und Standorttheorien unter Einbeziehung des Immobilienmarktes. - 216 S., 22 Abb., 12 Tab., 1994	DM 29.-
Heft 37:	JÜRGEN SCHÜTZ: Tonminerale und Bodenmechanik im Gunzesrieder Achtal. - 135 S., 37 Abb., 21 Tab.,1994	DM 20.-
Heft 38:	ANDREAS DROSTEN: Innovationsmöglichkeiten in der Abfallwirtschaft der metallverarbeitenden Industrie. - 213 S., 66 Abb., 3 Tab.,1994	DM 29.-
Heft 39:	PETER FRANKENBERG, HEIKO HIMMLER, MARTIN KAPPAS: Zur Vegetationsgeographie des Haardtrandes. - 367 S., 30 Abb., 50 Tab.,1994	DM 40.-
Heft 40:	MARTIN KAPPAS: Zur Geländeklimatologie eines alpinen Talsystems. - 250 S., 204 Abb., 27 Tab., 1995	DM 35.-
Heft 41:	ELISABETH PROSWITZ, RÜTGER T. ROLLENBECK, STEPHAN SEELING: Hydrologische Beiträge zur Erosionsforschung im Allgäu. -150 S., 71 Abb., 15 Tab., 1995	DM 24.-
Heft 42:	JÖRG SCHUHBAUER: Wirtschaftsbasierte regionale Identität. - 238 S., 36 Abb., 11 Tab., 1996	DM 35.-
Heft 43:	DIETER ANHUF (Hg.): Forschungen des Geographischen Instituts der Universität Mannheim im französischsprachigen Ausland. -179 S., 48 Abb., 7 Tab., 1996	DM 24.-
Heft 44:	SEBASTIAN LENTZ, RAINER LUKHAUP, CHRISTOPHE NEFF, THOMAS OTT, FRANK SWIACZNY (Hg.): Gedenkschrift für Rainer Joha Bender. - 467 S., 97 Abb., 54 Tab., 1996	DM 40.-

MATERIALIEN ZUR GEOGRAPHIE

Heft 1:	RAINER JOHA BENDER/MANFRED KOLLHOFF: Stadtsanierung Freinsheim. - 72 S., 10 Abb., 14 Fotos, 1985	DM 8.- (vergriffen)
Heft 2:	FINNLAND-EXKURSION des Geographischen Instituts der Universität Mannheim 13.07 - 04.08.1984. - 287 S., 1985.	DM 20.- (vergriffen)
Heft 3:	TUNESIEN-EXKURSION des Geographischen Instituts der Universität Mannheim 10.04 - 22.04.1985 - 232 S., 1985	DM 20.- (vergriffen)
Heft 4:	GABRIELE HANSTEIN: Das Programm DIGIT zur Digitalisierung von geographischen Karten. - 159 S., 41 Abb., 1986	DM 15.-
Heft 5:	RUTHILD KLEINHANS: Das Programm PASTRI zur Schraffur von thematischen Karten. - 214 S., 50 Abb., 1986	DM 20.-
Heft 6:	MANFRED KOLLHOFF: Stadtkernerneuerung in Neustadt/Weinstraße. 157 S., 36 Abb., 1986	DM 15.- (vergriffen)
Heft 7:	MATTHIAS WERNER: Bau- und Nutzflächenentwicklung in Heidelberg-Nord. - 171 S., 45 Abb., 1986	DM 15.-

Heft 8:	POLEN-EXKURSION des Geographischen Instituts der Universität Mannheim 21.07 - 08.08.1986. - 396 S., 96 Abb., 1987	DM 25.- (vergriffen)
Heft 9:	HANS SKARKE: Die Entwicklung des Industriestandortes Mannheim. 114 S., 13 Abb., 1987	DM 15.-
Heft 10:	INDIEN-EXKURSION des Geographischen Instituts der Universität Mannheim 08.02. - 08.03.1987. - 300 S., 86 Abb., 32 Fotos, 1987	DM 25.-
Heft 11:	BARBARA HAHN/ANDREAS KÖNNECKE: Wohnanlage Mannheim-Herzogenried. - 67 S., 2 Abb., 14 Fotos, 1987	DM 8.-
Heft 12:	JAN PHILIPP BÖHMER: Die »new town Crawley«. - 111 S., 17 Abb., 14 Fotos, 1988	DM 15.-
Heft 13:	BIRGIT RAUPP: Mannheim Schönau-Nord. Freiflächen im Geschoßwohnungsbau der 50er Jahre. - 148 S., 12 Abb., 15 Fotos, 1988	DM 15.-
Heft 14:	JÜRGEN MÜNCH: Industrie- und Gewerbebrachen in Mannheim - Bestandsanalyse und Reaktivierungsmöglichkeiten. - 117 S., 14 S. Anhang, 12 Tab., 14 Abb., 5 Fotos, 1990	DM 15.-
Heft 15:	REINHARD MUSSEHL: Wirtschaftlicher Strukturwandel im Raum Lübeck. 147 S., 27 Abb., 16 Tab., 1990	DM 15.-
Heft 16:	HANS-PETER KAUTH: Alpine Landwirtschaft und Tourismus am Beispiel von Dorfgastein. - 149 S., 22 Abb., 25 Tab., 1991	DM 15.-
Heft 17:	CLAUDIA HOPPE: Gewerbemüllaufkommen und Entsorgungswege im Landkreis Bergstraße. - 142 S., 32 Abb., 23 Tab., 1991	DM 15.-
Heft 18:	JÜRGEN SCHÜTZ: Mineralspektren von Molasse und Flysch im Gunzesrieder Achtal. - 109 S., 40 Abb., 11 Tab., 1991	DM 15.-
Heft 19:	JOACHIM RADTKE: Das Dienstleistungsangebot in der Mannheimer Oststadt. - 159 S., 44 Abb., 19 Tab., 1991	DM 15.-
Heft 20:	JOACHIM ROESNER: Schwermetallmigration nach Klärschlammgaben auf Ackerflächen im Raum Neustadt/Wstr. - 110 S., 20 Tab., 2 Abb., 1992	DM 15.-
Heft 21:	RONALD WELLENREUTHER: Siedlungsentwicklung und Siedlungsstrukturen im ländlichen Raum der Türkischen Republik Nordzypern. - 213 S., 37 Tab., 41 Abb., 1993	DM 20.-
Heft 22:	THOMAS OTT: GIS in der Anthropogeographie. Regionale Disparitäten und Städtesystem in Europa. - 162 S., 15 Tab., 43 Abb., 1993	DM 15.-
Heft 23:	MATTHIAS FISCHER: Die Bedeutung des Tourismus für die Gemeinden des Lermooser Beckens (Tirol). Eine vergleichende Analyse. - 180 S., 28 Tab., 29 Abb., 6 Fotos, 1994	DM 16.-
Heft 24:	WERNER APPEL: Möglichkeiten der Innenentwicklung in ausgewählten Gemeinden des Nachbarschaftsverbandes Heidelberg-Mannheim. - 157 S., 27 Tab., 30 Abb., 1994	DM 15.-

Heft 25:	CLAUDIA WOERNER: Vermeidung, Entsorgung und Wiederverwertung von Hausmüll und hausmüllähnlichen Abfällen. - 98 S., 20 Tab., 13 Abb., 1995	DM 15,-
Heft 26:	INGRID FRÜHAUF: Auenrelikte im Verdichtungsraum - Bestandsaufnahme und Perspektiven, dargestellt am Beispiel des Altriper Rheinbogens. - 138 S., 3 Tab., 20 Abb., 10 Karten im Anhang, 1995	DM 15,-
Heft 27:	CHRISTOPHE NEFF: Waldbrandrisiken in den Garrigues de Nîmes (Südfrank-reich) - eine geographische Analyse. - 177 S., 2 Tab., 26 Abb., 1995	DM 16.-
Heft 28:	ALEXANDER SIEGMUND: Die Klimatypen der Erde – Ein computergestützter Klassifikationsentwurf unter besonderer Berücksichtigung didaktischer Aspekte. – 226 S, 1 Tab., 42, teils farbige Abbildungen, 1995	DM 19.-
Heft 29:	MICHAEL OSTERMANN: Die Grundzüge der nationalsozialistischen Stadtplanung dargestellt anhand ausgewählter Beispiele. - 83 S., 1 Tab., 22 Abb., 1997	DM 15.-

ARBEITSBERICHTE
DES GEOGRAPHISCHEN INSTITUTS DER UNIVERSITÄT MANNHEIM

Heft 1:	Maxdorf - Sonderkulturanbau, Geländepraktikum SS 1987 (hrsg. von R.J. Bender). - 92 S., 7 Abb., 17 Tab., 1988	DM 9.-
Heft 2:	SPANIEN-PORTUGAL-EXKURSION des Geographischen Instituts der Universität Mannheim 1988. - 258 S., 48 Abb., 1989	DM 20.- (vergriffen)
Heft 3:	IRLAND-EXKURSION des Geographischen Instituts der Universität Mannheim 1990. - 203 S., 53 Abb., 6 Tab., 1991	DM 20.-
Heft 4:	SÜDALPEN-EXKURSION des Geographischen Instituts der Universität Mannheim 1989. - 133 S., 23 Abb., 8 Tab., 1991	DM 15.- (vergriffen)
Heft 5:	NIEDERLANDE-EXKURSION des Geographischen Instituts der Universität Mannheim 1991. - 120 S., 32 Abb., 5 Tab., 1992	DM 15.- (vergriffen)
Heft 6:	WOHNUNGSMÄRKTE UND STADTERNEUERUNG (hrsg. von R.J. Bender). - 137 S., 10 Abb., 19 Tab., 1992	DM 15.-
Heft 7:	SARDINIEN-EXKURSION des Geographischen Instituts der Universität Mannheim 1992. - 246 S., 86 Abb., 21 Tab., 1994	DM 25.-
Heft 8:	Fallstudien zum Freizeit- und Fremdenverkehr im Naturpark und Biosphärenreservat Pfälzerwald, durchgeführt vom Arbeitskreis Tourismus am Geographischen Institut der Universität Mannheim. - 200 S., 33 Abb., 48 Tab., 1994	DM 22.- (vergriffen)
Heft 9:	BAAR-EXKURSION des Geographischen Instituts der Universität Mannheim 1993. -288 S., 121 Abb., 17 Tab., 1995	DM 30.-

Heft 10:	TUNESIEN-EXKURSION des Geographischen Instituts der Universität Mannheim 1994. -380 S., 143 Abb., 31 Tab., 1995	DM 28.–
Heft 11:	RUHRGEBIETS-EXKURSION des Geographischen Instituts der Universität Mannheim 1994. - 250 S., 105 Abb., 18 Tab., 1996	DM 20.-
Heft 12:	RUMÄNIEN-EXKURSION des Geographischen Instituts der Universität Mannheim 1993. - 294 S., 43 Abb., 42 Tab., 1996	DM 23.-
Heft 13:	SEBASTIAN LENTZ/BRIGITTE ROTH: Verkehrskonzept Wilhelmsfeld. Mannheim 1996. - 133 S., 24 Abb., 16 Tab., 1996	DM 11.-
Heft 14:	SEBASTIAN LENTZ: GIS-gestützte Ermittlung des Wohnbauflächenpotentials im Nachbarschaftsverband Heidelberg-Mannheim. Mannheim 1995. - 535 S., 77 Abb., 13 Tab., 1996	DM 30.-
Heft 15:	MARTIN KAPPAS/BIRGIT WANDELT: Vegetations- und bodenkundliche Arbeiten im Sahel von Burkina Faso. - 165 S., 63 Abb., 90 Tab., 1996	DM 15.-

SONDERVERÖFFENTLICHUNGEN

CHRISTOPH JENTSCH/KLAUS KULINAT/PETER MOLL (Hrsg.): Beiträge zur Angewand-ten Geographie. An Beispielen aus dem südwestdeutschen Raum. - Professor Dr. Ch. Borcherdt zum 60. Geburtstag von seinen Schülern. - 430 S., zahlreiche Tab. und Fotos, Mannheim 1985   DM 30.-

Multikulturalismus in Kanada. Symposium am 28. und 29. Oktober 1981 an der Universität Mannheim. - 89 S., 3 Abb., Mannheim 1982   DM 10.-

RAINER LOOSE (Hrsg.): Zeitschriftennachweis zur Allgemeinen Geographie und zur Landeskunde des Rhein-Neckar-Raumes. - 157 S., Mannheim 1976   DM 5.-

PAUL BUCHERER/CHRISTOPH JENTSCH (Hrsg.): Afghanistan - Ländermonographie. - 492 S., zahlreiche Abb., Liestal 1986   DM 35.-

HANS-GEORG BALZER: Struktur und Funktion der Stadt Zweibrücken - Jüngere Entwicklung unter dem wechselnden Einfluß der Nachbarräume. - 311 S., Überherrn-Berus 1985   DM 25.-

BERND FRENZL: Schramberg - Die Stadt und ihre Entwicklung unter dem Einfluß von Gewerbe und Industrie. - 309 S., 83 Abb., 32 Tab., 17 Fotos, Seedorf 1989   DM 29.-

SUSANNE SIMON: Auswirkungen der Umweltpolitik auf die Galvanobranche in Baden-Württemberg. - 249 S., 25 Tab., 72 Abb., Mannheim 1995   DM 30.-

CHRISTOPH JENTSCH (Hrsg.): Carl Rathjens - 40 Jahre Forschungen über Afghanistan (=Schriftenreihe der Stiftung Bibliotheca Afghanica 12). - 156 S., 9 Abb., Liestal 1994.   DM 28.-

Bezug aller Schriften über:
Mannheimer Geographische Arbeiten,
Geographisches Institut der Universität Mannheim,
68131 MANNHEIM (Telefax: 0621/292-3321)

Das Institut für Landeskunde und Regionalforschung

der Universität Mannheim

Das Institut für Landeskunde und Regionalforschung ist als Forschungsinstitut eine zentrale Einrichtung der Universität Mannheim. Es wurde im Frühjahr 1983 gegründet, um die interdisziplinäre Forschung im südwestdeutschen Raum zu fördern. Das Institut gibt die Reihe *Südwestdeutsche Schriften* heraus und publiziert darin in loser Folge die Ergebnisse seiner regionalwissenschaftlichen Forschungen.

Das Institut gliedert sich in die Arbeitsbereiche für geschichtliche Landeskunde, für geographische und sozialwissenschaftliche Regionalforschung und für Regionalpolitik, Recht und Verwaltung.

Hauptaufgabe des Instituts ist die interdisziplinäre regionalwissenschaftliche Forschung im südwestdeutschen Raum, wobei die wissenschaftlichen Ergebnisse der Praxis zur Verfügung gestellt werden sollen. Dazu wird eine enge Zusammenarbeit mit allen Institutionen des südwestdeutschen Raumes gepflegt. Um die Regionalforschung zu fördern, ist eine Sammlung von Statistiken, Kartenmaterial und „grauer" Literatur eingerichtet worden.

Kontaktadresse: Institut für Landeskunde und Regionalforschung
                   der Universität Mannheim

                   68131 MANNHEIM